Max-Planck-Institut für ausländisches
öffentliches Recht und Völkerrecht

Beiträge zum ausländischen
öffentlichen Recht und Völkerrecht

Begründet von Viktor Bruns

Herausgegeben von
Rudolf Bernhardt · Karl Doehring
Jochen Abr. Frowein

Band 92

Juliane Kokott

Das interamerikanische System zum Schutz der Menschenrechte

The Inter-American System for the Protection of Human Rights

(English Summary)

Springer-Verlag Berlin Heidelberg New York
London Paris Tokyo

CIP-Kurztitelaufnahme der Deutschen Bibliothek
Kokott, Juliane:
Das interamerikanische System zum Schutz der
Menschenrechte – The Inter-American System
for the protection of human rights / Juliane
Kokott. [Max-Planck-Inst. für Ausländ. Öffentl.
Recht u. Völkerrecht]. – Berlin ; Heidelberg ;
New York ; London ; Paris ; Tokyo : Springer,
1986.

(Beiträge zum ausländischen öffentlichen
Recht und Völkerrecht ; Bd. 92)

ISBN-13: 978-3-642-71599-0   eISBN-13:978-3-642-71598-3
DOI:10.1007/978-3-642-71598-3

NE: GT

Das Werk ist urheberrechtlich geschützt. Die dadurch begründeten Rechte, insbesondere die der Übersetzung, des Nachdruckes, der Entnahme von Abbildungen, der Funksendung, der Wiedergabe auf photomechanischem oder ähnlichem Wege und der Speicherung in Datenverarbeitungsanlagen, bleiben, auch bei nur auszugsweiser Verwertung, vorbehalten. Die Vergütungsansprüche des § 54, Abs. 2 UrhG werden durch die „Verwertungsgesellschaft Wort", München, wahrgenommen.
© by Max-Planck-Gesellschaft zur Förderung der Wissenschaften e.V., to be exercised by Max-Planck-Institut für ausländisches öffentliches Recht und Völkerrecht, Heidelberg 1986
Softcover reprint of the hardcover 1st edition 1986
Satz-, Druck- und Bindearbeiten: Konrad Triltsch, Graphischer Betrieb, 8700 Würzburg
2142/3130-543210

Inhaltsverzeichnis

Einführung 1

Geschichtlicher Hintergrund und institutioneller Rahmen
des Menschenrechtsschutzes in den amerikanischen Staaten . . 3

I. Die frühe panamerikanische Bewegung und die Konferenz
   in Washington von 1889/90 3
   1. Simon Bolivar und die lateinamerikanische Komponente
      der panamerikanischen Bewegung 3
   2. Außenminister Blaine und der nordamerikanische
      Panamerikanismus 4
II. Die Zeit bis 1948 5
   1. Von der ersten bis zur neunten interamerikanischen
      Konferenz 5
   2. Bezüge zu den Menschenrechten 7

1. Kapitel: Ein System auf der Grundlage der Charta
           der Organisation Amerikanischer Staaten 10

I. Das Entstehen eines Schutzsystems auf der Grundlage der Charta 11
   A. Die Organisation Amerikanischer Staaten und die Menschen-
      rechte unter der Charta von 1948 11
      1. Die Charta und die Erklärung über die Rechte
         und Pflichten des Menschen 11
      2. Ansätze zur Schaffung von Schutzorganen 14
      3. Die Einsetzung der Kommission 16
         a) Das fünfte Außenministertreffen 16
         b) Die Ausarbeitung des Statuts 18
         c) Der Charakter der Kommission auf der Grundlage
            ihres Statuts 20
            aa) Die Formulierung des Statuts 20
            bb) Die Anwendung des Statuts durch die Kommission 21
            cc) Die Änderung des Statuts 23

	B. Die Organisation Amerikanischer Staaten und die Menschenrechte unter der geänderten Charta (Protokoll von Buenos Aires, 1967)	25
II.	Die Stellung der Interamerikanischen Menschenrechtskommission als Organ der Charta	26
	A. Ein para-vertragliches Organ	26
	1. Flexibilität	27
	2. Wirksamkeit des Schutzes	27
	B. Die Beziehung zur Organisation Amerikanischer Staaten	28
	C. Ausschluß einer Regierung aus dem interamerikanischen System	28

2. Kapitel: Die Struktur der Interamerikanischen Menschenrechtskommission 31

I.	Die Unabhängigkeit der Mitglieder	31
	A. Die Ernennung der Mitglieder	31
	B. Die Zahl der Mitglieder	32
	C. Inkompatibilitäten	33
	D. Regierungsbeamte und Mitglieder des Ausschusses der Vereinten Nationen in der Kommission	34
	E. Die Zusammensetzung der Kommission	37
	F. Vorrechte und Immunitäten	37
II.	Die Präsidentschaft	39
	A. Rechtliche Stellung des Präsidenten	39
	B. Die Funktionen des Präsidenten	40
	1. Während der Sitzungszeit der Kommission	40
	2. Zwischen den Sitzungen der Kommission	41
III.	Das Sekretariat der Kommission	42
	A. Aufgaben	43
	B. Personelle Besetzung	44
IV.	Sitz und Tagungen der Interamerikanischen Menschenrechtskommission	45

3. Kapitel: Die Funktionen und das Verfahren der Kommission 47

I.	Die Förderung der Menschenrechte	48
	A. Prälegislative Funktionen	48
	1. Vorarbeiten zur Amerikanischen Menschenrechtskonvention	48
	2. Weitere prälegislative Tätigkeit der Kommission	49
	B. Studien, Öffentlichkeitsarbeit und Ausbildung im Bereich der Menschenrechte	50
	C. Die wirtschaftlichen, sozialen und kulturellen Rechte	53

II. Quasi-judikative Funktionen der Interamerikanischen Menschenrechtskommission bei der Behandlung von Individualbeschwerden	55
A. Besonderheiten des Beschwerdeverfahrens vor der Interamerikanischen Menschenrechtskommission	56
1. Die Beschwerdebefugnis	56
2. Die Individual- und die Staatenbeschwerde	59
B. Die Ausgestaltung des Beschwerdeverfahrens vor der Interamerikanischen Menschenrechtskommission	62
1. Allgemeines zur Zulässigkeit von Individualbeschwerden vor der Interamerikanischen Menschenrechtskommission	62
2. Zuständigkeit	63
3. Verfahren	66
a) Die Erschöpfung der innerstaatlichen Rechtsmittelverfahren	66
aa) Allgemein	66
bb) Ausnahmen zur *local remedies rule*	67
cc) Die zu erschöpfenden Rechtsmittelverfahren	68
dd) Allgemeine Fälle von Menschenrechtsverletzungen, Menschenrechtsverletzungen auf Grund administrativer Praktiken und legislativer Maßnahmen	69
ee) Die Beweislast	71
b) Keine Anhängigkeit in einem anderen Verfahren und nicht im wesentlichen die gleiche Beschwerde	73
c) Frist	75
d) Form der Beschwerde	75
e) Fakultative Elemente der Beschwerde	76
4. Die weitere Behandlung der Beschwerde	77
a) Staaten, die der Amerikanischen Menschenrechtskonvention beigetreten sind, und die übrigen Staaten der OAS	77
b) Ein quasi-kontradiktorisches Verfahren	78
c) Die Vermutung des Art. 42 VerfO	79
d) Der freundschaftliche Ausgleich	81
5. Die Möglichkeit einstweiliger Maßnahmen durch die IAKMR	84
6. Die Endentscheidung	86
a) Konventionsstaaten und die übrigen Mitgliedstaaten der OAS	86
b) Die Endentscheidung im interamerikanischen und im europäischen System zum Schutz der Menschenrechte	88
c) Effektivität	90
aa) Rechtsnatur der Endentscheidung	90
bb) Die Möglichkeit politischer Sanktionen	91
cc) Verfahren und Effektivität	92
dd) Publizität	93

III. Vorortuntersuchungen und Länderberichte	93
A. Allgemein	93
1. Vorortuntersuchungen als Mittel der Sachverhaltsfeststellung	93
2. Vorortuntersuchungen der Interamerikanischen und der Europäischen Menschenrechtskommission	94
B. Die rechtliche Grundlage für die Vorortuntersuchungen der Interamerikanischen Menschenrechtskommission	95
C. Das Erfordernis staatlicher Zustimmung (Art. 48 Abs. 1 (d) AMRK, 18 (g), 19 (a) Statut)	97
D. Die Durchführung von Vorortuntersuchungen	99
1. Die Entscheidung, eine Untersuchung durchzuführen	99
a) Initiative der Kommission	99
b) Initiative des betreffenden Staates	101
c) Initiative anderer Staaten	102
2. Vorbereitung der Untersuchung	104
a) Festlegung eines zeitlichen Rahmens	104
b) Gegenstand der Untersuchung	105
c) Bildung einer Sonderkommission	106
3. Vor Ort	107
a) Tätigkeit	107
b) Empfehlungen	109
E. Die Länderberichte	109
1. Struktur	110
2. Annahme	111
3. Publizität	112
IV. Die Amerikanische Menschenrechtskonvention und die Kommission	115

4. Kapitel: Der Interamerikanische Gerichtshof für Menschenrechte und seine bisherige Praxis 117

Einleitung	117
I. Die Organisation des Gerichtshofes	118
A. Die Richterschaft	118
B. Die innere Organisation	121
II. Die duale Gerichtsbarkeit des Interamerikanischen Gerichtshofs für Menschenrechte	121
A. Die streitige Gerichtsbarkeit	121
1. Parteifähigkeit und Antragsbefugnis	122
2. Weitere Fragen im Rahmen der Zulässigkeit – der *Gallardo*-Fall	123
a) Die Entscheidung des Gerichtshofs	123
aa) Verfahren vor der Kommission	124

bb) Erschöpfung der innerstaatlichen Rechtsmittelverfahren	125
b) Problematik der Einordnung der Rechtssache *Gallardo* als »Fall« (Art. 61 in Verbindung mit Art. 48 AMRK)	126
3. Verfahrensfragen	127
4. Einstweilige Anordnungen	129
5. Die Durchsetzung der Urteile	130
B. Die Gutachten	131
1. Umfang der Zuständigkeit zur Gutachtenerstattung – das Gutachten über »Andere Verträge« im Sinne des Art. 64 AMRK	131
a) Rechtsvergleichend	131
b) »Andere Verträge« im Sinne des Art. 64 AMRK	134
aa) Die verschiedenen Auslegungsmöglichkeiten	134
bb) Das Merkmal »in den amerikanischen Staaten«	134
cc) Die besonderen Umstände des Einzelfalles und der Universalismus der Menschenrechte	135
c) Der fakultative Charakter der Zuständigkeit für Gutachten	135
2. Das Gutachten über die Wirkung von Vorbehalten auf das Inkrafttreten der Amerikanischen Menschenrechtskonvention (Art. 75 AMRK in Verbindung mit Art. 19, 20 WVK)	136
a) Art. 19 (b) und 20 Abs. 1 WVK	136
b) Der besondere Charakter humanitärer Verträge	138
3. Das Gutachten über Interpretation und Reichweite eines Vorbehalts zu Art. 4 Abs. 4 AMRK	139
a) Verfahren	140
b) Das Problem »verdeckter Streitfälle«	140
c) Die materielle Rechtslage	142
aa) Auslegung und Bedeutung von Art. 4 AMRK	142
bb) Vorbehalte zur Amerikanischen Menschenrechtskonvention	143
cc) Die Reichweite des Vorbehalts Guatemalas zu Art. 4 Abs. 4 AMRK	144
4. Das Gutachten über eine geplante Änderung der Vorschriften über die Staatsangehörigkeit in der Verfassung Costa Ricas	145
a) »Innerstaatliche Gesetze« im Sinne von Art. 64 Abs. 2 AMRK	145
b) Das Recht auf eine Staatsangehörigkeit (Art. 20 AMRK)	146
c) Das Diskriminierungsverbot (Art. 1 Abs. 1, 17 Abs. 4, 24 AMRK)	147

aa) Die Ungleichbehandlung von Zentralamerikanern,
Iberoamerikanern und den übrigen Ausländern . 148
bb) Die Ungleichbehandlung ausländischer Ehefrauen
und ausländischer Ehemänner von costaricanischen
Staatsangehörigen. 149
5. Das Gutachten über Zwangsverbände für Journalisten . 150
   a) Zulässigkeit – Zum Verhältnis von Gerichtshof und
      Kommission 150
   b) Zwangsverbände für Journalisten und Art. 13 AMRK 151

Abschließende Bemerkungen 152

**Summary: The Inter-American System for the Protection
of Human Rights** 155

Literaturverzeichnis 161

Abkürzungen

ABl.EG	Amtsblatt der Europäischen Gemeinschaften
AJIL	American Journal of International Law
AMRK	Amerikanische Menschenrechtskonvention
Appl.	Application(s)
Coll.	Council of Europe, Collection of Decisions of the European Commission of Human Rights
Dept. State Publ.	Department of State Publication
ECOSOC	Economic and Social Council Official Records
EMRK	Europäische Menschenrechtskonvention
EuGRZ	Europäische Grundrechte-Zeitschrift
FS	Festschrift
GAOR	General Assembly Official Records
GG	Grundgesetz der Bundesrepublik Deutschland
Handbook	Organization of American States, Handbook of Existing Rules Pertaining to Human Rights in the Interamerican System, OEA/Ser. L/V/II. 65, Doc. 6 (1985)
Hrsg., hrsg.	Herausgeber, herausgegeben
Human Rights	*T. Buergenthal/R. E. Norris,* Human Rights, The Inter-American System, 26 Hefte (1982/1983)
IACHR	Inter-American Commission on Human Rights
IAGMR	Interamerikanischer Gerichtshof für Menschenrechte
IAKMR	Interamerikanische Menschenrechtskommission
ICJ Reports	International Court of Justice. Reports of Judgments, Advisory Opinions and Orders
IGH	Internationaler Gerichtshof
ILM	International Legal Materials
NJW	Neue Juristische Wochenschrift
OAS	Organisation Amerikanischer Staaten; Organization of American States
PCIJ	Permanent Court of International Justice

RdC	Académie de Droit International, Recueil des Cours
Res.	Resolution(en)
Sess.	Session
StIGH	Ständiger Internationaler Gerichtshof
Suppl.	Supplement
UNESCO	United Nations Educational, Scientific and Cultural Organization
UNTS	United Nations Treaty Series
VerfO	Verfahrensordnung
WVK	Wiener Vertragsrechtskonvention
Yearbook	Yearbook of the European Convention on Human Rights
ZaöRV	Zeitschrift für ausländisches öffentliches Recht und Völkerrecht

Einführung

Die Menschenrechte in den amerikanischen Staaten rückten in den siebziger Jahren verstärkt in das Bewußtsein der Öffentlichkeit. Zum einen trat im Jahre 1978 die Amerikanische Menschenrechtskonvention (AMRK) in Kraft, auf deren Grundlage 1979 ein Interamerikanischer Gerichtshof für Menschenrechte errichtet wurde. Zum anderen machte Präsident Carter die Menschenrechte zum wesentlichen Bestandteil der amerikanischen Außenpolitik, indem die Gewährung finanzieller Mittel im wirtschaftlichen und strategischen Bereich gesetzlich an eine Verbesserung der Lage der Menschenrechte geknüpft wurde. Die Menschenrechtspolitik Carters wurde teilweise kritisiert. Andererseits ist die Ausübung politischen Drucks durch andere Staaten und durch die Öffentlichkeit eines der wenigen verbleibenden Mittel zur Durchsetzung internationaler Menschenrechtsstandards, wenn die beschuldigten Staaten den Empfehlungen internationaler Sicherungsorgane nicht auf Grund eines allgemeinen Konsenses über den Schutz der Menschenrechte nachkommen.

Die weitgehende Politisierung unterscheidet das interamerikanische vom europäischen System zum Schutz der Menschenrechte. Der institutionelle und der normative Rahmen der Sicherungsverfahren ist zwar in den amerikanischen Staaten und in Europa sehr ähnlich. Aber die Entscheidungen und die Praxis der Schutzorgane sowie die Setzung von Schwerpunkten bei ihrer Arbeit weisen erhebliche Unterschiede auf. Daß das Verfahren der Interamerikanischen Menschenrechtskommission (IAKMR) in minderem Maße juristisch formalisiert ist, muß nicht unter jedem Gesichtspunkt nachteilig sein. Auf welche Art und Weise sich die Menschenrechte am besten durchsetzen lassen, kann nicht losgelöst von den soziopolitischen Randbedingungen beurteilt werden. Hat innerhalb der Staaten das Recht den Primat vor der Politik, wie weitgehend in Europa, so liegt nahe, daß dies auch für ein regionales Sicherungsverfahren zum Schutz der Menschenrechte gilt. Hat aber innerhalb mehrerer lateinamerikanischer Staaten die Politik den Vorrang vor dem Recht, so wirkt sich das notwendigerweise auch auf die Praxis der Interamerikanischen Menschenrechtskommission aus. Der Verrechtlichung des interamerikanischen Systems zum Schutz der Menschenrechte sind von daher Grenzen gesetzt. Die große Flexibilität der Interamerikanischen Menschenrechtskommission bei der Behandlung von Zulässigkeitsvoraussetzungen könnte manchmal sogar von inspiratorischem Wert für andere Schutzorgane sein.

Die geringere Rolle, die Rechtsnormen in der Praxis der Interamerikanischen Menschenrechtskommission im Gegensatz zu derjenigen der Europäischen Menschenrechtskommission spielen, wurde auch dadurch begünstigt, daß sich das interamerikanische System zum Schutz der Menschenrechte zunächst in Abwesenheit jeglicher rechtlich verbindlicher Regelungen entwikkelt hat. Die Interamerikanische Menschenrechtskommission nahm ihre Arbeit 1960 auf der Grundlage eines nur unverbindlichen Beschlusses der Außenminister der Organisation Amerikanischer Staaten (OAS) auf. Ihr wesentliches Arbeitsinstrument war die nur in der Form einer Empfehlung ergangene Amerikanische Menschenrechtserklärung[1].

Im Jahre 1978 trat dann die Amerikanische Menschenrechtskonvention in Kraft, und 1979 wurde auf ihrer Grundlage ein Interamerikanischer Gerichtshof für Menschenrechte errichtet. Man kann das heutige System zum Schutz der Menschenrechte, wie es durch die AMRK geprägt wurde, aber nicht ohne Kenntnis der vorkonventionellen Praxis der Interamerikanischen Menschenrechtskommission verstehen. Außerdem haben noch nicht alle Mitglieder der OAS die Amerikanische Menschenrechtskonvention ratifiziert; für diese Staaten gilt das alte System, das vor Inkrafttreten der AMRK 1978 für alle Staaten galt, noch heute fort[2].

Die Entwicklung eines beachtlichen Sicherungsverfahrens für die Menschenrechte in Abwesenheit verbindlicher Rechtsnormen, die die zu schützenden Rechte definieren und die Schutzorgane vertraglich absichern, stellt eine Besonderheit des interamerikanischen Systems zum Schutz der Menschenrechte dar. Zunächst soll ein Überblick über die Entwicklung und den institutionellen Rahmen des Menschenrechtsschutzes in den amerikanischen Staaten gegeben werden.

---

[1] Die »Amerikanische Erklärung über die Rechte und Pflichten des Menschen« wurde auf der Neunten Internationalen Amerikanischen Konferenz zu Bogotá im Jahre 1948 angenommen. Sie ist abgedruckt in: *Buergenthal/Norris*, Human Rights, The Inter-American System, Heft 5 (1982), und in: *Buergenthal/Norris/Shelton*, Protecting Human Rights in the Americas (1982), S. 285–289.

[2] Die duale Struktur des heutigen Schutzsystems wurde von Richter *Buergenthal* herausgearbeitet, vgl. EuGRZ 11 (1984), S. 169–189.

Geschichtlicher Hintergrund und institutioneller Rahmen des Menschenrechtsschutzes in den amerikanischen Staaten

I. Die frühe panamerikanische Bewegung und die Konferenz in Washington von 1889/90

Die Idee des Menschenrechtsschutzes hat eine lange Geschichte in den amerikanischen Staaten. Sie hat sich im Zusammenhang mit der panamerikanischen Bewegung und dem Interventionsverbot entwickelt. Die Wurzeln des Panamerikanismus liegen im frühen 19. Jahrhundert, wenngleich die Bewegung ihren Namen »Panamerikanismus« erst 1888 durch den Außenminister der Vereinigten Staaten Blaine erhielt. Es gab eine lateinamerikanische und eine nordamerikanische Komponente.

1. Simon Bolivar und die lateinamerikanische Komponente der panamerikanischen Bewegung

Die lateinamerikanische Bewegung ist wesentlich von dem »Befreier Südamerikas«, Simon Bolivar, geprägt worden. Er erstrebte eine Föderation der lateinamerikanischen Staaten, die gemeinsam der Gefahr von Interventionen durch die ehemaligen europäischen Kolonialmächte besser standhalten könnten. 1826 kam auf die Initiative Bolivars der erste panamerikanische Kongreß zustande[3]. Zwar trat der vom Kongreß u. a. unterzeichnete Unions-, Allianz- und ewige Föderationsvertrag zwischen den Republiken Kolumbien, Zentralamerika und den Vereinigten Mexikanischen Staaten niemals in Kraft, da nur Kolumbien ihn ratifizierte[4]. Jedoch zeigt er die Fortschrittlichkeit des Völkerrechts in Lateinamerika, wo schon 1826 der Versuch gemacht wurde, sou-

---

[3] Zum Panama-Kongreß von 1826 siehe *Fried,* Panamerika (1918), S. 8–11.

[4] Der Vertrag wäre in weiten Teilen Lateinamerikas anwendbar gewesen. Kolumbien umfaßte damals zusätzlich zu seinem heutigen Gebiet auch Ecuador, Venezuela und Panama. Zentralamerika erstreckte sich über Costa Rica, Honduras, Nicaragua und El Salvador. Der englische Vertragstext befindet sich in: The International Conferences of American States (1889–1928) (1931), S. xxi ff. *Fried* (Anm. 3) gibt einen Überblick.

veräne Staaten zu einer Friedensgemeinschaft zusammenzuschließen, ständige Staatenkongresse, einen ständigen Gerichtshof und eine unter bestimmten Voraussetzungen obligatorische Schiedsgerichtsbarkeit, gute Dienste und Vermittlung im internationalen Verkehr einzuführen. Diese Postulate kommen auf universeller Ebene mit dem Völkerbund und den Vereinten Nationen und im Rahmen des Europarates erst sehr viel später zum Tragen. Der 1826 in Panama unterzeichnete Unions-, Allianz- und ewige Föderationsvertrag enthielt auch Bestimmungen in bezug auf die Menschenrechte: Art. 23 und 24 betrafen die Gültigkeit der Staatsbürgerschaft für den gesamten Bereich der Konföderation, und Art. 27 verbot den Sklavenhandel [5].

Weitere lateinamerikanische Kongresse folgten [6]. Ihr Hauptgrund war der Wille der amerikanischen Republiken, sich angesichts des Risikos der Wiedereroberung durch die ehemaligen Mutterländer zu vereinigen [7]. Bemerkenswert ist die für das 19. Jahrhundert ungewöhnlich entschiedene Betonung und Hervorhebung der Schiedsgerichtsbarkeit als eines Mittels der friedlichen Streitbeilegung unter den amerikanischen Staaten.

2. Außenminister Blaine und der nordamerikanische Panamerikanismus

Ende des 19. Jahrhunderts fanden die lateinamerikanischen Einigungsbestrebungen und die Idee der Schiedsgerichtsbarkeit Resonanz in den Vereinigten Staaten von Nordamerika [8]. Doch unterscheidet sich der nordamerikanische Panamerikanismus in verschiedener Hinsicht vom lateinamerikanischen. Der Gedanke an eine Föderation entfällt. Im Vordergrund stehen kommerzielle Interessen, die Erschließung neuer Märkte unter voller Beibehaltung des Souveränitätsprinzips [9]. Auch läßt sich die nordamerikanische Bewegung schwerlich von der Monroe-Doktrin unterscheiden [10]. Diese richtet sich gegen Einmischungen europäischer Mächte auf dem amerikanischen Kontinent. Gemäß dem »Roosevelt-Zusatz« sollen dabei die Vereinigten Staaten von Nordamerika bei Mißständen in Lateinamerika den europäischen Staaten als Poli-

---

[5] Vgl. dazu *Camargo*, La Protección Jurídica de los Derechos Humanos y la Democracia en América (1960), S. 158.

[6] Lima 1847/48; Santiago de Chile und Washington 1856; Lima 1864/65; Lima 1877/79; Montevideo 1888/89.

[7] Vgl. The Inter-American System, Its Development and Strengthening (1966), S. XVII, und *Fried* (Anm. 3), S. 12–27.

[8] Dazu »Eintritt der Vereinigten Staaten in die panamerikanische Bewegung« in: *Fried* (Anm. 3), S. 27–36, und *Vasak*, La Commission Interaméricaine des Droits de l'Homme (1968), S. 9–10.

[9] *Vasak, ibid.*

[10] *Vasak, ibid.* Ausführlich zur Monroe-Doktrin *Hart*, The Monroe Doctrine: An Interpretation (1916).

Einführung

zeimacht zuvorkommen[11]. Lateinamerikanischer Panamerikanismus hingegen erstrebt eine Konföderation, die nordamerikanischer Polizeifunktionen nicht bedarf.

Außenminister Blaine ist die prägende Persönlichkeit der Bewegung in den Vereinigten Staaten. Auf seine Initiative wurde für 1889/90 die erste interamerikanische Konferenz nach Washington D.C. einberufen[12]. In diesem Zusammenhang fiel auch der Name »Panamerikanismus« erstmalig[13]. Diese Konferenz war ein Wendepunkt in der amerikanischen Einigungsbewegung. Am 4. April 1890 wurde ein Dokument zur Gründung der »Internationalen Union Amerikanischer Republiken« unterzeichnet. Noch heute feiert man den 4. April als Panamerikanischen Tag. Die Washingtoner Konferenz von 1889/90 stand unter dem Einfluß der nordamerikanischen Ausprägung der Bewegung[14]. Den Vereinigten Staaten ging es u.a. darum, der wirtschaftlichen Durchdringung Lateinamerikas durch Europa Einhalt zu gebieten[15]. Das Anliegen des Interventionsverbotes trat demgegenüber zurück. So wurde die Internationale Union Amerikanischer Republiken zu dem begrenzten Zweck der raschen Sammlung und Verteilung von Handelsinformationen gegründet. Zur gleichen Zeit wurde das »Handelsbüro der Amerikanischen Republiken« errichtet.

II. Die Zeit bis 1948

1. Von der ersten bis zur neunten interamerikanischen Konferenz

Die Zeit zwischen der ersten panamerikanischen Konferenz von 1889/90 und der achten Konferenz von 1948, auf der die Organisation Amerikanischer

---

[11] Vgl. "Roosevelt's corollary to Monroe Doctrine" in: *Fenwick*, The Organization of American States (1963), S. 45–46. Die berühmte Erklärung Präsident Roosevelts als Reaktion auf Unruhen in der Karibik lautet: "Chronic wrongdoing, or an impotence which results in a general loosening of the ties of civilized society, may in America, as elsewhere, ultimately require intervention by some civilized nation, and in the Western Hemisphere the adherence of the United States to the Monroe Doctrine may force the United States, however reluctantly, in flagrant cases of wrongdoing or impotence, to the exercise of an international police power" (1904).
[12] Zur ersten interamerikanischen Konferenz *Fenwick* (Anm. 11), S. 33–39.
[13] Vgl. *Lockey*, Pan-Americanism. Its Beginnings (1926), S. 2.
[14] Der Panama-Kongreß von 1826 dagegen war von Bolivars Ideen beherrscht worden. Die Vereinigten Staaten hatten keine persönliche Einladung von Bolivar erhalten, und ihre Gesandten trafen erst nach dem Abschluß der Konferenz ein. Vgl. *Vasak* (Anm. 8), S. 8 Anm. 4.
[15] Vgl. *Thomas/Thomas*, The Organization of American States (1963), S. 12–13. *Fenwick* (Anm. 11), S. 35, enthält eine Liste der auf der Einladung der Vereinigten Staaten vorgeschlagenen Kongreßthemen. Sie weisen ganz überwiegend einen Bezug zum Handel auf, so die Errichtung einer Zollunion und die Einführung einheitlicher Maße, Gewichte und Münzen.

Staaten in ihrer heutigen Gestalt gegründet wurde, ist gekennzeichnet von den Bemühungen der lateinamerikanischen Staaten, den Panamerikanismus von seinem interventionistischen Monroeismus zu befreien[16]. Zeitweilig trat das Ziel des Schutzes gegen europäische Interventionen gegenüber der Furcht vor Interventionen durch die Vereinigten Staaten zurück. Die lateinamerikanischen Staaten sahen deshalb die Notwendigkeit eines eigenen regionalen Sicherheitssystems. Art. 8 der Konvention über die Rechte und Pflichten der Staaten (Montevideo 1933) enthielt den Grundsatz, daß »kein Staat das Recht habe, sich in die inneren oder äußeren Angelegenheiten eines anderen einzumischen«[17]. Das betraf unzweifelhaft auch mögliche Interventionen durch die Vereinigten Staaten, die den Vertrag deshalb mit Vorbehalt ratifizierten[18].

Dessen ungeachtet wuchs die panamerikanische Bewegung immer mehr zusammen. Das findet seinen äußeren Ausdruck in der wiederholten Umbenennung des »Handelsbüros der Amerikanischen Republiken«, das sich immerhin in der Hauptstadt der Vereinigten Staaten befand. Schon auf der zweiten internationalen Konferenz der amerikanischen Staaten von 1901–1902 wurde es entsprechend seinem erweiterten Aktionsradius zum »Internationalen Büro der Amerikanischen Republiken«. 1910, auf der Konferenz von Buenos Aires, erhielt das Büro den Namen »Panamerikanische Union« und diente fortan als Sekretariat der damaligen »Union der Panamerikanischen Republiken«, der Vorgängerin der OAS. Auch trugen nach 1933 die Politik der guten Nachbarschaft Präsident Roosevelts[19] sowie der aufkommende zweite Weltkrieg zur Solidarität aller amerikanischen Staaten bei[20]. Interventionen der europäischen kriegführenden Mächte auf dem amerikanischen Kontinent rückten wieder ins Zentrum des Interesses und drängten die Furcht Lateinamerikas vor nordamerikanischen Interventionen zurück. Auf dem Außenministertreffen von 1942 erklärte der mexikanische Delegierte, daß ein Angriff auf die Vereinigten Staaten nicht nur ein Angriff auf ein Land sei, sondern ein Angriff auf den gesamten amerikanischen Kontinent[21].

---

[16] Vgl. *Fenwick, ibid.*, S. 39 ff., und *Vasak* (Anm. 8), S. 9.

[17] Die Konvention über die Rechte und Pflichten der Staaten wurde auf der siebenten internationalen Konferenz der amerikanischen Staaten in Montevideo (1933) angenommen. Sie ist abgedruckt in: International Conferences of American States, First Suppl. 1933–1940 (1940), S. 121.

[18] Der Vorbehalt der Vereinigten Staaten wies lediglich in sehr allgemeiner Art und Weise auf die Notwendigkeit von Definitionen und Interpretationen hin. Siehe *Fenwick* (Anm. 11), S. 58 Anm. 88.

[19] Zu Präsident Roosevelts Politik der guten Nachbarschaft siehe *Fenwick, ibid.*, S. 56–58.

[20] Das Zusammenwachsen der amerikanischen Staaten angesichts der Vorgänge in Europa spiegelt sich in den Erklärungen, Resolutionen und Empfehlungen der Panamerikanischen Union ab 1940 wider. Siehe Human Rights, Heft 6 (1982), S. 41 ff.

[21] Bei *Fenwick* (Anm. 11), S. 69. Entsprechend statuiert später die Erklärung von Mexiko von 1945: "An aggression against an American State constitutes an aggression against all American States", in: Human Rights, *ibid.*, S. 53.

Einführung 7

Die interamerikanische Zusammenarbeit blieb jedoch nicht auf die Förderung der friedlichen Streitbeilegung und des Handels beschränkt. Sie wuchs parallel auch auf anderen Ebenen. So enthielt die Tagesordnung der achten Konferenz (1938) mehr als 20 Verhandlungsgegenstände unter den Titeln: Friedensordnung, Völkerrecht, wirtschaftliche Probleme, politische und Bürgerrechte der Frauen, intellektuelle Zusammenarbeit, moralische Abrüstung, die Panamerikanische Union und die internationalen Konferenzen der amerikanischen Staaten. Man begann von einem »interamerikanischen System« zu sprechen, wobei sich der Terminus sowohl auf bestimmte, sich mehr und mehr verfestigende Grundsätze als auch auf eine Anzahl noch dezentraler Geschäftsstellen bezog [22].

Die interamerikanische Zusammenarbeit entwickelte sich auch unbeschadet der Kooperationsbestrebungen auf universeller Ebene nach Ende des zweiten Weltkrieges weiter. Das System regionaler Sicherheit und Art. 51 Charta der Vereinten Nationen sind ein Zugeständnis an die amerikanischen Staaten [23].

2. Bezüge zu den Menschenrechten

Auf den Konferenzen und Außenministertreffen der amerikanischen Staaten spielten die Menschenrechte von Anfang an eine Rolle [24]. Hier wie auch im Bereich der internationalen Schiedsgerichtsbarkeit und der friedlichen Streitbeilegung war das amerikanische Völkerrecht damals dem europäischen voraus. Es wurden verschiedene Resolutionen über zivile und politische Rechte verabschiedet. Viele Erklärungen bezogen sich auf die Rolle und die Rechte der Frau. Der drohende zweite Weltkrieg veranlaßte die achte internationale amerikanische Konferenz zu einem Aufruf an die mobilmachenden Mächte, diejenigen Menschenrechte zu achten, deren Beeinträchtigung nicht notwendig mit den Kriegshandlungen verbunden war.

Bemerkenswert ist, wie früh in Lateinamerika die Bedeutung der sozialen und wirtschaftlichen Menschenrechte gesehen wurde. Unter anderem wurden die sozialen Rechte der Arbeiter ausgiebig und mehrfach behandelt [25].

[22] Siehe *Vasak* (Anm. 8), S. 10, und *Ball*, The OAS in Transition (1969), S. 16 ff. Das "Carnegie Endowment for International Peace" zählt für das Jahr 1940 73 solcher (teilweise auch nicht offizieller) Dienststellen auf. Vgl. International Conferences of American States, First Suppl. 1933–1940, S. 453 ff. (1940).

[23] Dazu *Fenwick* (Anm. 11), S. 72–74.

[24] Vor der Gründung der OAS hatten die amerikanischen Staaten drei Arten von Zusammenkünften zur Diskussion von Angelegenheiten im gemeinsamen Interesse entwickelt: die allgemeinen, regelmäßig abgehaltenen Konferenzen, die Sonderkonferenzen und die Außenministertreffen. Vgl. Human Rights, Heft 6 (1982), S. i.

[25] Die Erklärungen, Resolutionen und Empfehlungen der interamerikanischen Konferenzen und Außenministertreffen befinden sich in: Human Rights, Heft 6 (1982). Vgl. z. B.: Menschenrechte allgemein, S. 31, 59; Rasse und Religion, S. 34, 60, 76; Stellung der Frau, S. 9, 11, 14, 30, 32, 57, 68; Rechte der Fremden, S. 10, 33; Humanisierung des Krieges, S. 39, 50, und Stellung der Arbeiter, S. 11, 21, 28, 35. Siehe weiterhin *Camargo* (Anm. 5), S. 158 ff.

Besonders deutlich im Hinblick auf die Menschenrechte war die Konferenz über Fragen des Krieges und des Friedens 1945 in Mexiko. Früher als im Rahmen der Vereinten Nationen oder des Europarates wurde hier das Erfordernis bindender und klar definierter Menschenrechtsnormen artikuliert[26]. In Resolution XL der Konferenz bekannten sich die amerikanischen Republiken zu den Grundsätzen des Völkerrechts über die Menschenrechte und sprachen sich für ein internationales Schutzsystem aus[27]. Der Interamerikanische Juristenausschuß wurde mit der Ausarbeitung einer Erklärung der Menschenrechte und -pflichten beauftragt. Ziel war die Annahme der Erklärung durch die amerikanischen Staaten in der Form einer Konvention. Allgemein hatte der von Hitler angefachte zweite Weltkrieg zu dem Bewußtsein eines Zusammenhanges zwischen der gröblichen Verletzung der Menschenrechte durch ein Regime und der Gefährdung des Weltfriedens durch dasselbe beigetragen[28]. Damit wurden die Menschenrechte von einer »nur« das machtlose Individuum betreffenden Angelegenheit auf die Ebene der Weltpolitik gehoben.

Schließlich sah man in Lateinamerika eine besondere Beziehung zwischen der Wahrung der Menschenrechte und dem Souveränitätsprinzip, da die Vereinigten Staaten auch damals vermeintliche Menschenrechtsverletzungen oft zum Anlaß gewaltsamer Interventionen nahmen[29]. Militärische Interventionen nach Diskretion einer Supermacht gefährden jedoch die Souveränität kleiner Nationen weit mehr als ein internationaler Überwachungsmechanismus. Nach der Erklärung der Konferenz von Mexiko sollte ein wirksamer »internationaler Schutz der wesentlichen Menschenrechte dem Mißbrauch des diplomatischen Schutzes Einhalt gebieten, dessen Ausübung mehr als einmal zu Verstößen gegen das Interventionsverbot und zur Verletzung des Grundsatzes der Gleichbehandlung von Staatsbürgern und Fremden im Hinblick auf die Menschenrechte geführt« habe[30]. Diese Erfahrung der amerika-

---

[26] Die rechtlich nicht verbindliche Allgemeine Erklärung der Menschenrechte wurde 1948 von der Generalversammlung der Vereinten Nationen beschlossen (Res. 217 (III), UN GAOR 3rd Sess., Part I, Resolutions (A/810), S. 71). Die Europäische Konvention zum Schutz der Menschenrechte und Grundfreiheiten wurde 1950 zur Unterzeichnung aufgelegt und trat 1953 in Kraft (UNTS 213, S. 221). Die Pakte der Vereinten Nationen über bürgerliche und politische und über wirtschaftliche, soziale und kulturelle Rechte wurden 1966 zur Unterzeichnung aufgelegt und traten 1976 in Kraft. – Zur Konferenz von Mexiko siehe *Camargo* (Anm. 5), S. 160 ff.

[27] Vgl. den Text von Resolution XL der interamerikanischen Konferenz über Fragen des Krieges und des Friedens von 1945 in: Human Rights, Heft 6 (1982), S. 59/60.

[28] Vgl. auch *Thomas/Thomas,* South Western Law Journal 20 (1966), S. 282 und 285.

[29] In neuester Zeit (Oktober 1983) wurde die Intervention auf der karibischen Insel Grenada mit der Gefährdung dort lebender amerikanischer Staatsbürger begründet.

[30] Siehe Human Rights, Heft 6 (1982), S. 60.

Einführung

nischen Staaten ist deshalb besonders bemerkenswert, weil sonst das Souveränitätsprinzip regelmäßig als Argument gegen den internationalen Schutz der Menschenrechte verwandt wird [31]. Es handelt sich hier also um ein weiteres Konzept, das die lateinamerikanischen Staaten den europäischen voraus haben [32].

All dies zeigt, wie lange bereits in den amerikanischen Staaten ein Bewußtsein für die Menschenrechte besteht.

---

[31] Auch im interamerikanischen Rahmen, siehe z. B. unten S. 13 und 19.

[32] Zur Beziehung zwischen einem interamerikanischen Menschenrechtsschutzsystem und dem Interventionsverbot: *García-Amador,* Revue de droit international, de sciences diplomatiques et politiques 34 (1956), S. 356–358; *Mengozzi,* Rivista di diritto europeo 19 (1979), S. 3 ff. (14), und *Thomas/Thomas,* South Western Law Journal 20 (1966), S. 283.

1. Kapitel: Ein System auf der Grundlage der Charta der Organisation Amerikanischer Staaten

Das interamerikanische Menschenrechtsschutzsystem hat zwei rechtliche Grundlagen[33]: die 1969 zur Unterzeichnung aufgelegte und 1978 in Kraft getretene Amerikanische Menschenrechtskonvention[34] und die Charta der Organisation Amerikanischer Staaten von 1948[35]. Die Charta der OAS enthält zwar wenige und kaum konkrete Menschenrechtsbestimmungen[36]. In Anknüpfung an die Charta und ohne irgendeine sonstige vertragliche Grundlage hat sich aber mit der Interamerikanischen Menschenrechtskommission ein beachtlicher Schutzmechanismus entwickelt. Bis 1978 war dieses auf der Charta fußende Schutzsystem gegenüber allen Mitgliedern der OAS anwendbar. Auch mit Inkrafttreten der Menschenrechtskonvention ist das System der Charta nicht obsolet geworden. Es gilt vielmehr in leicht modifizierter Form für die Mitgliedstaaten der OAS weiter, die der Menschenrechtskonvention noch nicht beigetreten sind[37].

Im folgenden soll der interamerikanische Menschenrechtsschutz, so wie er sich auf der Grundlage der Charta entwickelt hat, erklärt werden. Anschließend werden die sich durch das Inkrafttreten der Konvention ergebenden Änderungen dargelegt. Besonderes Interesse gilt dem neuen Schutzorgan, dem seit 1979 in San José/Costa Rica tagenden Interamerikanischen Gerichtshof für Menschenrechte.

---

[33] Vgl. *Buergenthal*, Anuario Jurídico Interamericano 1981, S. 80–120.

[34] Der Text der Konvention findet sich in: Organization of American States, Handbook of Existing Rules Pertaining to Human Rights, OEA/Ser.L/V/II.65, Doc. 6 (1985), S. 27. Er ist auch abgedruckt in: Human Rights, Heft 3 (1982), S. 1.

[35] Die Charta wurde auf der neunten internationalen Konferenz amerikanischer Staaten, der Gründungskonferenz der OAS, angenommen und trat 1951 in Kraft. In ihrer ursprünglichen Fassung ist sie abgedruckt in Pan American Union Law and Treaty Series, Nr. 23, und in UNTS 119, S. 48–92. Die heute gültige Fassung findet sich unter OAS/Ser.A/2 und in: Human Rights, Heft 2 (1982), S. 1.

[36] In der Präambel, Art. 3 (j) und 16 bzw. Art. 5 (j) und 13 der Charta in der Fassung von 1948.

[37] Das sind gegenwärtig die Staaten: Antigua und Barbuda, die Bahamas, Brasilien, Chile, Kuba, Dominica, Paraguay, St. Christopher und Nevis, Sankt Lucia, Sankt Vincent und die Grenadinen, Surinam, Trinidad und Tobago und die Vereinigten Staaten.

I. Das Entstehen eines Schutzsystems auf der Grundlage der Charta

Die Charta der OAS wurde auf der neunten interamerikanischen Konferenz 1948 in Bogotá angenommen[38]. Diese Konferenz wird als Gründungskonferenz der OAS angesehen. Dies ist aber im weiteren Zusammenhang der sich verdichtenden interamerikanischen Zusammenarbeit zu sehen. Es handelt sich mehr um einen Schritt innerhalb eines Prozesses, der lange zuvor seinen Anfang genommen hatte[39]. Was im Laufe der Jahre gewachsen war, erhielt nun seinen heutigen Namen: »Organisation Amerikanischer Staaten«. Grundsätze, die sich allmählich entwickelt hatten, wurden offiziell deklariert und die Zuständigkeiten der Organe definiert. Was die Konferenz von Bogotá jedoch als Zäsur erscheinen läßt, ist, daß sie die interamerikanische Zusammenarbeit mit einer vertraglichen Basis versah. Damit wurde aus einem politischen Operationsrahmen eine internationale Organisation im Sinne des Völkerrechts.

A. Die Organisation Amerikanischer Staaten und die Menschenrechte unter der Charta von 1948

1. Die Charta und die Erklärung über die Rechte und Pflichten des Menschen[40]

Die Charta von Bogotá erwähnt die Menschenrechte nur spärlich und in allgemeiner Art und Weise in der Präambel und den Art. 3 (j) und 16. Dies ist in zweifacher Weise erstaunlich. Zum einen gilt das im Vergleich zu der Charta der Vereinten Nationen[41], die sogar ein Schutzorgan, eine Menschenrechtskommission, vorsieht[42]. Zum anderen waren die Menschenrechte in den der Konferenz unmittelbar vorausgegangenen Jahren zu einem besonderen Anliegen der lateinamerikanischen Staaten geworden. Die Resolutionen

---

[38] Zur Bedeutung der Konferenz von Bogotá siehe *Camargo* (Anm. 5), S. 162, und *Fenwick* (Anm. 11), S. 3.

[39] Weil man die OAS bis auf die erste, 1823 von Bolivar angeregte, panamerikanische Konferenz zurückverfolgen kann, wird sie als die älteste internationale Organisation bezeichnet. Der Internationale Telegraphenverein und der Weltpostverein wurden erst 1868 und 1874 gegründet.

[40] "American Declaration of the Rights and Duties of Man", Res. XXX, angenommen von der neunten internationalen Konferenz amerikanischer Staaten 1948 in Bogotá (Novena Conferencia Internacional Americana, Actas y Documentos 6 (1953), S. 297–302), wiedergegeben in Human Rights, Heft 5 (1982), S. 1–23.

[41] Internationale Quelle: United Nations Conference on International Organization Documents, Bd. 15 (1945), S. 335 ff.

[42] Vgl. Art. 68. Weiterhin betreffen Art. 1, 13 (b), 55 (c), 62 Abs. 2, 68 und 76 UN-Charta die Menschenrechte. *Vasak* (Anm. 8), S. 28–29, vergleicht die Berücksichtigung der Menschenrechte durch die Charta der OAS und die UN-Charta.

weisen auf die Achtung der Menschenrechte als Voraussetzung eines demokratischen Systems hin; man sah einen Zusammenhang zwischen der Achtung der Menschenrechte und der inneren und äußeren Staatssicherheit. Das ist vor dem Hintergrund des Einwanderungsstroms aus damals nicht demokratisch regierten europäischen Staaten zu sehen. Man fürchtete eine antidemokratische politische Betätigung jener Einwanderer. Man sprach ihnen ausdrücklich den Status von Minderheiten ab und verwies sie statt dessen auf den individuellen Genuß der Menschenrechte, der ein Recht auf politische Betätigung von Ausländern nicht einschließt[43].

Zwar gab es beträchtliche Bestrebungen, eine Erklärung über die Rechte und Pflichten des Menschen als besonderes Kapitel in die Charta aufzunehmen. Diese Bestrebungen setzten sich aber nicht durch und wurden teilweise mit dem wenig überzeugenden Argument abgetan, die Charta sei die Verfassung einer internationalen Organisation und müsse sich deshalb auf organisatorische Normen beschränken[44]. Statt dessen wurde die »Amerikanische Erklärung über die Rechte und Pflichten des Menschen« gesondert und in der Form eines unverbindlichen Konferenzbeschlusses verabschiedet. Aber auch die wenigen Bestimmungen in der Charta, die sich auf die Menschenrechte beziehen, verdienen Aufmerksamkeit.

Gemäß der Präambel bedeutet »amerikanische Solidarität ein System der Freiheit des Einzelnen und soziale Gerechtigkeit auf der Grundlage der Achtung der fundamentalen Menschenrechte«. Da die Menschenrechte in der Charta nicht näher definiert werden, könnte man in dieser Klausel einen Verweis auf die Amerikanische Menschenrechtsdeklaration sehen. Jedoch versicherten die Befürworter der Aufnahme dieser Wendung in die Charta der Konferenz, daß dadurch keine Inkorporation der Deklaration erfolge[45]. Das wäre auch inkonsistent gewesen, angesichts der Entscheidung, die Menschenrechtsdeklaration gerade nicht in bindender Form zu verabschieden[46]. Die

---

[43] Vgl. die in Human Rights, Heft 6 (1982) aufgeführten Resolutionen. Res. XX und XXVII (S. 33–34 u. 50) weisen den Begriff der Minderheit zurück, da deren Mitglieder ohnehin alle Rechte als Einzelne genössen; Res. XXXVI (S. 34) betont, daß die Verfolgung aus rassischen und religiösen Motiven unvereinbar mit den politischen und juristischen Systemen Amerikas ist; siehe auch Res. VII, Diffusion of Doctrines tending to Place in Jeopardy the Common Inter-American Democratic Ideal or to Threaten the Security and Neutrality of the American Republics. Siehe auch das Kapitel bei *Vasak* (Anm. 8), S. 23–24, über die Menschenrechte als Element der inneren und äußeren Staatssicherheit in Amerika.
[44] Nationale Verfassungen enthalten stets und als wesentlichen Bestandteil einen Grundrechtskatalog. Die Argumentation ist wiedergegeben in: Ninth International Conference of American States, Report of the Delegation of the United States with Related Documents, Dept. State Publ. No. 3263 (1948), S. 13.
[45] Vgl. die Argumente der Delegierten von Ecuador und Peru in Actas y Documentos 3 (1948), S. 174.
[46] Siehe *Schreiber,* The Inter-American Commission on Human Rights (1970), S. 18.

wichtigste Menschenrechtsbestimmung der Charta in der Fassung von 1948 aber ist Art. 5 (j), der in die Fassung von 1967 als Art. 3 (j) übernommen worden ist[47]. In dieser Norm proklamieren die amerikanischen Staaten »die fundamentalen Rechte des Einzelnen ohne Unterschied nach Rasse, Nationalität, Bekenntnis oder Geschlecht« und bestätigen dies erneut als Grundsatz der Organisation. Die Erstfassung dieses Artikels war viel stringenter gewesen und lautete: »Die amerikanischen Staaten proklamieren die fundamentalen Menschenrechte und veranlassen, daß sie geachtet werden, indem sie allen ohne Unterschied nach Rasse, Nationalität, Bekenntnis oder Geschlecht die gleichen Chancen, materielles und ideelles Wohlbefinden zu erlangen, garantieren«[48]. Aber diese Fassung mit ihrem Appell an die Regierungen, im Bereich der Menschenrechte tätig zu werden, wurde fallengelassen. Teils forderte man sogar, die Bestimmung ersatzlos zu streichen, da Menschenrechte als Bestandteil der bindenden OAS-Charta die staatliche Souveränität verletzten[49]. Man einigte sich schließlich auf die heutige abgeschwächte Fassung, wobei man in den Konferenzdokumenten festhielt, daß auch an dieser Stelle keine Inkorporation der Menschenrechtsdeklaration in die Charta erfolge[50]. Art. 3 (j) der Charta enthält also sowohl nach seiner Formulierung als auch nach seiner Entstehungsgeschichte ebenfalls keine rechtlich bindende Aussage, sondern ist nur eine unverbindliche Grundsatzerklärung.

Andererseits läßt sich Art. 3 (j) im Zusammenhang mit Art. 16[51] der Charta interpretieren, nach dem »der Staat die Rechte des Individuums und die allgemein gültigen ethischen Grundsätze wahren muß«[52]. Wegen der Wahl des Verbs »muß« kann man hier auf eine rechtliche Pflicht zur Wahrung der Menschenrechte schließen. Aber selbst in diesem Fall bleibt offen, wie die einzelnen Menschenrechte konkret beschaffen sind, da man ja unter allen Umständen einen Verweis auf die Amerikanische Menschenrechtsdekla-

---

[47] Aufschlußreich hinsichtlich der Bedeutung von Art. 3 (j) (Art. 5 (j) alte Fassung) der Charta ist: Novena Conferencia Internacional Americana, Bogotá, 1948, Actas y Documentos 5 (1953), S. 549 ff. Siehe auch Richter *Buergenthal*, Anuario Jurídico Interamericano 1981, S. 105, und, die mangelnde rechtliche Bindungskraft betonend, *Thomas/Thomas*, South Western Law Journal 20 (1966), S. 282, 284.
[48] Actas y Documentos 3 (1948), S. 89. Übersetzung von der Verf.
[49] So die mexikanischen Abgeordneten, siehe Actas y Documentos 3 (1948), S. 301–302.
[50] *Ibid.*, S. 181–182.
[51] Art. 16 der heutigen Fassung entspricht Art. 13 der Charta in ihrer ursprünglichen Fassung.
[52] Art. 16 (der frühere Art. 13) lautet: "Each State has the right to develop its cultural, political, and economic life freely and naturally. In this free development, the State shall respect the rights of the individual and the principles of universal morality". Siehe dazu die grammatikalische Auslegung von *Thomas/Thomas*, South Western Law Journal 20 (1966), S. 284. "Shall" in der dritten Person gebraucht, ist danach gleichbedeutend mit »muß«.

ration vermeiden wollte[53]. Auch entbehrt die Charta aller Ansätze für einen Durchsetzungsmechanismus. Der Vorschlag Uruguays, ein System multilateraler Interventionen zur Verteidigung der Menschenrechte einzuführen, war schon früher mit überwältigender Mehrheit zurückgewiesen worden[54]. Nur wenn massenhaft auftretende Menschenrechtsverletzungen den Frieden in der Hemisphäre bedrohten, konnten Kollektivmaßnahmen auf der Grundlage des Vertrages von Rio ergriffen werden[55].

Daraus ergibt sich, daß die Menschenrechte in der Charta der OAS nur unvollständig behandelt wurden[56].

Die gleichzeitig in Kraft getretene Amerikanische Menschenrechtsdeklaration hat den Nachteil mangelnder rechtlicher Verbindlichkeit. Dies wurde im darauffolgenden Jahr 1949 noch einmal ausdrücklich vom Interamerikanischen Juristenausschuß bestätigt[57]. Zusammen mit der ebenfalls im Jahre 1948 beschlossenen Allgemeinen Erklärung der Menschenrechte der Vereinten Nationen gehört sie aber immerhin zu den ersten umfassenden zwischenstaatlichen Erklärungen über die Menschenrechte überhaupt. Die Amerikanische Menschenrechtsdeklaration war und ist auch heute noch als Richtschnur von großem Wert; sie hat insbesondere die Arbeit der Interamerikanischen Menschenrechtskommission erleichtert und inspiriert. Dies wird noch näher dargelegt werden.

2. Ansätze zur Schaffung von Schutzorganen

Bis zur Einsetzung der Interamerikanischen Menschenrechtskommission sollte noch einige Zeit vergehen. Jedoch wurde auf der Konferenz von Bogotá 1948 ein anderer wichtiger Fortschritt gemacht. Res. XXXI beauftragte den Interamerikanischen Juristenausschuß, ein Statut für den Interamerikanischen Gerichtshof für Menschenrechte auszuarbeiten[58]. Nach dem Wortlaut der Resolution sollen die Menschenrechte in geeigneter Weise geschützt werden, und kein Recht könne ohne Gericht wirklich geschützt werden. Da es sich bei den Menschenrechten um international anerkannte Rechte handele,

---

[53] Vgl. Department of State, Report of the Delegation of the United States of America to the Ninth International Conference of American States, Bogotá, 1948, Publ. No. 3263 (1948), S. 35–36.

[54] Außenminister Rodriguez Larreta von Uruguay hatte diesen Vorschlag im November 1945 gemacht. Darüber und über weitere Anregungen hinsichtlich eines Schutzmechanismus siehe *Schreiber* (Anm. 46), S. 15–17 mit weiteren Nachweisen.

[55] Art. 6 des Vertrages von Rio. Die Regelung erinnert an die begrenzten Möglichkeiten der Vereinten Nationen, wirtschaftliche und bewaffnete Kollektivmaßnahmen zu ergreifen, im Falle von "gross and persistent human rights violations amounting to a threat of peace" (Kap. 7 UN-Charta).

[56] So auch *Vasak* (Anm. 8), S. 29.

[57] Vgl. *Buergenthal*, Anuario Jurídico Interamericano 1981, S. 105.

[58] Der Text der Res. XXXI der neunten internationalen Konferenz amerikanischer Staaten ist abgedruckt in: Human Rights, Heft 6 (1982), S. 89–90.

Ansätze zur Schaffung von Schutzorganen 15

sei eine internationale Instanz angebracht. Ein internationaler Gerichtshof, der sich auch mit den Rechten des Einzelnen befassen würde, könnte an eine gewisse Tradition in den amerikanischen Staaten anknüpfen, wie an anderer Stelle ausgeführt werden wird[59]. Es herrschte aber die Auffassung, daß eine rechtsprechende Instanz einen Katalog rechtlich verbindlicher Menschenrechte voraussetze[60]. Die Idee von an der Richtschnur der Deklaration und den Prinzipien der Charta als Richterrecht zu entwickelnden Menschenrechten kam demgegenüber nicht auf[61]. Diese Möglichkeit sollte der Interamerikanischen Menschenrechtskommission vorbehalten bleiben.

Gegen den Gerichtshof wurde auch vorgebracht, daß seine Einsetzung wesentliche Änderungen der Verfassungen der Mitgliedstaaten der OAS nötig mache, zwecks Anpassung der nationalen Gerichtssysteme an das neue internationale Organ. Dafür sei die Zeit noch nicht reif[62]. Zwar fehlte nur eine Stimme, um den Vorschlag der Ausarbeitung eines Entwurfs eines Statuts für einen Interamerikanischen Menschenrechtsgerichtshof auf die Tagesordnung der zehnten interamerikanischen Konferenz zu setzen. Aber der statt dessen aufgenommene Tagesordnungspunkt: »Menschenrechte – Maßnahmen, die geeignet sind, die Menschenrechte zu fördern, ohne die nationale Souveränität und das Interventionsverbot zu beeinträchtigen«, spiegelt die Haltung der Mehrheit wider[63]. Die übliche Einstellung, Menschenrechte im Gegensatz zum Souveränitätsprinzip zu sehen, hatte, anders als auf der Konferenz von Mexiko im Jahre 1945, die Oberhand[64].

Zwei Resolutionen der zehnten interamerikanischen Konferenz betrafen dann aber die Frage der Schutzorgane, so einmal die längere Res. XXVII über die »Stärkung des Systems zum Schutze der Menschenrechte«, die u. a. auf die Wahrung der Menschenrechte als Voraussetzung eines demokratischen Staatswesens hinweist[65]. Sie ist in sehr allgemeiner Sprache gehalten. Konkretes im Hinblick auf Schutzorgane enthält sie trotz ihres Titels nicht und

---

[59] Ein »Zentralamerikanischer Gerichtshof« war von 1907–1918 in Costa Rica tätig gewesen. Dazu siehe unten S. 117 f.
[60] Res. XVIII der zehnten interamerikanischen Konferenz, Caracas 1954, siehe OEA, Decima Conferencia Interamericana, Actas y Documentos 5 (1956), S. 289–291.
[61] *Vasak* (Anm. 8), S. 30, macht hierauf aufmerksam.
[62] Novena Conferencia Internacional Americana, Actas y Documentos 3 (1948), S. 570. Vgl. auch die Argumentation der Vereinigten Staaten in diesem Sinne in: Ninth International Conference of American States, Report of the Delegation of the United States of America with Related Documents, Dept. State Publ. No. 3263 (1948), S. 82. – Hinsichtlich der Auswirkungen auf die Verfassungen der amerikanischen Staaten siehe Interamerikanischer Juristenrat, Interamerican Court to Protect the Rights of Man: Projects and Documents Considered at the First Meeting, Held in Rio de Janeiro in 1950 and to be Submitted to the Second Meeting to be Held in Buenos Aires in 1953 (1953), S. 5–6.
[63] Zum Vorangegangenen *Schreiber* (Anm. 46), S. 24 mit Nachweisen.
[64] Siehe oben S. 8–9.
[65] Res. XXVII findet sich in Human Rights, Heft 6 (1982), S. 108–110.

ruft vielmehr nur zur Sammlung und zum Austausch von Informationen und zu Studien im Bereich der Menschenrechte auf. Res. XXIX fordert dann den Rat der Organisation auf, weiterhin die jurisdiktionellen Aspekte des Menschenrechtsschutzes zu untersuchen und die Möglichkeit der Errichtung eines Interamerikanischen Gerichtshofes für Menschenrechte für die elfte Konferenz zu analysieren [66].

Dies ist ein mageres Ergebnis vor dem Hintergrund der geschilderten Bestrebungen hinsichtlich eines Gerichtshofes und einer Menschenrechtskonvention und auch angesichts der Vorschläge, die der zehnten Konferenz zur Behandlung unterbreitet worden waren. So hatte Uruguay schon sehr früh die Einsetzung einer Interamerikanischen Menschenrechtskommission gefordert [67]. Der Vorschlag hatte bereits die wesentlichen Züge der späteren Kommission enthalten und ihr sogar eine weitere Zuständigkeit zuerkannt, als sie unmittelbar nach ihrer Einsetzung haben würde. Aber im Jahre 1954 wurden solche Anregungen unter der Befürchtung zurückgewiesen, daß sie zur Schaffung einer supranationalen Einheit unter flagranter Verletzung des Souveränitätsprinzips führen würden [68].

3. Die Einsetzung der Kommission

a) Das fünfte Außenministertreffen

Das fünfte Beratungstreffen der Außenminister der amerikanischen Staaten brachte eine Wende [69]. Der politische Rahmen des Menschenrechtsschutzes hatte sich geändert. Am 1. Januar 1959 war der kubanische Diktator Batista gestürzt worden. In anderen lateinamerikanischen Staaten führte das teils zur Mobilisierung der Volksmassen in der Hoffnung, sich ebenfalls unliebsamer Regierungen zu entledigen. Solche Spannungen, wie sie sich besonders in der Karibik ergaben, schärften das Bewußtsein für den Zusammenhang stabiler, staatlicher Herrschaft und der Wahrung der Demokratie und der Menschenrechte. Das fünfte Außenministertreffen 1954 stand ganz unter diesem Vorzeichen. Die Erklärung von Santiago betont die Erfahrung, daß die Vernachlässigung der Menschenrechte und der Prinzipien repräsentativer Demokratie eine Quelle ausgedehnter Unruhen sei und zu Flüchtlingsströmen führe, die häufige und schwerwiegende Spannungen zwischen den Auswanderer- und den Einwandererstaaten erzeugten [70]. Die Res. III und IV geben Studien über

---

[66] *Ibid.*, S. 111.

[67] Der Vorschlag Uruguays befindet sich in: Novena Conferencia Internacional Americana, Actas y Documentos 3 (1948), S. 375–376. Vgl. auch andere in diesem Zusammenhang interessante Vorstöße auf S. 421–423.

[68] So der Abgeordnete von Peru, *ibid.*, S. 508–509.

[69] Zur Bedeutung des fünften Außenministertreffens und den veränderten politischen Randbedingungen siehe *Schreiber, ibid.*, S. 27–30, und *Vasak* (Anm. 8), S. 32–36.

[70] Der Text der Erklärung ist abgedruckt in Human Rights, Heft 6 (1982), S. 134–136.

Einsetzung der Kommission   17

den Zusammenhang zwischen den Menschenrechten und der Demokratie
bzw. dem Frieden in der Hemisphäre in Auftrag[71]. Die Res. IX und XI beziehen sich in ähnlicher Weise auf die Beziehungen zwischen den Menschenrechten, dem System der repräsentativen Demokratie und dem Kampf gegen
die Unterentwicklung[72].

Besondere Aufmerksamkeit aber gebührt Res. VIII[73]. In sie münden die
Vorschläge von fünf Staaten ein, die Vorarbeiten für eine Interamerikanische
Menschenrechtskonvention und die Schaffung einer Interamerikanischen
Kommission zum Schutze der Menschenrechte gefordert hatten[74]. Die Reso-
lution betont, wie wesentlich es ist, die Menschenrechte juristisch zu schüt-
zen, damit »den Bürgern nicht nur das äußerste Mittel des Aufstandes gegen
Tyrannei und Unterdrückung bleibt«. Auf der Grundlage von Art. 3 (j)[75] der
Charta beauftragt Teil 1 des Beschlusses den Interamerikanischen Juristenrat
mit dem Entwurf einer Amerikanischen Menschenrechtskonvention zur
Schaffung eines Interamerikanischen Menschenrechtsgerichtshofes und ande-
rer geeigneter Schutzorganisationen. Teil 2 ermächtigt zur Schaffung einer
Interamerikanischen Menschenrechtskommission, bestehend aus sieben vom
Rat der OAS in individueller Eigenschaft zu wählenden Mitgliedern.

Die Resolution gibt auch zu verstehen, daß nunmehr, elf Jahre nach der
Verkündung der Amerikanischen Menschenrechtsdeklaration und angesichts
der Fortschritte im Menschenrechtsbereich innerhalb der Vereinten Nationen
und des Europarates, die Zeit für substantielle Maßnahmen auch in der Hemisphäre der amerikanischen Staaten reif sei. Die Einrichtung eines juristischen Schutzsystems einschließlich eines Gerichtshofes, einer Konvention
und einer Kommission nach dem Muster des Europarates sollte zwar noch
zwei Jahrzehnte dauern. Aber die Interamerikanische Menschenrechtskommission wurde umgehend eingesetzt. Sie entwickelte ein Schutzsystem eigener Art in der Abwesenheit jeglicher vertraglicher Grundlagen. Der Entwurf
ihres Statuts wurde vom Rat der OAS einem Spezialausschuß anvertraut, der

---

[71] Res. III, Study on the Juridical Relationship between Respect for Human
Rights and the Effective Exercise of Representative Democracy, *ibid.*, S. 137. Res. IV
erweitert den Zuständigkeitsbereich der Interamerikanischen Friedenskommission
und beauftragt sie, insbesondere den Zusammenhang zwischen den Menschenrechtsverletzungen und den politischen Spannungen auf dem amerikanischen Kontinent zu
untersuchen. Siehe Fifth Meeting of Consultation of Ministers of Foreign Affairs,
Final Act, Washington D.C., OEA/Ser.C/II.5 (Engl.), S. 7–12.

[72] Res. IX, Effective Exercise of Representative Democracy, Human Rights,
Heft 6 (1982), S. 138–139; Res. XI, Economic Underdevelopment and Preservation of
Democracy, *ibid.*, S. 139–141.

[73] Der amtliche Text von Res. VIII, Human Rights, findet sich in Fifth Meeting
of Consultation of Ministers of Foreign Affairs, Final Act, OEA/Ser.C/II.5 (Engl.),
S. 10–11. Res. VIII ist wiedergegeben in Human Rights, *ibid.*, S. 137–138, und in
Sohn/Buergenthal, International Protection of Human Rights (1973), S. 1281–1282.

[74] Zu den Vorschlägen siehe Fifth Meeting of Consultation of Ministers of
Foreign Affairs, Actas y Documentos, OEA/Ser.F/III.5 (1961), S. 268–278.

[75] Art. 3 (j) ist der frühere Art. 5 (j).

aus Abgeordneten von Chile, Ecuador, El Salvador, Honduras, Kolumbien, Kuba und den Vereinigten Staaten bestand. Das Statut war vom Rat zu billigen.

b) Die Ausarbeitung des Statuts [76]

Der Ausschuß arbeitete mehrere Entwürfe aus. Der erste Entwurf erscheint revolutionär, selbst im Kontext des heutigen Völkerrechts[77]. Um so viel fortschrittlicher hebt er sich aus dem internationalen Recht der damaligen Zeit hervor. Die Kommission sollte während mindestens zehn Monaten im Jahr ordentliche Sitzungen abhalten. Zusätzlich waren außerordentliche Sitzungen vorgesehen. Die sieben Mitglieder durften keine anderweitigen politischen Funktionen oder Funktionen der Verwaltung ausüben und mußten sich auch sonst jeglicher beruflicher Tätigkeit enthalten. Das schließt eventuelle Interessenkollisionen aus, bot sich aber auch angesichts der zeitlichen Inanspruchnahme der Kommissionsmitglieder gemäß diesem Vorschlag an.

Die Besonderheit aber war vor allem, daß Einzelne und private Gruppen berechtigt sein sollten, sich direkt an das interamerikanische Organ zu wenden. Das erschien damals als außerordentlich, weil nach traditionellem Völkerrecht nur Staaten und internationale Organisationen Völkerrechtssubjekte sind[78]. Man erwog also hier, Einzelnen auf der Grundlage einer bloßen Konferenzresolution partielle Völkerrechtsfähigkeit zuzuerkennen. Noch nicht einmal durch internationale Verträge hatte man dem Individuum bislang eine so starke Stellung auf der Ebene des internationalen Rechts eingeräumt, wenn man in Betracht zieht, daß die EMRK hinter dem interamerikanischen System insofern zurückbleibt als die Individualbeschwerde dort nur fakultativ vereinbart ist. Art. 25 EMRK gibt natürlichen Personen und nichtstaatlichen Organisationen oder Personenvereinigungen das Recht, sich an die Kommission zu wenden, aber nur unter der Bedingung, daß der betreffende Staat eine Erklärung abgegeben hat, wonach er die Zuständigkeit der Kommission auf diesem Gebiet anerkannt hat[79]. Der fortschrittliche Ent-

---

[76] Zur Ausarbeitung des Statuts siehe *Schreiber* (Anm. 46), S. 31 ff.

[77] Die Entwürfe für ein Statut der Kommission sind abgedruckt in OAS, Council, Informe de la Comisión Especial del Consejo Designada para Estudiar la Resolución VIII (Parte II) de la Quinta Reunión de Consulta de Ministros de Relaciones Exteriores vom 27. 10. 1957, OEA/Ser.G/IV (c-i-433).

[78] Über die schwache Stellung des Einzelnen nach Maßgabe des klassischen Völkerrechts vgl. *Sohn/Buergenthal* (Anm. 73), Kap. 3, S. 1-23, The Position of the Individual under International Law: Historical Background. Zu den neueren Tendenzen, die Völkerrechtsfähigkeit des Einzelnen anzuerkennen, *Sohn*, American University Law Review 32 (1982), S. 1 ff. (1).

[79] *Mosler* weist darauf hin, daß die Menschenrechtskonventionen den »größten Schritt vorwärts auf dem Wege des Schutzes des Menschen vor seinem eigenen Staat bedeuten, und nun als ›internationale‹ Angelegenheit und nicht als Intervention«. Vgl. *Mosler*, The International Society as a Legal Community, RdC 140 (1974 IV), S. 76 f.

Einsetzung der Kommission – Ausarbeitung des Statuts 19

wurf eines Status der Interamerikanischen Menschenrechtskommission mit einer zehnmonatigen ordentlichen Sitzungsperiode konnte sich jedoch schon aus finanziellen Gründen nicht durchsetzen[80].
Ein zweiter Entwurf war etwas restriktiver[77]. Die Menschenrechte wurden in zwei Gruppen unterteilt. Unter das Petitionsrecht sollten nur die Rechte fallen, »die nun so allgemein anerkannt waren, daß ihre Verletzung klar bestimmt und von der Kommission auf der Grundlage objektiver Kriterien ermittelt werden kann«. Darunter wären z. B. schwerwiegende Verletzungen der Rechte auf Leben, körperliche Unversehrtheit und persönliche Sicherheit gefallen[81]. Die Kommission sollte insofern Züge eines internationalen Organs der Rechtsprechung aufweisen, als vor ihrer Anrufung zunächst der innerstaatliche Rechtsweg zu erschöpfen war. Hinsichtlich derjenigen Rechte, die dem Petitionsrecht nicht unterfielen, wurden der Kommission kaum nennenswerte Kompetenzen zuerkannt. Ihre Verletzung würde bestätigt und als Anhang in den Jahresbericht des Präsidenten an die Kommission aufgenommen werden. Die betreffenden Staaten würden nicht namentlich erwähnt, obwohl der Anhang ein vertrauliches Dokument und nur für den Gebrauch durch die Kommissionsmitglieder bestimmt wäre[82].
Aber dies ging den um ihre Souveränität besorgten Staaten immer noch zu weit. Es ergab sich eine heftige Debatte, die wesentliche Probleme des modernen Völkerrechts betraf[83]: die Internationalisierung der Menschenrechte versus nationale Souveränität, die Völkerrechtssubjektivität des Einzelnen[84], den Schutz als notwendiges Korrelat der Förderung der Menschenrechte[85] und auch die Kompetenz der Minister, nach den nationalen Verfassungen überall dies durch Resolution zu befinden[86].
Das Petitionsrecht setzte sich schließlich nicht durch. Es wurde geltend gemacht, daß eine so weitgehende Internationalisierung der Menschenrechte,

---

[80] Vgl. Memorandum Preparado por la Secretaria General, wiedergegeben als Anhang zu Informe (Anm. 77), S. 15 ff.
[81] Weiterhin das Recht der Forschung und der Meinungsäußerung, das Recht auf gerichtlichen Schutz, die Unschuldsvermutung und habeas corpus. Zu den zwei Arten von Menschenrechten *Schreiber* (Anm. 46), S. 33. Zum zweiten Entwurf auch *Vasak* (Anm. 8), S. 46–48.
[82] Vgl. *Schreiber, ibid.,* S. 34 mit Nachweisen.
[83] OAS, Council, Acta de la Sesión Celebrada el 11 de Mayo de 1960, OEA/Ser.G/II (c-a-370), S. 10–51.
[84] Sehr weitgehend der kolumbianische Abgeordnete, *ibid.,* S. 40. Ein anderer Abgeordneter beschwört hingegen die Menschenrechtskommission als eine Art Supergericht, das die nationale Rechtshoheit bedroht, *ibid.,* S. 31.
[85] *Ibid.,* S. 42.
[86] *Ibid.,* S. 23 f. Das Problem der Zuständigkeit der Minister, weitgehende internationale Verbindlichkeiten in anderer als in Vertragsform einzugehen, berührt Grundsätze der Demokratie und Gewaltenteilung. Das Vertragsverfahren sieht nach den meisten nationalen Verfassungen die Beteiligung des unmittelbar demokratisch legitimierten Parlaments vor.

wenn überhaupt, nur in der Form eines Vertrages erfolgen könnte[87]. Es wurde weiterhin festgehalten, daß die Kommission Empfehlungen nur an die Regierungen »im allgemeinen« richten, das heißt einen Verletzerstaat nicht individuell belangen konnte.

c) Der Charakter der Kommission auf der Grundlage ihres Statuts[88]

aa) Die Formulierung des Statuts

Die endgültige Fassung des Statuts von 1960 sieht eine Kommission mit begrenzten Zuständigkeiten vor, die in Art. 9 aufgezählt sind:

"In carrying out its assignment of promoting respect for human rights, the Commission shall have the following functions and powers:

a) To develop an awareness of human rights among the peoples of America;

b) To make recommendations to the governments of the member states in general, if it considers such action advisable, for the adoption of progressive measures in favor of human rights within the framework of their domestic legislation and, in accordance with their constitutional precepts, appropriate measures to further the faithful observance of those rights;

c) To prepare such studies or reports as it considers advisable in the performance of its duties;

d) To urge the governments of the member states to supply it with information on the measures adopted by them in matters of human rights;

e) To serve the Organization of American States as an advisory body in respect of human rights".

Art. 1 des Statuts charakterisiert die Kommission als selbständige »Einheit« der OAS mit der Aufgabe, die Wahrung der Menschenrechte zu fördern[89]. Die Kommission war also ursprünglich als Organ nur der allgemeinen Förderung der Menschenrechte konzipiert und nicht als Menschenrechtsschutzorgan wie die Europäische Menschenrechtskommission[90]. Die Förde-

---

[87] *Ibid.*, S. 33.

[88] Das Statut von 1960 sowie die heute gültige Fassung finden sich in Human Rights, Heft 9 (1982). Das Statut von 1979 ist ebenfalls wiedergegeben in Human Rights Law Journal 1 (1980), S. 383 ff., mit einer Einführung von *Norris*, der an der Ausarbeitung der neuen Fassung beteiligt war, und in Handbook (1985), S. 103.

[89] Art. 1 des Statuts von 1960 lautet: "The Inter-American Commission on Human Rights, created by the Fifth Meeting of Consultation of Ministers of Foreign Affairs, is an autonomous entity of the Organization of American States, the function of which is to promote respect for human rights".

[90] *Vasak* arbeitet den Unterschied zwischen der Förderung und dem Schutz der Menschenrechte anschaulich heraus; vgl. *Vasak* (Anm. 8), S. 48 ff., und *derselbe,* in: FS Cassin, Bd. 1 (1969), S. 467–478 (470). Er erwähnt auch, daß Organe der internationalen Förderung der Menschenrechte oft ungerechterweise am Maßstab von Schutzorganen beurteilt und kritisiert werden.

Anwendung des Statuts 21

rung umfaßt die Verbreitung von Informationen und die Schaffung eines Bewußtseins und günstiger Randbedingungen für die Menschenrechte. Die Kommission kann sich auch an den nationalen Gesetzgeber wenden und für den Erlaß menschenrechtsfreundlicher Gesetze einsetzen[91]. Es handelt sich also um eine in die Zukunft gerichtete, präventive Funktion, die wegen der Allgemeinheit der Maßnahmen nicht besonders in die staatliche Souveränität eingreift.

Eine Kommission zum »Schutze« der Menschenrechte hingegen hatten die Staaten abgelehnt. Der Schutz der Menschenrechte impliziert die Ermittlung, Feststellung und Sanktionierung bereits erfolgter Menschenrechtsverletzungen. Die verantwortlichen Staaten können international angeprangert werden. Das geht über die vergleichsweise unverbindliche Zulassung eines Organs der allgemeinen Förderung der Menschenrechte hinaus.

Gemäß Art. 2 sind für die Zwecke dieses Statuts unter Menschenrechten die Rechte der Amerikanischen Menschenrechtsdeklaration zu verstehen. So wurde die unverbindliche Amerikanische Menschenrechtsdeklaration zur wesentlichen normativen Richtschnur für die Arbeiten der Kommission[92].

bb) Die Anwendung des Statuts durch die Kommission

Die Begrenztheit der Zuständigkeiten, die der Kommission auf Grund ihres Statuts zugestanden worden waren, wurde wesentlich durch die extensive Auslegung durch die Kommission abgemildert. So sollte Art. 9 (b), wonach die Kommission »Empfehlungen an die Regierungen im allgemeinen ...« richten konnte, das Herausgreifen einzelner Regierungen ausschließen[93]. Gleich zu Anfang entschied die Kommission aber, daß »Empfehlungen an die Regierungen im allgemeinen« sie ermächtigten, allgemeine Empfehlungen sowohl an die Gesamtheit der Mitgliedstaaten als auch an einzelne Staaten abzugeben. Nur Empfehlungen an eine bestimmte Regierung, die einen Einzelfall betreffen, betrachtete sie als durch den Zusatz »im allgemeinen«

---

[91] Sandifer, das Kommissionsmitglied aus den Vereinigten Staaten, machte eine Reihe weiterer Vorschläge für Tätigkeiten im Bereich der Förderung der Menschenrechte, siehe OAS, Inter-American Commission on Human Rights, Statement by Dr. Durward V. Sandifer, Member of the Commission, Concerning Proposal to Amend Statutory Provisions Regarding Competence, OEA/Ser.L/V/II.1 (Doc. 5), 10. 10. 1960, S. 3, und OAS, IACHR, Comments on the Work Program by Dr. Durward V. Sandifer, Member of the Commission, OEA/Ser.L/V/II.1 (Doc. 9), 7. 10. 1960. Sandifer war besorgt, die Tätigkeit der Kommission auf den Bereich der Förderung der Menschenrechte zu begrenzen, da weitergehende Zuständigkeiten sie in ernste Auseinandersetzungen innerhalb der Mitgliedstaaten verwickeln würden und dadurch ihr Ansehen schmälerten, siehe OAS, IACHR, Statement by Dr. Durward V. Sandifer, Member of the Commission, Concerning Proposal to Amend Statutory Provisions Regarding Competence, OEA/Ser.L/V/II.1 (Doc. 26), 28. 10. 1960, S. 2–3.
[92] *Buergenthal,* Anuario Jurídico Interamericano 1981, S. 106.
[93] Siehe *Schreiber* (Anm. 46), S. 34.

ausgeschlossen[94]. Diese dynamische Interpretation von Art. 9 (b) in Verbindung mit Art. 9 (c) und (d) ihres Statuts ermöglichte der Kommission die Erstellung von Berichten und Studien über die Lage der Menschenrechte in einzelnen Ländern[95]. Die Vorschriften in Art. 9 (c) und (d) würden auch wenig sinnvoll und effektiv erscheinen ohne die Möglichkeit der Kommission, einzelne Regierungen herauszugreifen[96]. Die Kommission legte also insoweit ihr Statut in Übereinstimmung mit dem Grundsatz des *effet util* aus.

Ein weiterer dynamischer Ansatz der Kommission ist es gewesen, die Kenntnisnahme von Individualbeschwerden als notwendige Voraussetzung der Erstellung von Studien und Berichten gemäß Art. 9 (c) zu betrachten. Das entspricht dem völkerrechtlichen Auslegungsgrundsatz der *implied powers*[97]. Die Kommission fand auf diese Weise eine Möglichkeit, sich trotz ihres restriktiven Statuts jetzt in Richtung auf eine internationale Beschwerdeinstanz hin zu entwickeln[98]. Die Kommission hütete sich aber, über Individualbeschwerden zu entscheiden[99]. Mit einer solchen offenkundigen Überschreitung ihrer satzungsmäßigen Befugnisse wäre sie vermutlich einen Schritt zu weit gegangen und hätte negative Reaktionen der Mitgliedstaaten provoziert.

---

[94] IACHR, Report on the Work Accomplished during its First Session, OEA/Ser.L/V/II.1 (Doc. 32) (Engl.), 3.–28. 10. 1960 (1961), S. 10.

[95] Länderberichte erfolgen als Reaktion auf weitverbreitete Menschenrechtsverletzungen. Die Erstellung von Länderberichten ist eine wichtige Aufgabe der IAKMR, die dabei besonders frei und selbständig arbeiten kann. Die zahlreichen Länderberichte der IAKMR sind in spanischer und englischer Sprache in der Dokumentensammlung der OAS erhältlich. Mehr Information über die Länderberichte und ihre Erstellung findet sich unten S. 93 ff. Siehe auch *Buergenthal/Norris/Shelton* (Anm. 1), S. 140–193.

[96] Vgl. *Buergenthal,* Anuario Jurídico Interamericano 1981, S. 106 und 110.

[97] Vgl. das dazu maßgebende Gutachten Reparation for Injuries Suffered in the Service of the United Nations, ICJ Reports 1949, S. 174 ff.

[98] In der Art und Weise, wie die IAKMR ihr Mandat versteht und ihre Kompetenzen extensiv auslegt, unterscheidet sie sich stark von der Menschenrechtskommission der Vereinten Nationen. Die UN-Menschenrechtskommission erklärte zunächst 1947, unmittelbar nach ihrer Einsetzung, »daß sie nicht befugt sei, in irgendeiner Weise auf wie auch immer geartete Menschenrechtsbeschwerden zu reagieren«, siehe ESCOR, 4th Sess. (1947), Suppl. No. 3, S. 6. Siehe auch ECOSOC Res. 75 (V) vom 5. 8. 1947. Dieser anfänglich unterschiedliche Ansatz der UN-Menschenrechtskommission und der IAKMR ergibt sich möglicherweise daraus, daß die UN-Menschenrechtskommission aus Staatenvertretern besteht, die IAKMR hingegen aus in persönlicher Eigenschaft gewählten, unabhängigen Individuen.

[99] Auf ihrer ersten Sitzung 1960 entschied die Kommission, daß ihre Satzung sie nicht ermächtigte, »Einzelfallentscheidungen auf schriftliche Mitteilungen hin zu fällen, die sie über Menschenrechtsverletzungen in den amerikanischen Staaten erhält, obwohl sie sie im Rahmen einer möglichst wirksamen Erfüllung ihrer Aufgaben als Information zur Kenntnis nehmen soll«, IACHR, Report on the Work Accomplished during its First Session (Anm. 94), S. 9 (Übersetzung von der Verf.).

cc) Die Änderung des Statuts

Ein weiteres Verdienst der Kommission ist die Beharrlichkeit, mit der sie auf eine Änderung ihres Statuts hinwirkte[100]. Nach fünf Jahren, auf der zweiten interamerikanischen Sonderkonferenz, hatte ihr Streben Erfolg. Eine Billigung ihrer Praxis hatte die Kommission schon 1962 durch das achte Konsultationstreffen der Außenminister erfahren. Res. IX hatte die Verdienste der Kommission hervorgehoben und den Rat zu einer Erweiterung ihrer Zuständigkeiten mittels Satzungsänderung aufgerufen[101]. Die zweite außerordentliche Konferenz in Rio de Janeiro 1965 nahm auf diese Aufforderung der Außenminister Bezug und ging in Res. XXII betreffend eine Änderung des Statuts sogar noch über die Forderungen der Kommission hinaus[102]. Res. XXII wurde als Art. 9*bis* in das Statut der Kommission aufgenommen und lautet:

"The Commission shall have the following additional functions and powers:
a) To give particular attention to observance of the human rights referred to in Articles I, II, III, IV, XVIII, XXV, and XXVI of the American Declaration of the Rights and Duties of Man;
b) To examine communications submitted to it and any other available information; to address the government of any American state for information deemed pertinent by the Commission; and to make recommendations, when it deems this appropriate, with the objective of bringing about more effective observance of fundamental human rights;
c) To submit a report annually to the Inter-American Conference or to the Meeting of Consultation of Ministers of Foreign Affairs, which should include: (i) a statement of progress achieved in realization of the goals set forth in the American Declaration; (ii) a statement of areas in which further steps are needed to give effect to the human rights set forth in the American Declaration; and (iii) such observations as the Commission may deem appropriate on matters covered in the communications submitted to it and in other information available to the Commission;
d) To verify, as a condition precedent to the exercise of the powers set forth in paragraphs b) and c) of the present article, whether the internal

---

[100] *Vasak* spricht von einer »lobenswerten Hartnäckigkeit, hinter der eventuell auch das schlechte Gewissen wegen einer Satzungsverletzung bei der Untersuchung von Mitteilungen« stecke, vgl. *Vasak* (Anm. 8), S. 53.
[101] Res. IX, Eighth Meeting of Consultation (Punta del Este, Uruguay, 22.–31. 1. 1962), Revision of the Statute of the Inter-American Commission on Human Rights, in Human Rights, Heft 6 (1982), S. 149.
[102] Res. XXII, Second Special Inter-American Conference (Rio de Janeiro, 17–30 Nov. 1965), Expanded Functions of the Inter-American Commission on Human Rights, in Human Rights, *ibid.*, S. 163–165; ebenfalls wiedergegeben in *Sohn/Buergenthal* (Anm. 73), S. 1290 f., und in AJIL 60 (1966), S. 458–460.

legal procedures and remedies of each member state have been duly applied and exhausted".

Die Änderung des Statuts von 1965 nahm also den Gedanken des zweiten Entwurfs von 1960 wieder auf und unterteilte die Menschenrechte in zwei Kategorien. Daran anknüpfend normierten Art. 53 ff. der VerfO von 1967 ein quasi-jurisdiktionelles Individualbeschwerdeverfahren, welches zunächst auf die in Art. 9*bis* (a) des Statuts besonders hervorgehobenen Rechte beschränkt blieb[103]. Jederman kann danach vor der Kommission eine Verletzung der genannten Rechte geltend machen. Eine individuelle Betroffenheit des Beschwerdeführers ist nicht erforderlich. Es handelt sich also um ein Popularbeschwerdeverfahren. Wurden die innerstaatlichen Rechtsmittelverfahren zuvor durchlaufen, so entschied die Kommission, ob eine Verletzung der Art. 1–4 oder 18 der Amerikanischen Menschenrechtserklärung vorlag. Wenn dies der Fall war, verfaßte sie einen Bericht und gab Empfehlungen an den betreffenden Staat ab. Leistete der Staat den Empfehlungen innerhalb einer bestimmten Frist keine Folge, konnte die Kommission das in ihrem Jahresbericht an die Interamerikanische Konferenz oder das Konsultationstreffen der Außenminister mitteilen. Übergingen diese Gremien die Mitteilung der Kommission und hatte der betreffende Staat die empfohlenen Maßnahmen nicht ergriffen, konnte die Kommission ihren Bericht veröffentlichen.

Art. 9*bis* des Statuts von 1965 in Verbindung mit Art. 53 ff. der VerfO von 1967 bestätigten im wesentlichen die bisherige para-satzungsmäßige Praxis der Kommission. Sie normierten weiterhin bereits die Grundzüge des Individualbeschwerdeverfahrens, wie es auch heute noch von der Kommission durchgeführt wird. Bemerkenswert ist aber, daß die Kommission das Individualbeschwerdeverfahren in Art. 53 ff. ihrer alten VerfO zunächst ausdrücklich nur auf die in Art. 9*bis* (a) des Statuts von 1965 herausgehobenen Rechte beschränkte, obgleich ein solches Verständnis des Zusammenspiels der Art. 9*bis* (a) und (b)–(d) nicht zwingend ist[104].

Die Aufnahme der *local remedies rule* in Art. 9*bis* (d) zeigt, wie die Kommission judikative Züge annahm.

Die Kommission geht als Organ mit vielfältigen Aufgaben aus der Konferenz von Rio hervor[105]. Gemäß ihrer ursprünglichen Bestimmung ist sie Organ der Förderung der Menschenrechte geblieben, eine Funktion, die im nationalen Bereich am ehesten der Legislative zufällt. Sie führt auch Ermittlungen im Hinblick auf Menschenrechtsverletzungen durch und übt insofern

---

[103] Die besonders geschützten Rechte sind: das Recht auf Leben, Freiheit und persönliche Sicherheit (Art. 1 Amerikanische Menschenrechtsdeklaration), Gleichheit vor dem Gesetz (Art. 2), Religions- und Bekenntnisfreiheit (Art. 3), Meinungs- und Informationsfreiheit (Art. 4), Recht auf ein faires Verfahren (Art. 18) und das Recht auf Schutz vor willkürlicher Verhaftung (Art. 25).
[104] Siehe auch unten S. 64 f.
[105] Vgl. *Vasak* (Anm. 8), S. 59.

Die Kommission als Organ der Charta 25

exekutive Funktionen aus. Im Zusammenhang mit der Kenntnisnahme von Individualbeschwerden nach Erschöpfung des innerstaatlichen Rechtsweges nimmt sie Züge eines rechtsprechenden Organs an [106].

B. Die Organisation Amerikanischer Staaten und die Menschenrechte unter der geänderten Charta (Protokoll von Buenos Aires, 1967)

Auf der Konferenz in Buenos Aires von 1967 wurde die Charta der OAS hinsichtlich des Menschenrechtsschutzes in ganz erheblicher Weise geändert [107]. Bis zum Inkrafttreten des Protokolls von Buenos Aires im Jahre 1970 entbehrte die Interamerikanische Menschenrechtskommission jeglicher vertraglicher Grundlage. Das unterscheidet sie wesentlich von der Europäischen Menschenrechtskommission, die von Anfang an in der Europäischen Menschenrechtskonvention verankert war [108]. Bis 1970 konnte die Interamerikanische Menschenrechtskommission durch einen bloßen Konferenzbeschluß abgeschafft werden, verdankte sie doch ihre Existenz ebenfalls nur Res. VIII des fünften Außenministertreffens. Diese unsichere Lage änderte sich 1970, indem die Kommission von nun an gleich in drei Bestimmungen der Charta, der »Verfassung« der OAS, genannt wurde. Art. 51 (e) der geänderten Charta macht die Interamerikanische Menschenrechtskommission zu einem Hauptorgan der Organisation. Das ersetzt die etwas farblose Charakterisierung als »selbständiges Organ der OAS« gemäß Art. 1 des Statuts. Art. 112 der Charta fordert eine Kommission mit der Aufgabe, die Achtung und den Schutz der Menschenrechte zu fördern, deren Struktur, Zuständigkeiten und Verfahren durch eine Amerikanische Menschenrechtskonvention bestimmt würden. Diese Konvention existierte 1967, zur Zeit der Konferenz von Buenos Aires, zwar schon als Entwurf, war aber noch nicht angenommen und wirksam geworden [109]. Deshalb bestimmt Art. 150 der Charta, daß »bis zum Inkrafttreten der Interamerikanischen Menschenrechtskonvention die gegenwärtige Interamerikanische Menschenrechtskommission über die Einhaltung der Menschenrechte wachen soll(e)«. Von 1970 an setzte also die Abschaffung der

---

[106] *Ibid.*
[107] Dazu ausführlich *Buergenthal*, AJIL 69 (1975), S. 828 ff., und *derselbe*, Anuario Jurídico Interamericano 1981, S. 108–109. Vgl. ferner auch *Farer/Rowles*, in: International Human Rights, Law and Practice (1978), S. 47 ff.
[108] European Convention for the Protection of Human Rights and Fundamental Freedoms, zur Unterzeichnung am 4. 11. 1950 aufgelegt und am 9. 9. 1953 in Kraft getreten, UNTS 213, S. 222. Zur EMRK siehe die Kommentare von *Frowein/Peukert*, Europäische Menschenrechtskonvention, EMRK-Kommentar (1985), und *Partsch*, Die Rechte und Freiheiten der europäischen Menschenrechtskonvention (1966).
[109] Die AMRK wurde 1969 zur Unterzeichnung aufgelegt und trat am 18. 7. 1978 mit Hinterlegung der elften Ratifikationsurkunde in Kraft.

Kommission eine Änderung der Charta voraus, wobei die besonderen Regeln über die Änderung internationaler Verträge eingehalten werden müssen. Das ist mühsamer und schwieriger als die Fassung eines bloßen Konferenzbeschlusses.

Die Übergangsnorm Art. 150 ist von besonderer Bedeutung. Sie nimmt auf die »gegenwärtige Interamerikanische Menschenrechtskommission« Bezug, ohne deren Struktur, Zuständigkeit und Verfahren näher zu bestimmen[110]. Deshalb kann Art. 150 nur die Kommission, wie sie nach Maßgabe ihres Statuts besteht und arbeitet, meinen. Von daher inkorporiert der Terminus »die gegenwärtige Interamerikanische Menschenrechtskommission« das Statut der Kommission in die Charta der OAS. Art. 2 des alten Statuts aber enthielt einen Verweis auf die Amerikanische Menschenrechtsdeklaration. Daraus läßt sich schließen, daß Art. 51 der Charta auch die Amerikanische Menschenrechtsdeklaration inkorporiert und sie an der vertraglichen Bindungskraft der Charta teilhaben läßt. Mit Sicherheit sind das Gewicht und die Stellung der Interamerikanischen Menschenrechtskommission und ihres normativen Arbeitsinstrumentes, der Amerikanischen Menschenrechtsdeklaration, durch Änderung der Charta von 1967 enorm verbessert worden.

II. Die Stellung der Interamerikanischen Menschenrechtskommission als Organ der Charta

A. Ein para-vertragliches Organ

Wie bereits dargelegt, ermangelte die Interamerikanische Menschenrechtskommission anfänglich jeglicher vertraglichen Grundlage. Auch die spätere Heilung dieses juristischen Defizits durch die Aufnahme von Bestimmungen über eine Interamerikanische Menschenrechtskommission in die Charta der OAS versetzte die Interamerikanische Menschenrechtskommission keineswegs in eine Stellung, die der der Europäischen Menschenrechtskommission vergleichbar gewesen wäre. Struktur, Zuständigkeit und Verfahren der Interamerikanischen Menschenrechtskommission waren noch immer nicht unmittelbar durch einen internationalen Vertrag festgelegt. Ein rechtlich verbindlicher Katalog der zu schützenden Rechte ließ sich nur über den Kunstgriff einer doppelten Verweisung, von Art. 150 Charta auf Art. 2 Statut und von Art. 2 auf die Amerikanische Menschenrechtsdeklaration, erreichen. Aber die

---

[110] Daß Art. 150 der Charta nicht näher auf die Aufgaben und Natur der Kommission eingeht, überrascht, da die Kommission mittlerweile auf Grund ihrer Rolle in der dominikanischen Krise erheblich an Ansehen und Gewicht gewonnen hatte. Vermutlich scheuten sich die Staaten, das, was sie hier faktisch billigten, in vertraglichem Rahmen grundsätzlich und allgemein festzulegen. Vgl. *Tomuschat*, ZaöRV 28 (1968), S. 531–535.

Die Kommission als Organ der Charta 27

Tatsache, daß in den amerikanischen Staaten anders als in Europa nicht von Anfang an eine Menschenrechtskonvention vorlag, die sowohl den Charakter der Schutzorgane wie die zu schützenden Rechte festlegte, barg auch Vorteile.

1. Flexibilität

Die Abwesenheit eindeutiger vertraglicher Bezugsnormen hat der Interamerikanischen Menschenrechtskommission ein besonderes Maß an Flexibilität erlaubt, besonders im Hinblick auf die Entwicklung ihrer Zuständigkeiten[111]. Während der langen Periode der Ungewißheit vor dem Inkrafttreten der Amerikanischen Menschenrechtskonvention beeinflußten die Tätigkeit und die Vorgehensweise der Kommission, wie sie wiederholt von den Konferenzen amerikanischer Staaten bestätigt wurden, unvermeidlicherweise die Bestimmung der Zuständigkeiten der Kommission in diesem regionalen Vertrag[112]. Es ist zweifelhaft, ob in einem internationalen Vertrag niedergelegte Zuständigkeiten so leicht überschritten und hätten erweitert werden können wie die gemäß dem Statut der Kommission. Die Interamerikanische Menschenrechtskommission konnte allmählich auf faktischer Ebene mehr Zugeständnisse erreichen, als die Staaten anfangs im Rahmen einer internationalen Konvention gemacht hätten.

2. Wirksamkeit des Schutzes

Es ist zweifelhaft, ob die Existenz einer vertraglichen Basis überhaupt von nennenswerter Bedeutung für die Wirksamkeit eines internationalen Systems zum Schutze der Menschenrechte ist. Seit dem Ende des zweiten Weltkrieges beruht internationaler Menschenrechtsschutz darauf, daß man versucht, das Vollstreckungsdefizit des Völkerrechts durch die Alarmierung der Weltöffentlichkeit auszugleichen[113]. Obwohl es der Interamerikanischen Menschen-

---

[111] Über den Vorteil möglicher Flexibilität in Ermangelung strenger rechtlicher Regeln in anderem Zusammenhang siehe *Buergenthal*, Law-Making in the International Civil Aviation Organization (1969), S. 229 f.

[112] So beschreibt das US-amerikanische Mitglied Sandifer die Tätigkeit der Kommission in der Dominikanischen Republik als den »Höhepunkt der Entwicklung der Kommission von einer Studien- und Berichterstattungsinstanz zu einer mit einem viel weiteren Aktionsradius und einer viel wichtigeren Rolle als je von ihren Vätern vorausgesehen«. Vgl. *Sandifer*, in: The Dominican Republic Crisis 1965 (1967), S. 7–9. Siehe auch *Cabranes*, AJIL 62 (1968), S. 889–908 (893–897), der den beträchtlichen Freiraum der Kommission in der Abwesenheit einer Konvention betont.

[113] *Buergenthal* geht auf die Fähigkeit des Europarates, die Öffentlichkeit zu alarmieren, ein und betont die Erheblichkeit politischer Faktoren im internationalen Menschenrechtsschutz, siehe *Buergenthal*, AJIL 62 (1968), S. 441 ff. (447). *Mengozzi*, Rivista di diritto europeo 19 (1979), S. 3–39 (9–10), hebt die Wichtigkeit der öffentlichen Meinung gegenüber dem Vorhandensein einer vertraglichen Grundlage hervor.

rechtskommission versagt ist, rechtlich verbindliche Entscheidungen zu fällen, kann die weitreichende politische Bedeutung eines Gremiums anerkannter Experten, die ihre Meinung unabhängig formen, gar nicht überschätzt werden. Auch wenn das System juristisch nicht ganz befriedigt, werden die potentiellen Menschenrechtsverletzer international angeprangert und müssen sich rechtfertigen [114]. Von daher betrachtet, muß die fehlende Basis eines internationalen Vertrages nicht unter allen Umständen der effektiven Durchsetzung der Menschenrechte schaden.

B. Die Beziehung zur Organisation Amerikanischer Staaten [115]

Die Interamerikanische Menschenrechtskommission wurde als »selbständige Einheit der Organisation Amerikanischer Staaten« geschaffen [116]. Diese Formulierung läßt der Phantasie Raum. Jedenfalls wurde die Kommission nicht als Subsidiärorgan einer der Räte der Organisation geschaffen. Die Kommission als Unterorgan des Wirtschafts- und Sozialrates wäre gut vorstellbar gewesen, wurde doch auch die Menschenrechtskommission der Vereinten Nationen durch deren Wirtschafts- und Sozialrat eingerichtet [117]. Die Räte bestehen jedoch aus Vertretern der Staaten [118], was für eine Kommission zum Schutze der Menschenrechte wenig vorteilhaft erscheint. Man betrachtete die Interamerikanische Menschenrechtskommission als Organ *sui generis,* zwar der OAS eingegliedert, aber dazu bestimmt, selbständig zu arbeiten [119]. Diese Selbständigkeit wurde 1970 durch das Protokoll von Buenos Aires verstärkt, das die Kommission zu einem Hauptorgan der OAS machte (Art. 51 (e) der Charta).

C. Ausschluß einer Regierung aus dem interamerikanischen System

Als Organ der OAS übt die Kommission Kompetenzen gegenüber deren Mitgliedstaaten aus. Das wirft Probleme im Falle Kubas auf, denn die Regierung Kubas wurde durch Res. VI des achten Konsultationstreffens der

---

[114] Vgl. *Tomuschat,* ZaöRV 28 (1968), S. 544.
[115] Hierzu *Vasak* (Anm. 8), S. 41–44.
[116] Art. 1 des Statuts von 1960.
[117] Gemäß Art. 75 der Charta der OAS können die Räte subsidiäre Organe und Nebenstellen, die sie für eine bessere Erfüllung ihrer Aufgaben als ratsam erachten, einrichten (UNTS 119, S. 48–92). Vgl. auch Art. 68 UN-Charta (Documents of the United Nations Conference on International Organization, Bd. 15 (1945), S. 335 ff.).
[118] Art. 69 und 78 der Charta der OAS.
[119] *Vasak* (Anm. 8), S. 43, und *LeBlanc,* The OAS and the Promotion and Protection of Human Rights (1977), S. 50.

Außenminister vom 31. Januar 1962 vom interamerikanischen System ausgeschlossen. Die gegenwärtige Regierung Kubas bekenne sich offiziell zum Marxismus-Leninismus, was unvereinbar mit den Zielen und Grundsätzen des interamerikanischen Systems sei. Der Rat der OAS und die anderen Organe und Organisationen hätten unverzüglich die erforderlichen Ausführungsmaßnahmen zum Ausschluß der kubanischen Regierung zu treffen [120]. Daß die Wahl der erforderlichen Ausführungsmaßnahmen den jeweiligen Organen und Organisationen der OAS überlassen wurde, ermöglichte der Interamerikanischen Menschenrechtskommission, ihre Haltung gegenüber Kuba nicht zu ändern. Die Kommission betont, es sei nur die Regierung und nicht der Staat Kuba von der Organisation ausgeschlossen worden. Sie fordert Kuba im Rahmen von Individualbeschwerdeverfahren weiterhin auf, sich zu geltend gemachten Menschenrechtsverletzungen zu äußern. Kuba hingegen verweigert die Kooperation mit der Kommission. Das Anfordern von Auskünften sei unzulässig, denn die Organisation Amerikanischer Staaten sei nicht zuständig für einen Staat, dem sie illegal seine Rechte entzogen habe [121].

Erheblich ist, ob Kuba seine Stellung als Mitglied der OAS verloren hat. Das hängt davon ab, ob man einen Unterschied zwischen dem Ausschluß der gegenwärtigen Regierung Kubas und demjenigen des Staates Kuba machen kann. Wenn man in diesem Fall zwischen Regierung und Staat unterscheidet, stellt sich die weitere Frage, ob heute, nach mehr als 20 Jahren seit dem Ausschluß der Regierung Kubas, diese Unterscheidung noch von hinreichend praktischer Relevanz ist, um die Zuständigkeit der Kommission zu begründen. Kuba ist seit dem Ausschluß nicht mehr in der Generalversammlung

---

[120] Res. VI lautet: "Exclusion of the present Government of Cuba from participation in the Inter-American System ... Resolves:
1. That adherence by any member of the Organization of American States to Marxism-Leninism is incompatible with the Inter-American system and the alignment of such a government with the communist bloc breaks the unity and solidarity of the hemisphere.
2. That the present Government of Cuba, which has officially identified itself as a Marxist-Leninist government, is incompatible with the principles and objectives of the inter-American system.
3. That this incompatibility excludes the present Government of Cuba from participation in the inter-American system.
4. That the Council of the Organization of American States and the other organs and organizations of the inter-American system adopt without delay the measures necessary to comply with this resolution". Vgl. Human Rights, Heft 6 (1982), S. 147 f.

[121] Die Stellungnahme Kubas sowie verschiedener Mitgliedstaaten der OAS zum Ausschluß der Regierung Kubas und seinen Auswirkungen auf die Kompetenzen der Kommission sind zusammengestellt in: *Buergenthal/Norris/Shelton* (Anm. 1), Problem Seven: Do Member States Continue to have Human Rights Obligations if their Government has been Excluded from the Inter-American System?, S. 51–65. Mehrere Mitgliedstaaten sprachen sich in Übereinstimmung mit Kuba gegen eine Zuständigkeit der Kommission aus.

der OAS vertreten. Deshalb kann es nicht, wie andere Staaten, ihm angebracht erscheinende Ausführungen machen, wenn die Versammlung Berichte über die Lage der Menschenrechte in Kuba würdigt. Diese Umstände könnten zu einer Verneinung der Zuständigkeit der Interamerikanischen Menschenrechtskommission gegenüber Kuba führen. Andererseits enthält die Charta der OAS keine Art. 6 der UN-Charta entsprechende Bestimmung, wonach »ein Mitglied der Vereinten Nationen, das die Grundsätze der Charta beharrlich verletzt, aus der Organisation ausgeschlossen werden kann«. Die Kommission ist deshalb der Ansicht, daß die Stellung als Mitgliedstaat ein Recht sei, das keinem Staat entzogen werden könne; eine Regierung könne auf diesen Status verzichten, aber er könne nicht auf Grund einer in der Charta nicht vorgesehenen Sanktion verloren gehen. Kuba sei weiterhin Mitglied der OAS und der Interamerikanischen Menschenrechtskommission im Bereich der Menschenrechte solange verantwortlich, bis es sein Recht zur Kündigung der Charta gemäß Art. 148 Charta ausübe. Diesen Schritt habe es nicht getan. Die Kommission lehnt außerdem ab, daß ihre Aufgabe, die Menschenrechte zu fördern und zu schützen, von politischen Entscheidungen anderer Organe der OAS, wie der Konsultationstreffen der Außenminister, beeinflußt wird [122]. Sie behandelt deshalb Kuba wie jeden anderen Mitgliedstaat der OAS.

---

[122] Die Kommission stellt die verschiedenen Argumente für und gegen ihre Zuständigkeit gegenüber Kuba sowie ihre eigene Rechtsauffassung dar in IACHR, The Situation of Human Rights in Cuba, Seventh Report, OEA/Ser. L/V/II. 61, doc. 29 (1983), S. 8–14.

2. Kapitel: Die Struktur der Interamerikanischen Menschenrechtskommission

I. Die Unabhängigkeit der Mitglieder

Die Menschenrechte sollen den Einzelnen vor Übergriffen des Staates schützen[123]. Die Mitglieder von Menschenrechtsgremien sollten deshalb insbesondere keine hohen Regierungsämter innehaben, sondern Stellungen bekleiden und Berufe ausüben, die ihrer größtmöglichen Unabhängigkeit vom Entsendestaat und ihrer Unparteilichkeit zuträglich sind[124]. Viele Vorschriften des Statuts der Interamerikanischen Menschenrechtskommission stehen in einem Zusammenhang mit der Unabhängigkeit der Mitglieder. Dazu gehören auch die Vorschriften über ihre Ernennung. Je unmittelbarer der Einfluß der Regierungen auf das Ernennungsverfahren ist, je politischer ist das sich ergebende Organ.

A. Die Ernennung der Mitglieder

Die Mitglieder der Interamerikanischen Menschenrechtskommission werden »in persönlicher Eigenschaft durch die Hauptversammlung der Organisation auf der Grundlage einer Liste von durch die Regierungen der Mitgliedstaaten vorgeschlagenen Kandidaten gewählt«[125]. Nach dem alten Statut wurden sie vom Rat der OAS gewählt[126]. Der Zuständigkeitsübergang auf die General-

---

[123] Zu der Sonderstellung, die die IAKMR deshalb unter den zwischenstaatlichen Einrichtungen genießt, vgl. *Sepúlveda,* Israel Yearbook on Human Rights 12 (1982), S. 46–61.
[124] *Sepúlveda,* selbst Kommissionsmitglied und Botschafter Mexikos in der Bundesrepublik Deutschland, hält die persönliche Integrität und nicht formale Unabhängigkeit von der Regierung für ausschlaggebend für einen unparteiischen Menschenrechtsschutz, *ibid.,* S. 54.
[125] Art. 36 Abs. 2 AMRK und Art. 3 Statut. Das Wahlverfahren ist festgelegt in Procedure for the Election of the Members of the Inter-American Commission on Human Rights, Human Rights, Heft 9 (1982), S. 69–70.
[126] Art. 4 des Statuts von 1960, siehe Human Rights, *ibid.,* S. 29.

versammlung, das »höchste Organ der Organisation«[127], spiegelt die wachsende Bedeutung der Kommission wider.

Die Regierungen können bis zu drei Kandidaten vorschlagen; mindestens einer der Kandidaten soll dann aber nicht Staatsangehöriger des vorschlagenden Staates sein. Das fördert die Unabhängigkeit des betreffenden Mitglieds. In der Praxis ist es aber bislang üblich gewesen, daß jeder Staat nur einen Kandidaten aufstellt. Für diesen sucht der betreffende Außenminister im voraus Unterstützung, so daß er der Hauptversammlung mit Aussicht auf Erfolg vorgestellt werden kann[128].

Die Kandidaten »sollen Persönlichkeiten von hoher moralischer Autorität und anerkannter Befähigung im Menschenrechtsbereich sein«[129]. In der Praxis handelt es sich oft um Juristen mit besonderer Erfahrung im Verfassungsrecht und in den Grundrechten[130].

B. Die Zahl der Mitglieder

Die Interamerikanische Menschenrechtskommission besteht aus sieben Mitgliedern, unabhängig von der Zahl der Staaten, die am Menschenrechtsschutzsystem teilnehmen. Darin gleicht sie dem Menschenrechtsausschuß der Vereinten Nationen, der nach Art. 28 Internationaler Pakt über bürgerliche und politische Rechte ebenfalls eine festgelegte Mitgliederzahl hat[131]. Die Zahl der Mitglieder der Europäischen Menschenrechtskommission hingegen entspricht derjenigen der Hohen Vertragschließenden Teile[132].

Eine begrenzte Zahl von Kommissionsmitgliedern begünstigt eine effiziente Arbeitsweise. Deshalb hatte auch die Europäische Menschenrechtskommission anfänglich mit einer Untergruppe gearbeitet, die auch gerade aus sieben Mitgliedern bestand[133]. Weiterhin entspricht eine Kommission, in der nicht Angehörige eines jeden Mitgliedstaates vertreten sind, besser dem Konzept eines die Mitgliedstaaten als Gesamtheit repräsentierenden Organs[134]. Der

---

[127] Art. 52 der Charta der OAS.
[128] Vgl. *Sepúlveda*, Israel Yearbook on Human Rights 12 (1982), S. 53.
[129] Art. 34 Konvention; Art. 2 Statut.
[130] Besonders in kleineren Staaten gibt es nur wenige Spezialisten im Bereich des internationalen Schutzes der Menschenrechte.
[131] Der Menschenrechtsausschuß der Vereinten Nationen hat 18 Mitglieder, Art. 28 des Internationalen Paktes über bürgerliche und politische Rechte, GAOR, 21st Sess., Suppl. No. 16 (A/6316), S. 59.
[132] Art. 20 EMRK, UNTS 213, S. 221.
[133] Über die frühere siebenköpfige Unterkommission siehe *Monconduit*, La Commission Européenne des Droits de l'Homme (1965), S. 100–106.
[134] Gemäß Art. 35 Konvention und Art. 2 Abs. 2 Statut repräsentiert die Kommission alle Mitgliedstaaten. Zum Aspekt der glaubhaften Vertretung der Gesamtheit der Mitgliedstaaten durch eine kleine Kommission siehe *Monconduit, ibid.*, S. 100–101.

Eindruck einer Botschafterkonferenz entsteht so nicht[135]. Andererseits wird das Problem der Unabhängigkeit bei einer kleineren Kommission komplexer[136], denn der Einfluß einzelner großer Staaten kann sich besser auswirken. Eine Kommission mit nur wenigen Mitgliedern muß mehr Arbeit an ihr Sekretariat und Personal delegieren, die eine weniger selbständige Stellung im Rahmen der OAS genießen. Von daher mag die günstigste Lösung in der Mitte liegen, und zwar dergestalt, daß die Zahl der Mitglieder der Interamerikanischen Menschenrechtskommission zwar erhöht würde, aber nicht bis zu der Zahl der Hohen Vertragschließenden Teile der Konvention oder der Charta.

C. Inkompatibilitäten

Gemäß Art. 8 des Statuts ist »die Mitgliedschaft in der Kommission unvereinbar mit der Übernahme jeglicher anderen Tätigkeit, die die Unabhängigkeit oder Unparteilichkeit des Mitglieds beeinträchtigen könnte«. Diese vage Formulierung ist erst in die Fassung des Statuts von 1979 aufgenommen worden; davor gab es überhaupt keine Vorschrift über Inkompatibilität. An Vorschlägen hatte es nicht gefehlt. Art. 7 und 8 der Erstfassung des Statuts verlangten z. B. von den Mitgliedern eine feierliche Erklärung, daß sie ihre Tätigkeiten immer unparteiisch ausüben würden, und hatten dem Präsidenten der Kommission jedwede andere berufliche Tätigkeit untersagt[137]. Aber diese Bestimmungen wurden bald wieder gestrichen. Das gleiche Schicksal teilt Art. 7 des Entwurfs eines Statuts von 1979. Danach waren die Kommissionsmitglieder von folgenden Tätigkeiten ausgeschlossen: Staatsoberhaupt, Regierungschef, Minister, Außenminister, Mitglied einer ständigen Vertretung in den Vereinigten Staaten oder bei der OAS, Mitglied der Streitkräfte, der Polizei oder anderer Sicherheitskräfte[138]. Gleichermaßen wurde ein Vor-

---

[135] Zu dieser Gefahr *Tomuschat*, ZaöRV 28 (1968), S. 536.
[136] Vgl. *Buergenthal/Norris/Shelton* (Anm. 1), Kap. 6, S. 216 ff. Hier werden auch Situationen herausgegriffen, in denen die Unabhängigkeit und Unparteilichkeit der Mitglieder bezweifelt werden könnten.
[137] Die Erstfassung des Statuts wurde am 25. 5. 1960 angenommen; Art. 7 und 8 wurden bereits am 8. 6. 1960 wieder gestrichen. Vgl. *Vasak* (Anm. 8), S. 68, und *Tomuschat*, ZaöRV 28 (1968), S. 551 f.
Von den Mitgliedern des Menschenrechtsausschusses und der Europäischen Menschenrechtskommission werden feierliche Erklärungen über die Unparteilichkeit ihrer Amtsführung verlangt, siehe Art. 38 Internationaler Pakt über bürgerliche und politische Rechte und Art. 2 der Verfahrensordnung der Europäischen Menschenrechtskommission. Eine vorbildliche Regelung der Inkompatibilität enthält ferner Art. 10 Abs. 2 des Vertrages zur Einsetzung eines gemeinsamen Rates und einer gemeinsamen Kommission der Europäischen Gemeinschaften vom 8. 4. 1965, ABl. EG 1967, Nr. 152/2.
[138] Der Entwurf ist wiedergegeben in Human Rights, Heft 9 (1982), S. 14–28.

schlag zurückgewiesen, nach dem Stellungen unter der unmittelbaren Aufsicht der Exekutive oder von denen eine Entfernung nach dem Ermessen der Exekutive möglich ist, als unvereinbar mit einer Mitgliedschaft in der Interamerikanischen Menschenrechtskommission zu betrachten sind[139]. Sachgerechterweise dürfte aber auch nach dem wenig konkreten Art. 8, auf den man sich schließlich einigte, jeder Kandidat ausgeschlossen sein, der in derselben Sache weisungsabhängig ist. Ansonsten muß auf keinen Bewerber aus formalen Gründen notwendigerweise verzichtet werden, der Erfahrungen im Regierungsbereich hat und auf Grund seiner persönlichen Integrität geeignet erscheint.

Zum Teil ist die Ablehnung einer präziseren Inkompatibilitätenregelung auch darauf zurückzuführen, daß die um ihre Souveränität besorgten Staaten alles vermeiden wollten, was nach einer Annäherung der Kommission an ein internationales Gericht aussah[140]. Jedenfalls unbefriedigend ist, daß Statut und VerfO der Kommission ein Verfahren zur Feststellung der Inkompatibilität nicht regeln. In der Praxis folgt man dem nicht angenommenen Art. 7 Abs. 2 des Entwurfs eines Statuts von 1979. Danach entscheiden fünf Mitglieder der Kommission, ob ein Fall von Inkompatibilität vorliegt. Die Entscheidung bedarf der Bestätigung durch zwei Drittel der Generalversammlung der OAS, um wirksam zu werden[141].

D. Regierungsbeamte und Mitglieder des Ausschusses der Vereinten Nationen in der Kommission

Angesichts des Mangels einer klaren Inkompatibilitätenregel hat es stets eine beträchtliche Anzahl von Botschaftern und höheren Regierungsbeamten in der Interamerikanischen Menschenrechtskommission gegeben. In der Europäischen Menschenrechtskommission ist vergleichsweise die Anzahl der Völkerrechtsprofessoren größer, was die Anwendung juristischer Methoden begünstigt[142]. Im Hinblick auf die Interamerikanische Menschenrechtskommission wird in diesem Zusammenhang oft geltend gemacht, daß man es sich nicht leisten könne, auf im übrigen geeignete Persönlichkeiten wegen ih-

---

[139] Vgl. Report of the Committee on Juridical and Political Affairs Regarding the Standards and Procedures on Incompatibilities – Art. 8 of the Statute of the Inter-American Commission on Human Rights, OEA/Ser.G, CP/Doc. 1133/80, 10. 11. 1980, S. 2–3 (Original: spanisch). Eine englische Fassung ist wiedergegeben in *Buergenthal/Norris/Shelton* (Anm. 1), S. 221–222.
[140] Die Idee, daß es sich bei der Kommission um nicht mehr als eine bloße Studiengruppe handele, rechtfertigte eine sorgfältige Regelung der Inkompatibilitäten kaum. Dazu auch *Tomuschat*, ZaöRV 28 (1968), S. 535 f., und *Vasak* (Anm. 8), S. 68.
[141] Siehe *Sepúlveda*, Israel Yearbook on Human Rights 12 (1982), S. 54.
[142] Zur Zusammensetzung der Europäischen Menschenrechtskommission siehe *Monconduit* (Anm. 133), S. 62.

Mitglieder der Kommission 35

res Verhältnisses zur Regierung zu verzichten. Es trifft zu, daß besonders in kleineren Ländern geeignete Kandidaten knapp sind. Außerdem bergen Erfahrungen im Regierungsbereich auch Vorteile für die Arbeit in der Interamerikanischen Menschenrechtskommission. Die Kommission arbeitet im Grenzbereich zwischen Politik und Recht, und manchmal werden höchst diplomatische Fähigkeiten von den Mitgliedern gefordert, und das nicht nur im Rahmen des »freundschaftlichen Ausgleichs«[143]. Das Völkerrecht einschließlich des Teilbereichs der Menschenrechte kann regelmäßig nicht zwangsweise durchgesetzt werden. Deshalb bleiben die internationalen Institutionen auf die Kooperation *bona fide* der Staaten angewiesen. Es genügt nicht, die Staaten anzuklagen bzw. zu verurteilen, sondern ihr Kooperationswille muß dabei stets neu gewonnen und erhalten bleiben. Regierungen müssen zu einer Änderung ihrer Menschenrechtspolitik veranlaßt werden. Bei der Erfüllung dieser schwierigen Aufgabe können diplomatisches Fingerspitzengefühl und Erfahrungen im Regierungsbereich von großem Vorteil sein. Auch haben Kommissionsmitglieder mit Verbindungen zu den Regierungen oft erleichterten Zugang zu Informationen[144]. Trotzdem darf nicht vergessen werden, daß derjenige, der ein Regierungsamt oder eine hohe Funktion in der staatlichen Exekutive innehat und außerdem Mitglied eines Menschenrechtsgremiums ist, einem Rollenkonflikt ausgesetzt ist. Während ersterer dazu neigen wird, den Standpunkt seines Staates zu verteidigen und danach zu streben, gute Beziehungen mit anderen Staaten herzustellen und zu pflegen, muß ein Mitglied eines Menschenrechtsgremiums eine kritische Haltung sowohl gegenüber dem eigenen Staat als auch gegenüber fremden Staaten einnehmen und sie gegebenenfalls anklagen.

Schwierigkeiten können auch bei einer gleichzeitigen Mitgliedschaft im Menschenrechtsausschuß der Vereinten Nationen und der Interamerikanischen Menschenrechtskommission auftreten[145]. Voreingenommenheit kann sich ergeben, wenn ein Mitglied wiederholt mit denselben Fakten in beiden Gremien befaßt wird. Ein Mitglied der Interamerikanischen Menschenrechtskommission ist gegenwärtig ebenfalls Mitglied des Menschenrechtsausschusses[146]. Auch sind viele Mitgliedstaaten der OAS Unterzeichner des Internationalen Paktes über bürgerliche und politische Rechte und des Zusatzprotokolles[147]. Insoweit ist das Problem latent, wobei wiederum die geringe Zahl

---

[143] Siehe Art. 48, 49 Konvention und Art. 45 VerfO der Kommission.
[144] Vgl. *Schreiber* (Anm. 46), S. 59–60, und *LeBlanc* (Anm. 119), S. 63.
[145] Das Problem wird bei *Buergenthal/Norris/Shelton* (Anm. 1), S. 227, angesprochen.
[146] Es handelt sich um das venezolanische Mitglied Andrés Aguilar.
[147] Gegenwärtig (1. Juli 1986) sind die folgenden Mitgliedstaaten der OAS dem Pakt über bürgerliche und politische Rechte beigetreten, und die mit einem Sternchen versehenen Staaten haben auch das Zusatzprotokoll unterzeichnet: Barbados*, Bolivien*, Chile, Costa Rica*, Dominikanische Republik*, Ecuador*, El Salvador, Jamaika*, Kolumbien*, Mexiko, Nicaragua*, Panama*, Peru*, St. Vincent und die

von Menschenrechtsexperten in kleineren Ländern die Gefahr der Doppelmitgliedschaft erhöht. Die heikelsten Fälle möglicher Voreingenommenheit, z. B. wenn ein Mitglied dieselbe Individualbeschwerde in der Kommission und im Ausschuß behandelt, sind allerdings durch die Art. 46, 47 Konvention und Art. 5 Zusatzprotokoll ausgeschlossen[148]. Probleme können sich aber bei den Länderberichten und den Vorortuntersuchungen ergeben, auf die die genannten Vorschriften nicht anwendbar sind.

Einen Lösungsansatz bietet Art. 19 Abs. 2 (b) der Verfahrensordnung der Kommission, wonach »Mitglieder nicht an der Diskussion und Entscheidung einer der Kommission unterbreiteten Angelegenheit teilzunehmen brauchen, wenn sie zuvor in irgendeiner Eigenschaft an einer Entscheidung, die sich auf die gleichen Tatsachen bezieht, teilgenommen haben«. Zwar scheint die Formulierung »nicht teilzunehmen brauchen« der Kommission unbeschränktes Ermessen zu lassen[149]. Jedoch gebietet der zugrundeliegende Inkompatibilitätsgrundsatz ein restriktives Verständnis der Regel. Für eine unvoreingenommene Untersuchung erscheint es am günstigsten, wenn alle Kommissionsmitglieder die unterbreiteten Tatsachen zum ersten Male bewerten[150]. Deshalb sollten Mitglieder, die schon zuvor mit den gleichen Fakten konfrontiert wurden, stets von der nochmaligen Untersuchung im Rahmen eines Verfahrens vor der Interamerikanischen Menschenrechtskommission ausgeschlossen werden.

Grenadinen*, Surinam*, Trinidad und Tobago*, Uruguay* und Venezuela*. Die Staaten, die den Pakt unterzeichnet haben, müssen dem Ausschuß Länderberichte unterbreiten (Art. 40 Pakt über bürgerliche und politische Rechte); Staaten, die dem Zusatzprotokoll beitreten, erkennen die Zuständigkeit des Ausschusses an, auch Individualbeschwerden entgegenzunehmen und zu berücksichtigen (Art. 1 Zusatzprotokoll).

[148] Art. 46 Abs. 1 (c) Konvention fordert, »daß der Gegenstand der Beschwerde oder Mitteilung nicht in einem anderen internationalen Streitbeilegungsverfahren anhängig ist«. Art. 47 (d) Konvention betrachtet Beschwerden oder Mitteilungen als unzulässig, »die wesentlich mit einem schon vorher von der Kommission oder einer anderen internationalen Instanz geprüften Gesuch übereinstimmen«. Art. 5 Abs. 2 (a) Zusatzprotokoll zum Pakt über bürgerliche und politische Rechte schließt aus, daß »die gleiche Angelegenheit in einem anderen internationalen Ermittlungs- oder Streitbeilegungsverfahren anhängig ist«. In der Praxis werden häufig Beschwerden vor der IAKMR zurückgenommen, um die Angelegenheit dem Menschenrechtsausschuß der Vereinten Nationen zu unterbreiten. Das Zusatzprotokoll bezieht sich aber nicht ausdrücklich auf Angelegenheiten, deren Untersuchung bereits abgeschlossen ist ("... is not being examined under another procedure ...").

[149] "may not participate". Die entsprechenden Regeln für die Europäische Menschenrechtskommission und für den Menschenrechtsausschuß der Vereinten Nationen gebrauchen dagegen beide die Formulierung "shall not take part", vgl. Art. 21 VerfO der Europäischen Menschenrechtskommission und Art. 84 VerfO des Menschenrechtsausschusses der Vereinten Nationen.

[150] *Monconduit* (Anm. 133), S. 74, spricht von einer Art Unschuldszustand hinsichtlich der zu behandelnden Angelegenheit, den die Unparteilichkeit voraussetze.

E. Die Zusammensetzung der Kommission

Die Mitglieder der gegenwärtigen Interamerikanischen Menschenrechtskommission haben oder hatten alle wichtige Stellungen in ihren Ländern. L. A. Siles Salinas war Präsident und Senator in Bolivien. M. T. Bruno Celli ist Mitglied des venezolanischen Kongresses, früherer stellvertretender Außenminister und Direktor des Justizministeriums. E. Kelly ist argentinische Botschafterin bei der UNESCO und war stellvertretende Außenministerin. O. H. Jackman war Staatssekretär im Außenministerium von Barbados und Botschafter bei den Vereinten Nationen, der OAS und in den Vereinigten Staaten sowie Hochkommissar in Kanada. M. G. Monroy Cabra ist Richter am Obersten Gerichtshof von Kolumbien und hat sein Land gelegentlich auf internationalen Konferenzen repräsentiert. R. B. McColm aus den Vereinigten Staaten ist Journalist, und G. M. Correa Russomano aus Brasilien ist Professorin der Rechte. Auch in ihrer vorangegangenen Zusammensetzung rekrutierte sich die IAKMR aus ehemaligen Diplomaten und Ministern [151].

Zu früheren Kommissionen gehörten ein Außenminister Ecuadors [152] und ein Botschafter Costa Ricas bei der OAS. J. Gori aus Kolumbien fühlte sich seinerzeit veranlaßt, als Mitglied zurückzutreten, als er 1978 zum Repräsentanten seines Landes bei der Organisation ernannt wurde [153].

Die breiten Erfahrungen der Mitglieder der Interamerikanischen Menschenrechtskommission im Regierungssektor entsprechen in gewisser Weise der weitgehenden Politisierung des Menschenrechtsschutzes in Lateinamerika. Von dieser Prämisse aus lassen sich auch Vorteile daran finden.

F. Vorrechte und Immunitäten

Die Vorrechte und Immunitäten der Mitglieder der Interamerikanischen Menschenrechtskommission unterscheiden sich geringfügig danach, ob der betreffende Mitgliedstaat der OAS die Menschenrechtskonvention ratifiziert hat oder nicht. In den Konventionsstaaten genießen die Mitglieder diplomatische Vorrechte und Immunitäten, während sie in den übrigen Staaten nur »die Vorrechte und Immunitäten im Zusammenhang mit ihrer Stellung ge-

---

[151] Folgende Botschafter: Galindo, OAS und Chile; Aguilar, USA und UN; Farer, USA; Tinoco, UN; Sepúlveda, Bundesrepublik Deutschland. Monroy Cabra und Dunshee de Abranches, in internationalen Konferenzen. – Die Mitglieder der IAKMR und die Sekretäre der Kommission von 1972 an sind namentlich aufgeführt in: Inter-American Commission on Human Rights, Ten Years of Activities 1971–1981 (1982), S. IX–XI.
[152] C. Escudero war 1964–1965 für mehrere Monate Außenminister Ecuadors und währenddessen auch als Mitglied der Kommission tätig.
[153] Monroy Cabra löste Gori daraufhin in der Kommission ab.

nießen, die für eine unabhängige Erfüllung ihrer Aufgaben erforderlich sind«[154]. Das in Art. 12 Abs. 3 Statut vorgesehene besondere Abkommen, das die Materie detaillierter regeln soll, existiert noch nicht. Aber die Vorschriften in der Verfahrensordnung der Kommission über Untersuchungen vor Ort gehen teilweise näher auf die Vorrechte und Immunitäten der Mitglieder der Kommission ein. Besonders wichtig ist das Recht der vertraulichen Unterredung mit allen Personen, Gruppen, Institutionen, sowohl den Opfern von Menschenrechtsverletzungen als auch mit denen, die Beweismaterial liefern können. Die Kommissionsmitglieder haben auch Zugang zu den Gefängnissen und, auch dort, das Recht auf private Unterredung mit den Gefangenen[155].

Die Vernehmung von Aussagepersonen durch die Europäische Menschenrechtskommission erfolgt hingegen regelmäßig in Anwesenheit der Parteien. Mit Erlaubnis des Präsidenten oder des Hauptbeauftragten können die Parteien Fragen an jede gehörte Person richten[156]. Das zeigt, daß das Verfahren vor der Europäischen Menschenrechtskommission einem Gerichtsverfahren mehr angenähert ist. Der Zugang zu Opfern und Zeugen unter Ausschluß der Anwesenheit von Repräsentanten der Staatsgewalt kann hingegen zur Voraussetzung einer zuverlässigen Tatsachenermittlung werden, wenn mit staatlichen Repressionsmaßnahmen gerechnet werden muß. Das ist auch der Zweck von Art. 58 S. 2 der Verfahrensordnung, wonach die Staaten sich verpflichten, »keine Vergeltungsmaßnahmen welcher Art auch immer gegen Personen und Organisationen zu ergreifen, die mit der Kommission zusammenarbeiten oder Informationen oder Beweismaterial liefern«[157]. Die tatsächliche Einhaltung dieser Normen und folglich die Abwesenheit aller Verunsicherungen der Opfer, Informanten, der Kommission und ihrer Mitarbeiter von staatlicher Seite ist eine schwer zu erreichende Zielvorstellung, jedoch von äußerster Wichtigkeit für die erfolgreiche Arbeit der Kommission[158].

---

[154] Siehe Art. 70 der Konvention und Art. 12 des Statuts der Kommission.
[155] Siehe auch Art. 59 VerfO der Kommission. Die Tätigkeit und die Befugnisse der Kommission erinnern hier an diejenigen der Vertreter oder Delegierten der Schutzmächte und des Internationalen Komitees des Roten Kreuzes unter den Genfer Abkommen. Vgl. Art. 143 des IV. Genfer Abkommens und Art. 126 der Genfer Abkommen I–III.
[156] Vgl. Art. 34 Abs. 2 VerfO der Europäischen Menschenrechtskommission. Dazu *Schellenberg*, Das Verfahren vor der Europäischen Kommission und dem Europäischen Gerichtshof für Menschenrechte (1983), S. 136 ff.
[157] In diesem Zusammenhang steht auch Art. 59 (a) VerfO, nach dem die Regierungen »all jenen einschlägige Garantien zusprechen, die die Kommission mit Informationen, Zeugenaussagen oder Beweismaterial versorgen«.
[158] *Norris* spricht das Problem der Furcht vor staatlichen Repressionsmaßnahmen an und berichtet über Vorkehrungen, die die Kommission dagegen zu treffen sucht, Texas International Law Journal 15 (1980), S. 46–95 (85).

II. Die Präsidentschaft

Die Interamerikanische Menschenrechtskommission hat einen Präsidenten und, nach ihrem neuen Statut, zwei Vizepräsidenten. Der 1979 neu eingeführte zweite Vizepräsident erlaubt der Kommission mehr Flexibilität in Fragen der Repräsentation[159]. Die Stellung und die Aufgaben des Präsidenten der Interamerikanischen Menschenrechtskommission sind in deren Statut und Verfahrensordnung niedergelegt[160].

A. Rechtliche Stellung des Präsidenten

Die Präsidenten der Interamerikanischen Menschenrechtskommission werden von den anderen Kommissionsmitgliedern gewählt, von denen ausschließlich sie ihre Autorität ableiten. Sie werden mit absoluter Mehrheit in einem geheimen Abstimmungsverfahren gewählt[161]. Ihre Amtsperiode beträgt ein Jahr mit nur einer Wiederwahlmöglichkeit während jeder vierjährigen Amtsperiode der Kommission[162]. So wird sichergestellt, daß niemand weiter den Vorsitz führt, der nicht mehr die volle Unterstützung der übrigen Mitglieder genießt. Das fördert die Homogenität und den Zusammenhalt der Kommission, jedoch reichte das alte Statut mit einer zweijährigen Amtszeit in Verbindung mit einer einmaligen Wiederwahlmöglichkeit des Präsidenten in dieser Hinsicht gleichermaßen aus. Die neue kürzere Amtsperiode mag eine Demokratisierung für die Kommission bedeuten, kann aber die Stetigkeit der Verwaltung gefährden[163].

Die Verfahrensordnung der Interamerikanischen Menschenrechtskommission enthält nichts über Befangenheit speziell des Präsidenten. Als Kommissionsmitglied unterfällt er aber der Regel des Art. 19 VerfO[164]. Auch die

---

[159] Vgl. *Norris,* Human Rights Law Journal 1 (1980), S. 379–382 (382).
[160] Art. 14, 15 Statut und Art. 6–11 VerfO
[161] Davon kann gemäß Art. 7 Abs. 2 VerfO mit einmütiger Zustimmung der Kommission abgewichen werden.
[162] Art. 14 Statut.
[163] Siehe *Norris,* Human Rights Law Journal 1 (1980), S. 382.
[164] Art. 19 VerfO lautet: "Discussion and Voting"
1. The meetings shall conform primarily to the Regulations and secondarily, to the pertinent provisions of the Regulations of the Permanent Council of the Organization of American States.
2. Members of the Commission may not participate in the discussion, investigation, deliberation or decision of a matter submitted to the Commission for consideration in the following cases:
a) if they were nationals or permanent residents of the State which is subject of the Commission's general or specific consideration, or if they were accredited to or carrying out, a special mission, as diplomatic agents, on behalf of said State.
b) if previously they have participated in any capacity in a decision concerning the

Präsidentschaft in einem Fall, in dem Staatsangehörige mit der Nationalität des Präsidenten beteiligt sind, wird durch die 1985 neu gefaßte Regelung des Art. 19 Abs. 2 (a) Statut nun ausgeschlossen. Das gilt allerdings nicht bei Beteiligung von Staatsangehörigen desjenigen Landes, welches den Betreffenden als Kommissionsmitglied vorgeschlagen hat [165].

B. Die Funktionen des Präsidenten

Der Präsident hat verschiedene Funktionen innerhalb und außerhalb der Sitzungszeit der Kommission.

1. Während der Sitzungszeit der Kommission

Der Präsident beruft außerordentliche Sitzungen der Kommission ein und hat Einfluß auf ihre Dauer [166]. Dabei handelt es sich um eine wichtige Zuständigkeit, die im Zusammenhang mit der Unabhängigkeit der Kommis-

---

same facts on which the matter is based or have acted as an adviser to, or representative of, any of the parties involved in the decision.
3. When any member thinks that he should abstain from participating in the study or decision of a matter, he shall so inform the Commission which Commission shall decide if the withdrawal is warranted.
4. Any member may raise the issue of the withdrawal of another member provided that it is based upon reasons formulated in paragraph 2 of this article.
5. Any member who has withdrawn from the case shall not participate in the discussion, investigation, deliberation or decision of the matter even though the reason for the withdrawal has been superseded.
6. During the discussion of a given subject, any member may raise a point of order, which shall be ruled upon immediately by the Chairman or, when appropriate, by the majority of the members present. The discussion may be ended at any time, as long as the members have had the opportunity to express their opinion.
7. Once the discussion has been terminated, and if there is no consensus on the subject submitted to the Commission for deliberation, the Chairman shall put the matter to a vote in the reverse order of precedence among the members.
8. The Chairman shall announce the results of the vote and shall declare (as approved) the proposal that has the majority of votes. In the case of a tie, the Chairman shall decide". Zur Auslegung von Art. 19 Abs. 2 (b) VerfO ("may") siehe oben S. 36.
[165] Vgl. auch Art. 9 und 10 VerfO der Europäischen Menschenrechtskommission:
»Art. 9 (Hindernis für die Ausübung des Amtes). Ein Mitglied der Kommission darf nicht den Vorsitz in einer Sache führen, in welcher der Hohe Vertragschließende Teil, dessen Staatsangehöriger es ist oder in bezug auf den es gewählt wurde, Partei ist.
Art. 10 (Nichtausübung des Amtes durch den Präsidenten). Hält es der Präsident der Kommission aus einem besonderen Grund für angebracht, sein Amt in einem bestimmten Fall nicht auszuüben, so wird er nach Maßgabe der Bestimmungen des Artikels 7 Absatz 1 und des Artikels 8 ersetzt«.
[166] Art. 15 Abs. 1 und Art. 16 Abs. 2 VerfO.

Präsidentschaft 41

sion steht[167]. Er erfüllt organisatorische Funktionen und sorgt für einen ordnungsgemäßen Ablauf der Sitzungen; er unterbreitet der Kommission Tagesordnungspunkte und erteilt den Mitgliedern das Wort. Er hat Aufgaben im Zusammenhang mit Abstimmungen und entscheidet bei Stimmengleichheit[168]. Der Präsident wird weiterhin durch den Sekretär der Kommission über die Abwesenheit von Mitgliedern auf dem laufenden gehalten[169]. Er hat kein Aufsichtsrecht und keine disziplinarischen Zuständigkeiten gegenüber den übrigen Mitgliedern der Kommission. Eine solche hierarchische Regelung würde der Forderung, daß alle Kommissionsmitglieder unabhängig und nur ihrem Gewissen unterworfen sind, widersprechen[170].

2. Zwischen den Sitzungen der Kommission

Der Präsident ist hier für diejenigen in die Zuständigkeit der Kommission fallenden Maßnahmen verantwortlich, die keinen Aufschub vertragen. Nach Möglichkeit soll er aber vor der Ergreifung solcher Vorsichts- und provisorischen Maßnahmen Rücksprache mit den anderen Kommissionsmitgliedern halten oder sie danach unverzüglich informieren[171]. Der Präsident plant auch zusammen mit dem Sekretariat die Tagungen der Kommission; er kann dieses mit der Ausarbeitung von Berichtsentwürfen, Resolutionen, Studien und anderen Schriftstücken betrauen[172].

Wichtig ist Art. 15 des Statuts. Danach »kann sich der Präsident zum Sitz der Kommission begeben und dort solange bleiben, wie es zur Erfüllung seiner Aufgaben erforderlich ist«. Art. 15 wurde auf Bestreben der Kommission in das Statut aufgenommen[173]. Er ermöglicht Stetigkeit in der Arbeit der Kommission, da der Präsident auch außerhalb der Sitzungsperioden anwesend sein und für die Kommission handeln kann. So hielt sich Präsident Manuel Bianchi während der gesamten 13 Monate, die die Krise in der Dominikanischen Republik dauerte, dort auf. Unter anderem veranlaßte er die Gewährung von Asyl in lateinamerikanischen Botschaften und ermöglichte

---

[167] Vgl. dazu *Monconduit* (Anm. 133), S. 86–87. Gemäß Art. 35 EMRK beruft an sich der Generalsekretär des Europarates die Europäische Menschenrechtskommission ein. Eine solche Unterordnung der Kommission unter ein politisches Organ erschiene prekär, und die Kommission wußte ihr von Anfang an entgegenzutreten. Sie entscheidet in der Praxis selbst, ob und wann Sitzungen stattfinden, und der Sekretär der Kommission lädt ein.
[168] Siehe Art. 10 und 19 Abs. 7 und 8 VerfO.
[169] Art. 15 Abs. 3 VerfO.
[170] Diesen Gedanken betont *Monconduit* (Anm. 133), S. 93–95, für die Europäische Menschenrechtskommission.
[171] Art. 29 Abs. 3 und Art. 73 Abs. 2 VerfO.
[172] Art. 13 Abs. 1 (b) und (c) und Art. 14 Abs. 1 VerfO.
[173] Siehe Report of the Commission to the Second Inter-American Extraordinary Conference, OEA/Ser.E/XIII.1, Doc. 11, S. 10–12 (30. 4. 1965).

politisch Verfolgten, das Land zu verlassen[174]. Die Kommission hat später die auf eigene Initiative ergriffenen Schritte des Präsidenten gebilligt und ihn ermächtigt, »eine Vertretung der Interamerikanischen Menschenrechtskommission in der Dominikanischen Republik aufrechtzuerhalten, damit diese sich weiterhin mit den Menschenrechtsproblemen in diesem Land in der gegenwärtigen Situation befassen kann«[175]. Durch sein selbständiges und progressives Vorgehen bewirkte der Präsident damals den Übergang der Kommission von einem bloß der Förderung dienenden Organ zu einem solchen auch des Schutzes der Menschenrechte[176].

Früher nahm der Präsident der Interamerikanischen Menschenrechtskommission als erster nach der Entgegennahme von Beschwerden Kontakt mit den betreffenden Regierungen auf[177]. 1978 ging das Sekretariat aber dazu über, Mitteilungen an die Regierungen ohne die Billigung und Unterschrift des Präsidenten zu machen. Dies geschah aus praktischen Gründen. Man konnte so eine ganz erhebliche Zeitersparnis erreichen, da zuvor Billigung und Unterschrift einer Mitteilung durch den Präsidenten der Interamerikanischen Menschenrechtskommission oft in einem monatelangen Verfahren auf dem Postwege erlangt werden mußten. Diese neue Praxis in der Teilung der Zuständigkeiten zwischen dem Präsidenten und dem Sekretariat fand Eingang in die Verfahrensordnung der Kommission von 1979[178].

III. Das Sekretariat der Kommission[179]

In der Praxis erfüllen die Mitglieder des Sekretariats wichtige Aufgaben[180]. Sie sind einflußreich schon auf Grund der Arbeitslast, die von einer siebenköpfigen und nur maximal acht Wochen jährlich[181] tagenden Kommission ohne erhebliche Delegation auch wichtiger Aufgaben gar nicht zu bewältigen wäre.

---

[174] Dazu *Schreiber/Schreiber*, International Organization 22 (1968), S. 508–528 (517) mit Nachweisen aus den Berichten der Kommission, und *Vasak* (Anm. 8), S. 72.

[175] Bericht über die elfte (außerordentliche) Sitzung der Kommission, S. 10, zitiert bei *Schreiber/Schreiber, ibid.*

[176] So auch *Vasak* (Anm. 8), S. 72, und *Schreiber/Schreiber, ibid.*

[177] Vgl. Art. 42 Abs. 1 VerfO der IAKMR von 1967 in Human Rights, Heft 9 (1982), S. 59 ff.

[178] Art. 12 Abs. 2 und Art. 31 VerfO der IAKMR von 1979, *ibid.*, S. 35 ff.

[179] Zum Sekretariat der Kommission siehe *Vasak* (Anm. 8), S. 80–81, und *Schreiber* (Anm. 46), S. 62–63.

[180] Dazu *Buergenthal/Norris/Shelton* (Anm. 1), S. 227 f.

[181] Art. 15 VerfO.

A. Aufgaben

Das Sekretariat als einziges ständiges Organ einer internationalen Organisation hat wesentliche Bedeutung für die Aufrechterhaltung der Kontinuität ihrer Aktivitäten. Über das Sekretariat kann die Kommission permanent mit neuen Aufgaben und Petitionen befaßt werden[182].

Das Sekretariat der Interamerikanischen Menschenrechtskommission erfüllt, wie traditionell die Sekretariate internationaler Organisationen, administrative Aufgaben, indem es die Arbeit der Kommission vorbereitet. In diesem Rahmen nimmt es Petitionen und Mitteilungen entgegen, und der Exekutivsekretär entwirft die Tagesordnungen für die Sitzungen der Kommission[183]. Verantwortungsvolle exekutive Funktionen üben Mitglieder des Sekretariates aus, wenn sie allein oder in Begleitung von Mitgliedern der Kommission Ermittlungen vor Ort durchführen, Zeugen und Opfer von Menschenrechtsverletzungen vernehmen[184].

Weiterhin beruhen die Studien und Berichte der Interamerikanischen Menschenrechtskommission ganz wesentlich auf der Arbeit des Sekretariats. Gelegentlich wendet sich das Sekretariat auch an fachkundige Personen außerhalb der OAS, damit sie bei der Abfassung von Länderberichten mitwirken. Prälegislative Funktionen erfüllt das Sekretariat, wenn es im Rahmen der Förderung der Menschenrechte auf die nationalen Gesetzgeber einwirkt[185].

Mit der Entwicklung der Kommission zu einem Organ auch des Schutzes der Menschenrechte hat das Sekretariat gewisse judikative Aufgaben übernommen. Ihm obliegt die anfängliche Behandlung von Beschwerden, und es muß dafür sorgen, daß die prozessualen Zulässigkeitsvoraussetzungen erfüllt sind. Gemäß Art. 14 Abs. 2, Art. 30 und 34 VerfO ("initial processing") fällt es eine vorläufige Entscheidung über die Zulässigkeit, auf deren Grundlage den Regierungen Individualbeschwerden zugeleitet und weitere Informationen angefordert werden. Der zuständige Jurist im Sekretariat untersucht die Beschwerde. Wenn sie die Zulässigkeitsvoraussetzungen zu erfüllen scheint, sendet er sie an die Regierung mit dem Ersuchen um weitere Information und seiner Auffassung hinsichtlich der Erschöpfung der innerstaatlichen

---

[182] Das Sekretariat erfüllt insoweit Funktionen der Kommunikation. Vgl. auch Art. 12 (b) VerfO der Europäischen Menschenrechtskommission: "The Secretary ... shall be the channel for all communications concerning the Commission".

[183] Vgl. Art. 13 und 14 VerfO.

[184] Art. 28 VerfO erkennt die Ermittlungsfunktionen des Sekretariats der Kommission an: "Special Missions. The Commission may designate one or more of its members or staff members of the Secretariat to take specific measures, investigate facts or make the necessary arrangements for the Commission to perform its functions".

[185] Das Sekretariat übt also wie die Kommission (siehe oben S. 24–25) Funktionen im Bereich aller drei Gewalten aus. *Vasak* (Anm. 8), S. 80, legt den Gedanken der legislativen oder prälegislativen, der administrativen und judikativen Aufgaben des Sekretariats dar.

Rechtsmittel und der Zulässigkeit. Er kann einem Staat eine Petition auch übermitteln, um erst herauszufinden, ob die Zulässigkeitsvoraussetzungen erfüllt sind. All dies geschieht im Namen des Generalsekretärs der Kommission. Nur wenn eine Beschwerde offensichtlich unzulässig ist, wird sie nicht an die betreffende Regierung weitergeleitet. Der Brief betont jedoch, daß die Tatsache der Weiterleitung der Petition keine endgültige Entscheidung über die Zulässigkeit ist[186]. Zwar obliegt die endgültige Entscheidung, die allerdings auch in einer Billigung der Auffassung des Sekretariats bestehen kann, der Kommission in ihrer nächsten Sitzung. Dennoch hat das Sekretariat erheblichen Einfluß darauf, ob eine Beschwerde endgültig als zulässig angenommen oder aber abgewiesen wird. Um so wichtiger erscheint auch unter diesem Gesichtspunkt ein qualifizierter und unparteiischer Mitarbeiterstab.

B. Personelle Besetzung

»Die Sekretariatsdienste der Kommission werden von einer geeigneten, besonderen Abteilung des Generalsekretariats der Organisation Amerikanischer Staaten geleistet«[187]. Das Sekretariat der Kommission besteht demnach aus Angestellten der OAS, und der Generalsekretär der Organisation ist Dienstherr. Er ist für alle Personalangelegenheiten der Kommission zuständig, einschließlich der Einstellung von Mitarbeitern und ihrer Entlassung. Außerdem arbeitet das Sekretariat der Kommission unter der Leitung eines vom Generalsekretär der Organisation ernannten Exekutivsekretärs[188]. Diese Interdependenzen zwischen dem Generalsekretär der OAS und dem Sekretär der Kommission haben zu Bedenken Anlaß gegeben und wurden als potentielle Bedrohung ihrer Unabhängigkeit betrachtet[189]. Generalsekretär der OAS ist ein hochpolitischer Posten. Der Amtsträger wird von der Generalversammlung der OAS gewählt[190] und muß die Unterstützung und das Vertrauen der großen, einflußreichen Mitgliedstaaten genießen, das unter Umständen durch eine progressive Personalpolitik im Sinne einer starken und kritischen Menschenrechtskommission auch gefährdet werden kann. Von daher wäre mehr Personalautonomie bei der Interamerikanischen Menschenrechtskommission

---

[186] Art. 34 Abs. 3 VerfO »keine Präjudizierung«.
[187] Art. 40 Konvention; Art. 21 Statut.
[188] Seine Funktionen sind in Art. 13 VerfO niedergelegt. Der Sekretär der Europäischen Menschenrechtskommission wird zwar ebenfalls vom Generalsekretär des Europarates ernannt, ist aber gemäß Art. 12 VerfO der Europäischen Menschenrechtskommission »der allgemeinen Leitung des Präsidenten« der Kommission untergeordnet.
[189] So der frühere Präsident der Kommission, *Farer*, The United States and the Inter-American System: Are there Functions for the Forms? (1978), S. 70 ff.
[190] Art. 114 der Charta der OAS.

zu begrüßen[191]. Einen Schritt in die richtige Richtung enthält Art. 21 des neuen Statuts. Danach ist der Exekutivsekretär der Kommission im Einvernehmen mit der Kommission vom Generalsekretär der Organisation zu ernennen. Er kann auch nicht mehr ohne Aussprache mit der Kommission entlassen werden, und der Generalsekretär muß seine Entscheidung begründen[192].

IV. Sitz und Tagungen der Interamerikanischen Menschenrechtskommission

Die Interamerikanische Menschenrechtskommission hat ihren Sitz in den Gebäuden der OAS in Washington, D.C. Gemäß Art. 16 ihres Statuts kann die Kommission aber mit Zustimmung oder auf Einladung des betreffenden Staates auch in jedem anderen amerikanischen Staat zusammenkommen[193]. Diese Bestimmung, die Art. 11 (c) des alten Statuts entspricht, ist wichtig[194]. Im Rahmen von »Treffen auf dem Gebiete anderer amerikanischer Staaten« gemäß Art. 11 (c) des alten Statuts hat die Interamerikanische Menschenrechtskommission eine besondere Praxis von Untersuchungen und Tatsachenfeststellungen vor Ort entwickelt, auf die später noch näher eingegangen werden wird[195]. Die erforderliche Zustimmung oder Einladung oder deren Verweigerung wurden dabei je nachdem als Vermutung gegen oder für substantielle Menschenrechtsverletzungen auf dem Gebiet des betreffenden Staates verstanden[196].

---

[191] Vgl. *Farer* (Anm. 189), S. 73: "... the efficacy, independence and prestige of the Commission would be magnified if it were formally and explicitly endowed both with authority to select and manage its staff and with fiscal autonomy". Das Problem der Rekrutierung von Personal für das Sekretariat der Menschenrechtskommission wird in Europa durch die Veranstaltung von Aufnahmewettbewerben gelöst. So wird Vorsorge getragen, daß nicht politische Affinitäten an die Stelle fachlicher Kriterien treten.
[192] *Norris*, Human Rights Law Journal 1 (1980), S. 382, spricht von einem kleinen Fortschritt im Kampf der Kommission um mehr Unabhängigkeit vom Generalsekretariat. Art. 20 Abs. 3 des Entwurfs eines Statuts von 1979 hatte eine günstigere Regelung enthalten. Danach war der Exekutivsekretär der Kommission vom Generalsekretär der Organisation auf Empfehlung der Kommission zu ernennen. Entlassen werden konnte er nur auf Grund einer Petition, die von der absoluten Mehrheit der Kommissionsmitglieder getragen war, siehe Human Rights, Heft 9 (1982), S. 23. Vgl. auch die vorteilhafte Regelung hinsichtlich des Sekretariats des Gerichtshofes in Art. 58, 59 AMRK.
[193] Siehe auch Art. 15 VerfO.
[194] Das alte Statut der Kommission findet sich in Human Rights, Heft 9 (1982), S. 29 ff.
[195] Siehe unten S. 93.
[196] Vgl. *Vasak* (Anm. 8), S. 74, und unten S. 160 f.

Die Kommission hält ordentliche und außerordentliche Tagungen ab, wobei die ordentlichen Tagungen ein Maximum von acht Wochen nicht überschreiten dürfen[197]. In der Praxis finden ordentliche Tagungen jährlich dreimal während ein bis zwei Wochen statt. Diese kurze Zeitspanne, die sich aus finanziellen Gründen und aus der Vielbeschäftigtheit der Mitglieder ergibt, wird teilweise durch die Möglichkeit, außerordentliche Tagungen abzuhalten, kompensiert. So war die Interamerikanische Menschenrechtskommission während mehr als einem Jahr in der Dominikanischen Republik vertreten, im Rahmen einer »Tagung der Kommission am anderen Orte« gemäß Art. 11 (c) ihres alten Statuts[198]. Dies ist ein weiteres Beispiel dafür, wie die Kommission durch ein dynamisches Verständnis ihres Statuts den Bereich ihrer Kompetenzen erweitert hat[199].

Die Tagungen der Kommission finden unter Ausschluß der Öffentlichkeit statt[200]. Die Alarmierung der Öffentlichkeit ist das wichtigste Sanktionsmittel der Kommission. Die Einschaltung der öffentlichen Meinung muß deshalb gezielt, dosiert und zum richtigen Zeitpunkt erfolgen. Regelmäßig wird die Öffentlichkeit nur als letztes Mittel bei einem hartnäckigen Fall von Menschenrechtsverletzungen eingeschaltet, während Vertraulichkeit bei der Behandlung von Beschwerden und der Erstellung von Berichten die Anerkennung für die Befolgung der Empfehlungen der Kommission ist[201].

---

[197] Art. 15 VerfO.
[198] Es handelte sich um den vierten Besuch der Kommission in der Dominikanischen Republik (Juni 1965–Juli 1966), der für die Entwicklung ihrer Kompetenzen von außerordentlicher Bedeutung war. Dazu *Schreiber/Schreiber,* International Organization 22 (1968), S. 508–528; *Vasak* (Anm. 8), S. 155–175, und oben S. 41 f. Die Kosten für diese »außerordentliche Sitzung« wurden aus einem besonderen Fonds, nicht aus dem regulären Budget der Kommission bestritten.
[199] Vgl. oben S. 21 ff.
[200] Art. 16 Abs. 3 VerfO.
[201] Zur Öffentlichkeit der Sitzungen, allerdings leicht veraltet, *Vasak* (Anm. 8), S. 77–78.

3. Kapitel: Die Funktionen und das Verfahren der Kommission

Die Interamerikanische Menschenrechtskommission hat im wesentlichen drei Funktionen: die allgemeine Förderung der Menschenrechte zu betreiben, Maßnahmen beim Auftreten weitverbreiteter Menschenrechtsverletzungen zu ergreifen und Individualbeschwerden zu behandeln. Die Interamerikanische Menschenrechtskommission zeichnet sich unter den internationalen Organen des Menschenrechtsschutzes in der Behandlung weitverbreiteter Menschenrechtsverletzungen durch die Erstellung von Länderberichten auf der Grundlage von Untersuchungen und Tatsachenfeststellungen vor Ort aus. Bei den Individualbeschwerden ist das Verfahren der Europäischen Menschenrechtskommission weiter entwickelt und juristisch stärker formalisiert [202]. Die Funktion, im Rahmen von Ausbildung und Forschung »ein Bewußtsein für die Menschenrechte in den Nationen Amerikas zu entwickeln« [203], hat die Kommission bislang etwas vernachlässigt, obwohl gerade dies die Funktion ist, die ihr ursprünglich ausschließlich zukommen sollte [204]. Das mag auf anderweitige Beanspruchung und den Mangel finanzieller Mittel zurückzuführen sein [205]. Zudem dient das Berichtsverfahren bei weitverbreiteten Menschenrechtsverletzungen auch der allgemeinen Förderung der Menschenrechte. Nur die Amerikanische Menschenrechtskonvention und das Statut der Interamerikanischen Menschenrechtskommission betonen die Zuständigkeit der Kommission auch zur Förderung der Menschenrechte, wohingegen die Europäische Menschenrechtskonvention die Europäische Menschenrechtskommission als reines Schutzorgan konzipiert [206].

Im folgenden soll näher auf die genannten Funktionen der Interamerikanischen Menschenrechtskommission eingegangen werden.

---

[202] Das gilt trotz der prozessualen Bevorzugung von Individualbeschwerden im interamerikanischen Menschenrechtsschutzsystem. Umgekehrt wie in Europa sind Individualbeschwerden vor der Interamerikanischen Menschenrechtskommission *ipso iure* mit Ratifikation der Amerikanischen Menschenrechtskonvention zulässig, während bei Staatenbeschwerden zusätzlich besondere Erklärungen der betreffenden Staaten Voraussetzung sind.
[203] Art. 18 (a) Statut und Art. 41 (a) AMRK.
[204] Siehe oben S. 20 ff.
[205] Vgl. Richter *Buergenthal*, Anuario Jurídico Interamericano 1981, S. 113–114.
[206] Siehe auch *Vasak* (Anm. 8), S. 84.

I. Die Förderung der Menschenrechte

A. Prälegislative Funktionen

1. Vorarbeiten zur Amerikanischen Menschenrechtskonvention

In den Rahmen der allgemeinen Förderung der Menschenrechte fällt die prälegislative Tätigkeit der Kommission, das heißt die Ausarbeitung von Entwürfen zu Verträgen im Menschenrechtsbereich[207]. So war die Interamerikanische Menschenrechtskommission wesentlich an den Vorarbeiten für die Amerikanische Menschenrechtskonvention beteiligt[208]. Das Sekretariat erstellte eine vergleichende Studie der drei Entwürfe für eine Konvention des Interamerikanischen Juristenrates und der Regierungen von Chile und Uruguay[209] und eine Aufstellung mit dem Titel »Dokumente der Europäischen Menschenrechtskommission«[210] und machte Verbesserungsvorschläge. Die Kommission vertrat einen pragmatischen Ansatz, indem sie forderte, daß die Amerikanische Menschenrechtskonvention unter Berücksichtigung der Ratifikationsaussichten durch die amerikanischen Staaten formuliert werden solle. Deshalb habe man sich auf den Schutz der fundamentalen Menschenrechte zu beschränken und klar umrissene Vorschriften hinsichtlich der Schutzmechanismen aufzunehmen[211]. Die Interamerikanische Menschenrechtskommission befürwortete die besondere Berücksichtigung der Erfahrungen, die man in Europa, innerhalb der Vereinten Nationen und in den einzelnen amerikanischen Staaten mit entsprechenden verfassungsmäßigen Bestimmungen gemacht habe. Eine andere Studie der Interamerikanischen Menschenrechtskommission verglich die beiden Menschenrechtspakte der Vereinten Nationen und die verschiedenen Entwürfe für die Amerikanische Menschenrechtskonvention[212]. Auf der Grundlage von Studien und Reaktionen der Staaten

---

[207] Der Terminus »prälegislativ« stammt von *Vasak, ibid.*

[208] Dazu IACHR, The Organization of American States and Human Rights 1960–1967 (1972), S. 55–59 und Inter-American Yearbook on Human Rights 1968 (1973), S. 73–77, 87 ff. und 169 ff.

[209] IACHR, Comparative Study of the Draft Convention on Human Rights Prepared by the Interamerican Council of Jurists (Approved at its Fourth Meeting, Santiago, Chile 1959) and Those Presented by Uruguay and Chile to the Second Special Inter-American Conference (Rio de Janeiro, 1965), OEA/Ser.L/V/II.14 doc. 7; 15-doc. 2; 15-doc. 3 (rev. 2).

[210] IACHR, Documentos de la Comisión Europea de Derechos Humanos, OEA/Ser.L/V/II.14 doc. 8.

[211] Vgl. Inter-American Yearbook on Human Rights 1968 (1973), S. 75.

[212] IACHR, Comparative Study of the United Nations Covenants on Civil and Political Rights and on Economic, Social and Cultural Rights, Prepared by the Rapporteur for the Subject, Dr. Carlos A. Dunshee de Abranches, Member of the Inter-American Commission on Human Rights, OEA/Ser.L/V/II.19 doc. 18, wiedergegeben in Inter-American Yearbook on Human Rights 1968 (1973), S. 169–213.

gab die Kommission auch eine ausführliche Stellungnahme über die Vereinbarkeit eines interamerikanischen mit dem Menschenrechtsschutzsystem der Vereinten Nationen ab[213].

Die Kommission sprach sich gegen die Aufnahme von wirtschaftlichen, sozialen und kulturellen Rechten in die Amerikanische Menschenrechtskonvention aus, da die Praxis des Europarates und der Vereinten Nationen gezeigt habe, daß diese Rechte eines besonderen und andersartigen Schutzsystems bedürften. Jedoch wurde die Notwendigkeit, sich dieser zweiten Generation von Menschenrechten zunehmend bewußt zu werden, erkannt[214]. Die Interamerikanische Menschenrechtskommission befürwortete die Möglichkeit besonderer Konventionen oder von Zusatzprotokollen zur Menschenrechtskonvention über die Errichtung eines Systems zum Schutz der wirtschaftlichen, sozialen und kulturellen Rechte[215]. Gegenwärtig wird der Entwurf eines solchen Zusatzprotokolles den Staaten zur Stellungnahme zugesandt.

Arbeitsgrundlage für die Sonderkonferenz über Menschenrechte 1968 in Costa Rica, auf der die Interamerikanische Menschenrechtskonvention unterzeichnet wurde, war ein von der Kommission ausgearbeiteter Entwurf[216].

2. Weitere prälegislative Tätigkeit der Kommission

Die Interamerikanische Menschenrechtskommission ist auch an anderen Vertragsinitiativen im Menschenrechtsbereich beteiligt. Sie hat den Entwurf einer Konvention über Meinungs-, Informations- und Ermittlungsfreiheit ausgearbeitet, den Interamerikanischen Juristenausschuß beim Entwurf einer Flüchtlingskonvention beraten und kürzlich, ebenfalls in Zusammenarbeit mit dem Interamerikanischen Juristenausschuß, einen Vertrag über die Be-

---

[213] Die Stellungnahme der Kommission ist abgedruckt in Inter-American Yearbook, *ibid.*, S. 89–90.

[214] Die Menschenrechte lassen sich in drei Kategorien unterteilen. Die erste Generation bilden die – klassischen – bürgerlichen und politischen Menschenrechte. Diese Menschenrechte sind Abwehrrechte, die dem Individuum einen Freiraum gegenüber dem Staat garantieren sollen. Die zweite Generation umfaßt die wirtschaftlichen, sozialen und kulturellen Rechte, die für ihre Verwirklichung staatliche Maßnahmen voraussetzen, z.B. die Bereitstellung entsprechender Fürsorge- und Ausbildungseinrichtungen. Unter eine dritte Generation von Menschenrechten würden kollektive Rechte wie ein Recht auf Entwicklung oder das Selbstbestimmungsrecht der Völker fallen; vgl. The Hague Academy of International Law, Workshop on a Right to Development (1980).

[215] IACHR, The Organization of American States and Human Rights 1960–1967 (1972), S. 59.

[216] Vgl. Inter-American Yearbook on Human Rights 1968 (1973), S. 153–155. Der vorläufige Vertragsentwurf der Kommission mit Anmerkungen ist abgedruckt *ibid.*, S. 93–153.

kämpfung und Abschaffung der Folter vorbereitet[217]. Die Kommission bearbeitet den erwähnten Entwurf für ein Zusatzprotokoll zur Amerikanischen Menschenrechtskonvention über den Schutz wirtschaftlicher, sozialer und kultureller Rechte[218].

Die Kommission steht im Hinblick auf Vertragsentwürfe in ständigem Kontakt mit den Regierungen der amerikanischen Staaten. Sie nimmt deren Änderungsvorschläge entgegen und sucht sie in den entstehenden Vertrag einzuarbeiten[219]. Gehen keine Vorschläge von den Staaten mehr ein, so bemüht sich die Interamerikanische Menschenrechtskommission um die Ratifizierung der Konventionen[220]. Vor dem Inkrafttreten der Interamerikanischen Menschenrechtskonvention hatte sich die Kommission bei vielen Regierungen für deren Annahme eingesetzt[221].

B. Studien, Öffentlichkeitsarbeit und Ausbildung im Bereich der Menschenrechte

Die Kommission erstellt zahlreiche Studien, vergibt Stipendien und veranstaltet Seminare über die Menschenrechte; sie trägt auch durch ihre Veröffentlichungen zur »Entwicklung eines Bewußtseins für die Menschenrechte« unter den amerikanischen Völkern« bei[222]. Diese Tätigkeit ist ihren prälegislativen Funktionen vorgelagert[223]. Die Studien der Kommission betreffen

---

[217] Draft Convention on Freedom of Expression, Information and Investigation, wiedergegeben in Human Rights, Heft 23 (1983), S. 6–10. Zum Schicksal dieses Entwurfes *Vasak* (Anm. 8), S. 92 ff.; Draft Convention on Refugees, OEA/Ser.I/VI.2 C.I.J.-85. Vgl. dazu auch IACHR, Resolution in Favor of the Ratification of the Convention Relating to the Status of Refugees and the Protocol Relating to the Status of Refugees, Human Rights, *ibid.*, S. 15–17, und American Convention on the Prevention and Suppression of Torture and Other Cruel, Inhuman or Degrading Treatment, vgl. IACHR, Ten Years of Activities 1971–1981 (1982), S. 89 ff.

[218] Die Kommission stützt sich bei der Unterbreitung des Zusatzprotokolles auf Art. 77 AMRK. Ihre Tätigkeit im Zusammenhang mit dem Protokoll fällt aber gleichermaßen in den weiteren Rahmen der allgemeinen Förderung der Menschenrechte (Art. 41 (a) AMRK, Art. 18 (a) Statut). Zum geplanten Zusatzprotokoll Nr. 1 über wirtschaftliche, soziale und kulturelle Rechte siehe Annual Report of the Inter-American Commission on Human Rights 1982–1983, OEA/Ser. L/II.61 doc. 22, rev. 1, (September 1983), S. 38, und Annual Report 1983–1984, OEA/Ser.L/V/II.63 doc. 10 (September 1984), S. 137–144. Der Entwurf des Zusatzprotokolls ist abgedruckt in Human Rights Law Journal 4 (1983), S. 466–472.

[219] Vgl. z. B. die beiden Resolutionen der Kommission zum Entwurf einer Konvention über die Meinungs-, Informations- und Ermittlungsfreiheit von 1967 und 1968, wiedergegeben in Human Rights, Heft 23 (1983), S. 11 und 13.

[220] Siehe IACHR, Resolution in Favor of the Ratification of the Convention Relating to the Status of Refugees, Human Rights, *ibid.*, S. 15–17.

[221] IACHR, Ten Years of Activities 1971–1981 (1982), S. 87.

[222] Art. 41 (a) Konvention und Art. 18 (a) Statut.

Öffentlichkeitsarbeit

Themen wie: Frieden und Menschenrechte; Menschenrechte und das Wahlrecht; politische, wirtschaftliche und soziale Randbedingungen in den amerikanischen Staaten; den juristischen Schutz der Menschenrechte; den Belagerungszustand sowie die Art und Weise, wie an den Schulen über Menschenrechte unterrichtet werden kann[224]. Die Kommission hat sich auch mit dem Petitionsrecht besonders im Hinblick auf ihre Verfahrensordnung befaßt. Neuere Studien widmen sich dem Schutz einheimischer Bevölkerungsgruppen, der Gründung nationaler Menschenrechtskommissionen und repressivem Verwaltungsrecht[225].

Auf der Grundlage einer Studie über den Belagerungszustand legte die Kommission in einer Resolution sechs Bedingungen fest, bei deren Einhaltung allein die Suspendierung verfassungsmäßiger Garantien oder der Belagerungszustand mit der repräsentativen, demokratischen Regierungsform vereinbar sei[226]. Dieselbe Resolution hält fest, daß die Einhaltung der Bedingungen internationaler Kontrolle durch die Kommission unterworfen werden könne. Insofern erkennt sich die Interamerikanische Kommission über die Menschenrechte Kompetenzen zu, die die interne Staatsorganisation betreffen.

Später setzte sich die Kommission besonders für die Verbreitung der Menschenrechte im Rahmen von Schulunterricht und universitären Lehrveranstaltungen ein[227]. Die Öffentlichkeit soll allgemein viel mehr mit der Arbeit der Kommission vertraut gemacht werden[228]. Broschüren der Kommission erklären ihre Funktionen und Eigenschaften für verschiedene Interessentenkreise. Das Sekretariat gibt seit 1968 in unregelmäßigen Abständen das Interamerikanische Menschenrechtsjahrbuch heraus[229]. Diese Reihe allgemei-

---

[223] Dem Entwurf einer Interamerikanischen Menschenrechtskonvention gingen zahlreiche Studien voraus, siehe oben S. 48 ff. Der Entwurf einer Flüchtlingskonvention beruhte ebenfalls auf Vorarbeiten der Kommission; siehe IACHR, Report on the Political Refugees in America, Prepared by the Secretariat of the Commission; OEA/Ser.L/V/II.11 doc. 7 rev. 2 (1. 9. 1965), wiedergegeben in IACHR, The Organization of American States and Human Rights 1960–1967 (1972), S. 477–555.

[224] Vgl. IACHR, The Organization of American States, *ibid.*, S. 61. Einige der genannten Studien finden sich *ibid.*, S. 84–199. Zum Belagerungszustand siehe Inter-American Yearbook on Human Rights 1968 (1973), S. 55–61.

[225] Vgl. IACHR, Ten Years of Activities 1971–1981 (1982), S. 89. Zwei Resolutionen über den Schutz einheimischer Bevölkerungsgruppen, gegen Rassismus und Rassendiskriminierung finden sich auch in Human Rights, Heft 23 (1983), S. 24 und 27.

[226] OEA/Ser.L/V/II.19 doc. 32; abgedruckt auch in Human Rights, *ibid.*, S. 21.

[227] Vgl. IACHR, Resolution on the Dissemination and Teaching of Human Rights, OEA/Ser.L/V/II.23 doc. 13 rev. vom 10. 4. 1970.

[228] Vgl. Inter-American Yearbook on Human Rights 1969–1970 (1976), S. 29.

[229] Es folgt auf den 1972 erschienenen Band »Die Organisation Amerikanischer Staaten und die Menschenrechte 1960–1967« und informiert umfassend über die verschiedenen Tätigkeiten der Kommission. Ein Band für 1968 erschien 1973, einer für 1969–1970 im Jahre 1976 und der letzte über die Zeit von 1971–1981 wurde 1982 herausgegeben.

ner Studien der Interamerikanischen Menschenrechtskommission enthält noch nicht die Länderstudien und -berichte, bei denen die Tatsachenermittlung eine besondere Rolle spielt. Diese sollen als Reaktionen auf weitverbreitete Menschenrechtsverletzungen Gegenstand eines anderen Abschnittes sein [230].

Die von der Interamerikanischen Menschenrechtskommission veranstalteten Seminare werden oft von prominenten Staatsmännern, Präsidenten und Ministern der Gastländer eröffnet und mitgetragen, was in positiver Weise die Aufmerksamkeit der Öffentlichkeit auf die Menschenrechte lenkt. Oft nehmen wichtige Regierungsbeamte teil. 1969 fand das erste Menschenrechtsseminar auf Initiative der Interamerikanischen Menschenrechtskommission in Mexiko statt; das Generalsekretariat der OAS stellte Stipendien bereit. Der Generalsekretär der Organisation erklärte die Veranstaltung zu einem der Beiträge der Kommission zum internationalen Menschenrechtsjahr [231]. Weiterhin organisierte die Kommission Seminare über die Gewerkschaftsfreiheit (1972), Schutz und Förderung der Menschenrechte: Universalismus und Regionalismus (1978), Menschenrechte und internationale Beziehungen (1978), die Amerikanische Menschenrechtskonvention (1979), das Lehren der Menschenrechte (1979) und den internationalen Menschenrechtsschutz (1980) [232].

Die Kommission erachtet die Vergabe von Stipendien als unerläßlich für die Förderung von Studien im Menschenrechtsbereich [233]. Sie hat das Generalsekretariat der OAS aufgefordert, Sondermittel für Stipendien gerade in dieser Materie bereitzustellen. Sie richtete auch das Romulos Gallegos-Stipendienprogramm zu Ehren ihres ersten Präsidenten ein [234]. Die Stipendien werden an Menschenrechtsexperten oder an Regierungsbeamte, die auf Grund ihrer Funktion mit den Menschenrechten in Berührung kommen, vergeben.

---

[230] Siehe unten S. 93 ff. (109 ff.).

[231] Vgl. IACHR, The Organization of American States and Human Rights 1960–1967 (1972), S. 61. Die Generalversammlung der Vereinten Nationen hatte das Jahr 1968 zum internationalen Menschenrechtsjahr erklärt.

[232] Ko-Veranstalter der Seminare waren u. a. die UNESCO (Caracas 1978), die Konrad Adenauer-Stiftung (Santiago 1978), Regierungen (Bogotá 1979 und Mexiko 1980) und die Rechtsabteilung der OAS (Bogotá 1979). Die Ergebnisse der Seminare wurden teilweise als Bücher veröffentlicht. Vgl. z.B. Generalsekretariat der OAS, La Convención Americana sobre Derechos Humanos (1980), S. 248. Die Veröffentlichung enthält Beiträge von vier Kommissionsmitgliedern, dem Sekretär der Kommission, zwei Richtern am Interamerikanischen Menschenrechtsgerichtshof und einem Juraprofessor. Die gleichen Abhandlungen finden sich in englischer Sprache in: Symposium, The American Convention on Human Rights, The American University Law Review 30 (1980).

[233] Vgl. Inter-American Yearbook on Human Rights 1968 (1973), S. 19–21.

[234] Es handelt sich um den gleichnamigen venezolanischen Staatsmann, vgl. IACHR, Ten Years of Activities 1971–1981 (1982), S. 93.

Eine Vermittlerrolle zur Förderung der Menschenrechte übernahm die Kommission bei der Besetzung der Botschaft der Dominikanischen Republik 1980 in Kolumbien [235]. Die Besetzer hatten die Mißachtung der Menschenrechte durch das kolumbianische Regime als einen der Gründe für ihre Aktion angegeben, was die Kommission streng zurückwies. Die Kommission garantierte den Besetzern, daß Gefangene in kolumbianischen Gefängnissen korrekt behandelt würden [236].

C. Die wirtschaftlichen, sozialen und kulturellen Rechte

Ein weiteres Mittel zur Förderung der Menschenrechte sind Staatenberichtsverfahren. Im Vergleich zum Internationalen Pakt über bürgerliche und politische Rechte und der Rassendiskriminierungskonvention haben die Staaten nur begrenzte Berichtspflichten unter der Amerikanischen Menschenrechtskonvention. Gemäß Art. 42 AMRK müssen die Staaten der Kommission ein Exemplar jedes der Berichte und der Studien einreichen, die sie jährlich den Exekutivausschüssen des Interamerikanischen Wirtschafts- und Sozialrates und dem Interamerikanischen Rat für Erziehung, Wissenschaft und Kultur unterbreiten. Dadurch soll die Kommission in den Stand versetzt werden, über die Förderung der in den wirtschaftlichen, sozialen, erzieherischen, wissenschaftlichen und kulturellen Standards der Charta der OAS enthaltenen Rechte zu wachen. Die Charta beinhaltet eine Reihe solcher Standards, und der Auftrag des Art. 42 AMRK wird durch Art. 64 VerfO konkretisiert. Danach müssen die Vertragsstaaten der Kommission die Berichte zum gleichen Zeitpunkt wie den erwähnten Organen einreichen. Auch Einzelne, Gruppen von Einzelnen oder Organisationen können der Kommission Berichte, Studien oder andere Informationen über die Lage der wirtschaftlichen, sozialen und kulturellen Rechte unterbreiten. Die Kommission kann darüber hinaus, wenn sie die betreffenden Informationen nicht erhält, den Mitgliedstaaten unter Festsetzung einer Frist Fragebögen senden oder aus anderen verfügbaren Informationsquellen schöpfen. Sie kann externe Sachverständige verwenden.

---

[235] Zum Beitrag der Kommission zur Lösung des Konflikts der Besetzung der Botschaft der Dominikanischen Republik in Kolumbien: IACHR, Report on the Situation of Human Rights in the Republic of Columbia, OEA/Ser.L/V/II.53 doc. 22 (1981), S. 7–19, und IACHR, Ten Years, *ibid.*, S. 83–87. Die entsprechende Resolution on the Taking of Hostages and the Occupation of the Embassy of the Dominican Republic in Columbia ist auch abgedruckt in Human Rights, Heft 23 (1983), S. 29.
[236] Die IAKMR genoß das Vertrauen beider Parteien. Ihre Einschaltung als Garantin wurde vom kolumbianischen Außenminister vorgeschlagen und von der Guerillagruppe begrüßt. Vgl. den Brief der Guerillas an den Präsidenten der Kommission vom 25. 4. 1980 in Report, *ibid.*, S. 14. Im weiteren Zusammenhang vgl. auch das Dokument Human Rights, Subversion and Terrorism der Kommission, das auch von den kolumbianischen Medien veröffentlicht wurde, Report, *ibid.*, S. 15–18.

Die Schlußfolgerungen und Empfehlungen der Kommission erscheinen in ihren Jahres- und Länderberichten. Die Empfehlungen können sich auch auf Entwicklungshilfe oder eine andere Form der Zusammenarbeit nach Maßgabe der Charta der OAS oder anderer interamerikanischer Vereinbarungen beziehen. Wohl auf Grund der mangelnden Konkretheit der in Bezug genommenen wirtschaftlichen, sozialen und kulturellen Rechte hat deren Durchsetzung im einzelnen gemäß Art. 40 AMRK, 64 VerfO in der Praxis wenig Bedeutung erlangt[237]. Allerdings weisen diese Normen die Interamerikanische Menschenrechtskommission als zuständiges Organ auch in diesem Bereich aus. Die Berichte der Kommission enthalten immerhin auch vermehrt grundsätzliche Ausführungen über die wirtschaftlichen, sozialen und kulturellen Rechte und ihre Durchsetzbarkeit.

In ihrem Bericht über El Salvador äußert sich die Kommission ausführlich zum Zusammenhang zwischen wirtschaftlichen, sozialen und kulturellen Rechten und bürgerlichen und politischen Rechten. Daraus erklären die sozialen und wirtschaftlichen Randbedingungen weitgehend die gravierenden Menschenrechtsverletzungen in El Salvador. Gleichzeitig widersprechen diese Verhältnisse den wirtschaftlichen und sozialen Rechten nach Maßgabe der Amerikanischen Menschenrechtsdeklaration, des Art. 26 AMRK und anderer internationaler Instrumente. Solche Randbedingungen könnten aber natürlich nicht in jedem Falle die Nichtbeachtung fundamentaler politischer und bürgerlicher Rechte rechtfertigen. Deren Nichtbeachtung stelle ein Hindernis für die schrittweise Überwindung sozialer und politischer Spannungen dar, da sie das effektive Funktionieren eines politischen Systems hemmten, welches den realen sozialen und wirtschaftlichen Bedürfnissen der Bevölkerung entspräche[238]. In ihrem Jahresbericht 1979–1980 betont die Kommission den organischen Zusammenhang zwischen der Vernachlässigung wirtschaftlicher, sozialer und kultureller Rechte sowie der Unterdrückung politischer Teilnahme auf der einen, und Verletzungen des Rechts auf physische Sicherheit auf der anderen Seite. Es handele sich weitgehend um ein Verhältnis von Ursache und Wirkung. Die Vernachlässigung wirtschaftlicher und sozialer Rechte führe über eine soziale Polarisierung zu Terrorakten durch und gegen die Regierung. Die Staaten müßten danach streben, die extreme Armut der Massen zu überwinden, die sich zum Teil aus einer wenig gerechten Verteilung der Produktionsmittel ergäbe. Die Kommission weist aber auf ihre Zurückhaltung in diesem schwierigen Bereich hin, da keine präzisen Maßstäbe für die Beurteilung des staatlichen Verhaltens existierten. Insbesondere sähen sich die Regierungen schwierigen Optionen bei der Verteilung der Ressourcen zwischen Verbrauch und Investition und zwischen gegenwärtigen und zu-

---

[237] Dazu IACHR, Annual Report of the Inter-American Commission on Human Rights 1983–1984, OEA/Ser.P/AG/doc. 1778/84 (1984), S. 139.

[238] IACHR, Report on the Situation of Human Rights in El Salvador, OEA/Ser. L/V/II.46, doc. 23, rev. 1 (1978), S. 166.

künftigen Generationen gegenüber. Weiterhin sei die Wirtschafts- und nationale Verteidigungspolitik eng mit der nationalen Souveränität verknüpft. Dennoch weist die Kommission auf die Pflicht einer jeden Regierung hin, auf eine Steigerung des nationalen Wohlstandes hinzuarbeiten und dessen gerechte Verteilung zu gewährleisten, sowie auf die Verpflichtung der weiter entwickelten Länder gegenüber den weniger entwickelten Ländern. Ohne massive Unterstützung der reichen Länder der Region sei die Entwicklung der ärmeren geradezu ausgeschlossen[239]. In ihrem Jahresbericht 1982–1983 wiederholt die Kommission, daß sie, als Organ, das besonders für die Förderung und die Verteidigung der Menschenrechte verantwortlich sei, die Pflicht habe, eine aktive Rolle beim Schutz der wirtschaftlichen, sozialen und kulturellen Rechte zu spielen, geradeso wie bei den bürgerlichen und politischen Rechten[240]. Der Jahresbericht 1983–1984 setzt sich insbesondere mit dem Entwurf eines Zusatzprotokolls zur AMRK über jene Kategorie von Rechten auseinander. Die Kommission fordert, als Ausprägung des Gleichheitssatzes, die Einfügung besonderer Bestimmungen zum Schutz der Älteren, Behinderten und indianischen Bevölkerungsgruppen, da diesen sonst der volle Genuß der wirtschaftlichen, sozialen und kulturellen Rechte vorenthalten bliebe. Sie empfiehlt die Ausarbeitung präziser Fragebögen im Rahmen des Staatenberichtssystems[241].

II. Quasi-judikative Funktionen der Interamerikanischen Menschenrechtskommission bei der Behandlung von Individualbeschwerden

Individualbeschwerden werden wegen Menschenrechtsverletzungen im Einzelfall erhoben. Sie sind in ihrer viel weitergehenden Auswirkung auf die staatliche Souveränität nicht mit den geschilderten Förderungsmaßnahmen vergleichbar. Vor dem Hintergrund des traditionellen Völkerrechts sind sie in zweierlei Hinsicht bemerkenswert. Wegen seiner Einzelfallbezogenheit können die Staaten im Individualbeschwerdeverfahren konkret belastet und für spezifische Verhaltensweisen verantwortlich gemacht werden. Ausflüchte in Allgemeinformeln über gute Absichten sind kaum möglich. Weiterhin wendet sich im Individualbeschwerdeverfahren der Einzelne an eine zwi-

---

[239] IACHR, Annual Report of the Inter-American Commission on Human Rights 1979–1980, OEA/Ser.L/V/II.50 doc. 13, rev. 1 (1980), S. 151–153.
[240] IACHR, Annual Report of the Inter-American Commission on Human Rights 1982–1983, OEA/Ser.L/V/II.61, doc. 22, rev. 1 (1983), S. 38.
[241] Vgl. Annual Report of the Inter-American Commission on Human Rights 1983–1984, OEA/Ser.P/AG/doc. 1778/84 (1984), S. 135–146. Das Zusatzprotokoll über wirtschaftliche, soziale und kulturelle Rechte ist abgedruckt in Human Rights Law Journal 4 (1983), S. 466–472. Dazu IACHR, *ibid.* S. 137 ff.

schenstaatliche Instanz. Das hat es im traditionellen Völkerrecht als einem Recht ausschließlich zwischen Staaten nicht gegeben; das Individuum galt als nicht existent auf internationaler Ebene [242].

A. Besonderheiten des Beschwerdeverfahrens vor der Interamerikanischen Menschenrechtskommission

1. Die Beschwerdebefugnis

In den amerikanischen Staaten muß sich das Opfer nicht notwendigerweise selbst an die Interamerikanische Menschenrechtskommission wenden [243]. Vor der Europäischen Menschenrechtskommission hingegen können nur natürliche Personen, nichtstaatliche Organisationen oder Personenvereinigungen Beschwerde einlegen, die sich durch eine Verletzung der in der Konvention anerkannten Rechte durch einen Hohen Vertragschließenden Teil verletzt fühlen [244]. Zwar hat die Europäische Menschenrechtskommission den Terminus »Opfer« (*victim*) einer belastenden Menschenrechtsverletzung extensiv ausgelegt [245]. Richtet sich die Beschwerde gegen gesetzliche Bestimmungen, ohne daß ein besonderer Vollzugsakt angegriffen wird, ist unmittelbare Betroffenheit schon anzunehmen, wenn festgestellt werden kann, daß bereits die durch die angegriffene Bestimmung geschaffene Rechtslage den Beschwerdeführer in einer konventionsrechtlich geschützten Position beeinträchtigt oder zu beeinträchtigen droht [246]. Erlaubt ein Gesetz geheime, in Konventions-

---

[242] Ausführlicher zur Stellung des Individuums im Völkerrecht unten Anm. 495.

[243] In der Praxis werden zahlreiche Beschwerden für Individuen durch lokale oder internationale Menschenrechtsorganisationen, Gewerkschaften und Berufsverbände erhoben. Viele europäische Verbände haben Beschwerden im Interesse von Opfern, die Mitglieder vergleichbarer Verbände in den amerikanischen Staaten waren, erhoben. Dazu *Norris*, Santa Clara Law Review 20 (1980), S. 733–772 (738 ff.). Daß das Opfer selbst in Kontakt mit der IAKMR tritt, kann aber zum Zwecke einer sachdienlichen Tatsachenfeststellung erforderlich sein, vgl. Case 7466 vom 25. 6. 1981, Human Rights, Heft 21 (1983), S. 73.

[244] Vgl. Art. 25 EMRK und Art. 44 AMRK.

[245] Die englische Fassung des Art. 25 EMRK lautet: "The Commission may receive petitions addressed to the Secretary-General of the Council of Europe from any person, non-governmental organisation or group of individuals claiming to be the victim of a violation by one of the High Contracting Parties of the rights set forth in this Convention...". Zur Beschwerde bzw. der Auslegung des Begriffs *victim* siehe *Delvaux*, La notion de victime, in: Actes du Cinquième Colloque sur la Convention Européenne des Droits de l'Homme (1982), S. 59–64; *Frowein*, La notion de victime dans la Convention Européenne des Droits de l'Homme, in: Studi in Onore di Giuseppe Sperduti (1984), S. 585–599; *Frowein*/Peukert, EMRK-Kommentar, Art. 29 Rz. 2 zum Sonderproblem des Wegfalls der Opfereigenschaft; Frowein/*Peukert*, Art. 25 Rz. 17 ff.; *Schellenberg* (Anm. 156), S. 6–20; alle mit zahlreichen Nachweisen aus der Spruchpraxis der Europäischen Menschenrechtskommission.

[246] *Peukert, ibid.*, Rz. 19, listet Beispiele auf.

recht eingreifende Maßnahmen, kann der Nachweis einer direkten Betroffenheit unter Umständen unzumutbar sein. Dann genügt vielmehr eine nur potentielle Betroffenheit, welche bei einer Beschwerde von Anwälten, Richtern und Staatsanwälten über das deutsche Abhörgesetz bejaht wurde[247]. In der durch allgemeinen Verweis auf das Gebot der Achtung der Privatsphäre (Art. 8 EMRK) begründeten Annahme einer Beschwerde zweier nicht schwangerer Frauen gegen die deutsche Regelung der Abtreibung sieht *Delvaux* einen Verzicht auf das Erfordernis einer auch nur potentiellen Betroffenheit[248]. In dieser Entscheidung kann man eine Aufweichung des Verbots der Popularbeschwerde sehen[249]. Gelegentlich erkennt die Europäische Menschenrechtskommission auch die Beschwerdeberechtigung von Personen an, die durch die behaupteten Konventionsverletzungen nur indirekt betroffen sind, aber auf Grund ihrer engen Beziehung zu dem direkt Betroffenen oder der gerügten Handlung ein schutzwürdiges Interesse an der Beschwerdeeinlegung haben. Dies wurde insbesondere angenommen, wenn der direkt Betroffene selbst nicht in der Lage war, seine Rechte wahrzunehmen, weil er durch die behauptete Konventionsverletzung getötet wurde oder aus sonstigen Gründen vor der Beschwerdeeinlegung verstarb oder aus besonderen Umständen nicht in der Lage war, selbst wirksam Beschwerde einzulegen[250]. In den letztgenannten Fällen tritt also der mittelbar Betroffene an die Stelle des unmittelbar Betroffenen[251]. Dies ist nicht vergleichbar mit der Popularbeschwerdebefugnis vor der Interamerikanischen Menschenrechtskommission, die unabhängig von der Beschwerdemöglichkeit durch den unmittelbar Betroffenen besteht[252]. Auch das Beschwerdeverfahren gemäß dem Fakultativprotokoll zum Internationalen Pakt über politische und bürgerliche Rechte der Vereinten Nationen bleibt insoweit hinter dem interamerikanischen System zurück. Danach sollen Beschwerden grundsätzlich durch das in seinen Rechten verletzte Individuum selbst oder dessen Vertreter unterbreitet wer-

---

[247] Fall *Klass*, Zulässigkeitsentscheidung der Kommission, EuGRZ 1975, S. 343–350 und Bericht der Kommission, EuGRZ 1977, S. 419–423; siehe auch das Urteil des Europäischen Gerichtshofs für Menschenrechte im Fall *Klass* u.a., EuGRZ 1979, S. 278–290. Vgl. auch Fall *Malone*, EuGRZ 1985, S. 17–24.
[248] E 6959/75 vom 19. 5. 1976, Decisions and Reports, Sammlung der Entscheidungen und Berichte der Kommission ab 1975, 5 (1976), 103–116 (115). Dazu *Delvaux*, La notion de victime, in: Actes du Cinquième Colloque International sur la Convention Européenne des Droits de l'Homme (1982) S. 59–64 (62).
[249] In diesem Sinne *Schellenberg* (Anm. 156), S. 17.
[250] Vgl. z. B. Fall *Nölkenbockhoff*, EuGRZ 1985, S. 627; E 8416/78, EuGRZ 1981, S. 20; E 7011/75, Decisions and Reports 4 (1976), S. 215; E 6861/75, *ibid.* 3 (1976), S.147.
[251] Nach Frowein/*Peukert*, EMRK-Kommentar, Art. 25 Rz. 21, schließt die Beschwerdemöglichkeit des unmittelbar Betroffenen diejenige eines nur mittelbar Betroffenen aus; vgl. auch E 9266/81, Decisions and Reports 30 (1983), 155 (184 f); E 9088/80, *ibid.* 28 (1982), 160 (164).
[252] Auch verschiedene innerstaatliche Rechtsordnungen in Lateinamerika gewähren die Popularklage, z. B. Art. 23 Abs. 1 der Verfassung von Venezuela.

den; nur ausnahmsweise, wenn der Betreffende dazu nicht in der Lage scheint, kann der Menschenrechtsausschuß der Vereinten Nationen eine zu seinen Gunsten eingelegte Beschwerde annehmen [253]. Der Ausschuß fordert auch, daß eine hinreichende Beziehung zwischen dem Beschwerdeführer und dem Opfer besteht. In der Praxis legen oft Familienmitglieder für ihre Angehörigen Beschwerde ein, wenn diese selbst dazu nicht in der Lage sind. Häufig wohnen die Beschwerdeführer im Ausland, wo sie staatlichen Repressionsmaßnahmen nicht ausgesetzt sind. Der Wortlaut des Fakultativprotokolls schließt Beschwerden von Personenvereinigungen, anders als die Amerikanische Menschenrechtskonvention, aus [254]. Daß sich die Opfer nicht selbst an die Interamerikanische Menschenrechtskommission wenden müssen, erscheint angemessen, weil der Umstand, der ausnahmsweise Dritte zur Anrufung der Europäischen Menschenrechtskommission berechtigt, daß nämlich der unmittelbar Betroffene selbst nicht in der Lage ist, seine Rechte geltend zu machen, in den amerikanischen Staaten eher Regel als Ausnahme ist. Es geht häufig um die Menschenrechte »verschwundener Personen«, d. h. Festgenommener, bei denen die staatlichen Autoritäten jede Auskunft über den Verbleib verweigern oder die *incommunicado,* d. h. völlig isoliert von der Außenwelt, gehalten werden [255]. Unter solchen Umständen ist jeder Hinweis auf die Existenz oder den Aufenthaltsort des unmittelbar Betroffenen wertvoll [256].

Außerdem sollen Menschenrechtskodifikationen eine objektive Ordnung errichten, so daß es nicht nur um die Geltendmachung der Interessen einzelner Betroffener geht, sondern diese gleichzeitig immer einen Beitrag zur Verwirklichung jener angestrebten objektiven Ordnung darstellt. Die Europäische Menschenrechtskommission hat dargelegt, daß es Ziel der Hohen Ver-

---

[253] Rule 90 Abs. 1 (b) des Ausschusses, abgedruckt in Dispute Settlement in Public International Law, Texts and Materials, Compiled by K. Oellers-Frahm and N. Wühler (1984), S. 213.

[254] Art. 1 Fakultativprotokoll: "... communications from individuals ...".
Art. 44 AMRK: "Any person or group of persons, or any nongovernmental entity legally recognized in one or more member states of the Organization, may lodge petitions with the Commission ...".

[255] Die Verletzung der Menschenrechte von Gefangenen ist auch Gegenstand zahlreicher Beschwerden vor der Europäischen Menschenrechtskommission. Es ließe sich erwägen, ob man dort ebenfalls bei Beschwerden Gefangener andere Standards, z. B. eine für den Beschwerdeführer günstigere Beweislastregelung, anwenden sollte.

[256] Nach *Tardu* ist die Möglichkeit Dritter, für den Betroffenen Beschwerde einzulegen, von entscheidender Bedeutung, da viele »Opfer« *incommunicado* gehalten würden oder anderweitigem staatlichen Zwang ausgesetzt seien. Sie seien unter Umständen durch körperliche oder seelische Mißhandlung so geschwächt oder terrorisiert, daß sie nicht in der Lage seien, andere mit ihrer Stellvertretung zu beauftragen. Deshalb müßten die internationalen Beschwerdesysteme anderen Personen erlauben, spontan und ohne jede anwaltliche Befugnis für die Betroffenen zu handeln, sobald sich derartige Probleme zu ergeben schienen. Vgl. *Tardu,* Human Rights: The International Petition System, Bd. 1 (1979), Part III, Section X, S. 13.

Individual- und Staatenbeschwerde 59

tragschließenden Teile beim Abschluß der Konvention nicht war, sich gegenseitig synallagmatische Rechte und Pflichten in der Verfolgung nationaler Interessen zu gewähren, sondern vielmehr die Verwirklichung der Ziele und Ideale des Europarates, wie sie in dessen Statut zum Ausdruck kommen, und eine gemeinsame öffentliche Ordnung der freien Demokratien Europas zu errichten zu dem Zweck, ihr gemeinsames Erbe politischer Traditionen, Ideale der Freiheit und der Rechtsstaatlichkeit zu verwirklichen. Das Recht, eine Konventionsverletzung geltend zu machen, sei nicht als Beschwerderecht zum Zwecke der Durchsetzung eigener Rechte, sondern als Recht, einen Verstoß gegen die öffentliche Ordnung Europas vor der Kommission geltend zu machen, zu betrachten[257]. Man hat die Europäische und die Interamerikanische Menschenrechtskommission in diesem Zusammenhang als Anwälte des öffentlichen Interesses bezeichnet. Einer solchen Funktion von Menschenrechtsorganen entspricht eher die Popularbeschwerde und die Befugnis der Interamerikanischen Menschenrechtskommission, bei Menschenrechtsverletzungen auch *motu proprio* tätig zu werden, als die der Europäischen Menschenrechtskommission, die nur auf Beschwerden von Opfern oder von Hohen Vertragschließenden Teilen hin tätig werden kann.

2. Die Individual- und die Staatenbeschwerde

Die Staatenbeschwerde spielt im Interamerikanischen System zum Schutz der Menschenrechte bislang noch keine Rolle. Sie wurde erst mit Inkrafttreten der AMRK im Jahre 1978 eingeführt und wurzelt also nicht in der herkömmlichen Praxis der Kommission im Rahmen der OAS[258]. Deshalb soll hier, im Zusammenhang mit dem Individualbeschwerdeverfahren, nur auf einige Besonderheiten des Verhältnisses von Individual- und Staatenbeschwerdeverfahren nach Maßgabe der AMRK hingewiesen werden.

Das Souveränitätsdenken der Staaten sowie die herkömmliche Völkerrechtsdoktrin haben begünstigt, daß die meisten Verfahren zum Schutz der Menschenrechte – anders als das Interamerikanische System – strengere Voraussetzungen für die Zulassung der Individualbeschwerde aufstellen als für die Zulassung der Staatenbeschwerde oder gar einer internationalen Überwachung auf der Grundlage von durch die Staaten selbst zu erstellenden Berichten. Individualbeschwerdeverfahren werden im allgemeinen allenfalls fakultativ und bedingt vorgesehen, obgleich ein gut funktionierendes Individualbeschwerdeverfahren weitgehend als Voraussetzung für einen effektiven Schutz

---

[257] Appl. No. 788/60, *Austria v. Italy,* Yearbook 4 (1961), S. 116–183 (141).
[258] Immerhin mehren sich aber die Staaten, die in einer besonderen Erklärung gem. Art. 45 AMRK die Zuständigkeit der Kommission zur Entgegennahme von Staatenbeschwerden anerkennen. Gegenwärtig (Januar 1986) haben sieben Staaten solche Erklärungen abgegeben: Argentinien, Costa Rica, Ecuador, Jamaika, Peru, Uruguay und Venezuela.

der Menschenrechte anerkannt ist. Läßt man nur Beschwerden, die von Staaten erhoben werden, zu, so vermindert sich die Wahrscheinlichkeit internationaler Kontrolle. Es droht die Gefahr einer Politisierung des Menschenrechtsschutzes. Das wurde auch bei den Vorarbeiten zum jetzigen Art. 45 AMRK wiederholt eingewandt[259]. Gründe, die an und für sich nichts mit den Menschenrechten zu tun haben, veranlassen die Staaten unter Umständen, schwerwiegende Menschenrechtsverletzungen unbeachtet zu lassen, wenn weiteres Nachforschen als unfreundlicher Akt gedeutet werden könnte[260]. Erfahrungsgemäß scheuen die Staaten davor zurück, sich vor internationalen Gremien gegenseitig anzuklagen, und nur wenige Staatenbeschwerden werden Gegenstand internationaler Überwachungsverfahren. Selbst vor der Europäischen Menschenrechtskommission, vor der die Staatenbeschwerde obligatorisch, die Individualbeschwerde hingegen nur fakultativ vorgesehen ist, übersteigt die Zahl der Individualbeschwerden die der Staatenbeschwerden erheblich[261]. Denkbar ist aber auch, daß die Staaten aus gleichermaßen sachfremden politischen Gründen Beschwerden erheben, deren Zweckdienlichkeit im Hinblick auf die Menschenrechte fragwürdig ist.

Die Zulassung der Individualbeschwerde gibt dem Einzelnen demgegenüber eine bessere Stellung; sie bildete auch den Ausgangspunkt für Diskussionen über die Völkerrechtssubjektivität des Individuums[262]. Das interamerikanische System zum Schutz der Menschenrechte gliedert sich in bemerkenswerter Weise in diese neuere, dem Individuum günstigere Tendenz des Völkerrechts ein. Die Individualbeschwerde ist ohne weiteres mit Ratifikation der Amerikanischen Menschenrechtskonvention gegeben; sie besteht sogar unabhängig davon, im Rahmen des Schutzsystems auf der Grundlage der Charta der OAS, auch gegenüber denjenigen Staaten, die der AMRK noch nicht beigetreten sind. Nach der AMRK ist die Individualbeschwerde weiterhin gegen alle Hohen Vertragschließenden Teile obligatorisch, während die Staatenbeschwerde fakultativ ist; ihre Zulässigkeit wird zusätzlich durch das Erfordernis der Reziprozität eingeschränkt[263]. Damit verhält es sich im interamerikanischen System gerade umgekehrt wie in Europa. Dort setzt die Zulässigkeit der Individualbeschwerde voraus, daß der betreffende Staat eine besondere Erklärung gemäß Art. 25 EMRK abgegeben hat, während die Staatenbeschwerde obligatorisch ist[264]. Noch mehr hebt sich das Interamerikani-

---

[259] Human Rights, Part 2 – The Legislative History of the American Convention on Human Rights, Hefte 14 (1982), S. 77 f.; 13 (1982), S. 139; siehe auch S. 13, 66.
[260] Vgl. *Shelton,* German Yearbook of International Law 26 (1983), S. 238–268 (243).
[261] Zur Staatenbeschwerde vor der Europäischen Menschenrechtskommission und zu den bislang durchgeführten Verfahren siehe Frowein/*Peukert,* EMRK-Kommentar, Art. 24.
[262] Vgl. *Sohn,* The American University Law Review 32 (1982), S. 1–64.
[263] Art. 44, 45 AMRK.
[264] Art. 24, 25 EMRK.

Individual- und Staatenbeschwerde

sche System gegenüber demjenigen gemäß der Konvention über Rassendiskriminierung und dem Pakt über bürgerliche und politische Rechte ab. Die Überwachungsmechanismen dieser beiden Instrumente beruhen in erster Linie auf von den Staaten zu unterbreitenden Berichten. Die Staatenbeschwerde ist bei der Konvention über Rassendiskriminierung obligatorisch und beim Pakt über bürgerliche und politische Rechte fakultativ. Die Individualbeschwerde ist in beiden Fällen fakultativ und von der Erfüllung zusätzlicher Voraussetzungen abhängig.

Vor der Interamerikanischen Menschenrechtskommission wird die Individualbeschwerde nicht nur in besonders großzügiger Weise zugelassen. Die Amerikanische Menschenrechtskonvention scheint hier der Kommission auch eine weitere Kompetenz *ratione materiae* als bei der Staatenbeschwerde zu geben. Umgekehrt wie in Europa können nach Art. 44 AMRK mit der Individualbeschwerde allgemein Konventionsverletzungen gerügt werden, während sich die Staatenbeschwerde gemäß Art. 45 AMRK auf die Geltendmachung von Menschenrechtsverletzungen beschränkt [265]. Gemäß Art. 44 AMRK scheint es Individuen, nichtstaatlichen Organisationen oder Personengruppen sonach offenzustehen, die Kommission etwa mit der Frage der Vereinbarkeit eines Vorbehalts mit Ziel und Zweck der Konvention zu befassen. Die VerfO verweist jedoch auf Beschwerden bezüglich behaupteter Verletzungen eines zuerkannten Menschenrechts [266]. Deshalb ist zweifelhaft, ob die Kommission im Rahmen von Individualbeschwerdeverfahren auch die Verletzung anderer Konventionsbestimmungen als der der Menschenrechte prüfen kann. Nach Art. 33 AMRK fallen jedenfalls alle Fragen in ihren Zuständigkeitsbereich, die die Erfüllung der Verpflichtungen der Hohen Vertragschließenden Teile betreffen. Darunter fällt auch die Verpflichtung, Vorbehalte nur innerhalb des durch die Konvention abgesteckten Rahmens anzubringen [267].

Das Individualbeschwerdeverfahren vor der Interamerikanischen Menschenrechtskommission ist gegenwärtig in einer durch das Inkrafttreten der Amerikanischen Menschenrechtskonvention bedingten Übergangsphase. Bei der Prüfung der Zulässigkeit werden bislang noch kaum Unterschiede zwischen Beschwerden gegen Unterzeichnerstaaten der Konvention und gegen die übrigen Mitgliedstaaten der OAS gemacht. Das neue Statut der Interamerikanischen Menschenrechtskommission modifiziert aber das bisherige Petitionssystem, indem es verschiedene Verfahren für die Feststellung der Begründetheit von Beschwerden gegen diejenigen Staaten, die der Konvention beigetreten sind, und gegen andere Staaten vorsieht. Diese wurden in der Verfahrensordnung der Kommission von 1980 definiert und näher ausgestal-

---

[265] Vgl. demgegenüber Art. 24, 25 EMRK.
[266] Art. 26 VerfO.
[267] Vgl. *Shelton*, German Yearbook of International Law 26 (1983), S. 238–268 (245).

tet. Nach ihrem Statut und der Verfahrensordnung von 1980 hat die Kommission nun zwei Verfahren, die sich am besten nach den entsprechenden Artikeln des Statuts, auf denen sie beruhen, unterscheiden lassen: 1. das Art. 19 (a)-Verfahren, das gemäß Art. 44–51 AMRK nur auf Staaten, die der Konvention beigetreten sind, anwendbar ist, und 2. das Art. 20-Verfahren, das nur auf Nichtkonventionsstaaten anwendbar ist.

Im folgenden soll das Petitionsverfahren vor der Interamerikanischen Menschenrechtskommission, wie es sich auf der Grundlage der Charta der OAS entwickelt hat und modifiziert unter der Konvention fortbesteht, untersucht werden.

B. Die Ausgestaltung des Beschwerdeverfahrens vor der Interamerikanischen Menschenrechtskommission

Vor der Interamerikanischen Menschenrechtskommission gibt es ein Individualbeschwerdeverfahren, das demjenigen vor der Europäischen Menschenrechtskommission vergleichbar ist. Die Reaktion auf massenhaft auftretende Menschenrechtsverletzungen durch Erstellung von allgemeinen und Länderberichten beansprucht zwar proportional einen größeren Teil der Arbeit der Kommission. Das liegt aber hauptsächlich daran, daß in mehreren amerikanischen Staaten Menschenrechtsverletzungen oft nicht auf ausnahmsweise Überschreitungen einzelner Amtsträger zurückzuführen, sondern Bestandteil einer sog. Politik der Bekämpfung der Subversion sind.

1. Allgemeines zur Zulässigkeit von Individualbeschwerden vor der Interamerikanischen Menschenrechtskommission

Die Zulässigkeitsvoraussetzungen von Beschwerden vor der Interamerikanischen Menschenrechtskommission sind ausführlich in der Amerikanischen Menschenrechtskonvention und in der Verfahrensordnung der Kommission geregelt. Sie stimmen weitgehend mit den Zulässigkeitsvoraussetzungen vor der Europäischen Menschenrechtskommission überein. Aber es gibt auch Vorschriften, z. B. über die Verteilung der Beweislast und die Erschöpfung der innerstaatlichen Rechtsmittel, für die es keine Parallele bei der Europäischen Menschenrechtskommission gibt[268]. Auch die Regel des Art. 34 Abs. 4 VerfO, wonach die Identität des Beschwerdeführers dem betreffenden Staat nur preisgegeben werden darf, wenn der Beschwerdeführer dies schriftlich gestattet, gilt nur für die Interamerikanische Menschenrechtskommission. Art. 34 Abs. 4 VerfO soll den Beschwerdeführer vor Repressionsmaß-

---

[268] Art. 37 und 42 VerfO. Siehe auch *Buergenthal,* Anuario Jurídico Interamericano 1981, S. 119, und *Norris,* Santa Clara Law Review 20 (1980), S. 733 ff.

nahmen schützen. Außerdem ist im interamerikanischen System anders als in Europa der Beschwerdeführer nicht notwendig mit dem Opfer identisch, dessen Identität dem betreffenden Staat zum Zwecke einer sachgerechten Verteidigung preisgegeben werden muß.

Die Interamerikanische Menschenrechtskommission unterscheidet kaum zwischen der Prüfung der Zulässigkeit und der Begründetheit einer Beschwerde. Auch die Europäische Menschenrechtskommission hat zwar erklärt, daß unter bestimmten Voraussetzungen die Zulässigkeitsvoraussetzung der Erschöpfung der innerstaatlichen Rechtsmittel nur im Rahmen der Begründetheit beurteilt werden könne [269]. Aber die mangelnde Trennung zwischen Zulässigkeit und Begründetheit ist vor der Europäischen Menschenrechtskommission eine rare Ausnahme, während sie vor der Interamerikanischen Menschenrechtskommission die Regel ist. Die Entscheidung über die Zulässigkeit spielt bei der Interamerikanischen Menschenrechtskommission eher die Rolle eines Verwaltungsakts zur Sondierung des Materials, während sich die Zulässigkeitsentscheidungen der Europäischen Menschenrechtskommission wie Judikate lesen [270]. Gerade die Prüfung der Zulässigkeit ist die eigentliche Domäne der Europäischen Menschenrechtskommission, wobei sie endgültig entscheidet. Die endgültige Beurteilung der Begründetheit liegt nach dem System der Europäischen Menschenrechtskonvention hingegen beim Ministerausschuß oder beim Europäischen Gerichtshof für Menschenrechte [271].

2. Zuständigkeit

Nach der Amerikanischen Menschenrechtskommission [272] können Individuen, anders als Staaten, jede Verletzung der Konvention und nicht nur der in ihr enthaltenen Menschenrechtsbestimmungen vor der Kommission geltend machen. Die Europäische Menschenrechtskommission ist hingegen nur im Rahmen von Staatenbeschwerden allgemein für die Verletzungen der Europäischen Menschenrechtskonvention zuständig, während sie im Rahmen von Individualbeschwerden nur die Verletzung von Menschenrechten prüfen kann [273].

---

[269] Appl. Nos. 5577/72–5583/72 (joined), *Donnelly and Others* v. *United Kingdom* (April und Mai 1972), Coll. Bd. 43, S. 147 f. Vgl. *Norris, ibid.*

[270] Der Unterschied ist frappierend angesichts der Tatsache, daß beide Kommissionen praktisch von den gleichen Zulässigkeitsvoraussetzungen ausgehen. Was *Vasak* im Jahre 1968 schreibt, trifft weiterhin zu. Die Zulässigkeitsentscheidungen der Interamerikanischen Menschenrechtskommission haben eher den Charakter von Verwaltungsakten, die eine gewisse Aussonderung von Beschwerden ermöglichen. Es ist nicht einmal erkennbar, ob irgendeine Form bei ihrer Abfassung eingehalten wird. Vgl. *Vasak* (Anm. 8), S. 116.

[271] Art. 31, 32 EMRK.

[272] Art. 44, 45 AMRK, siehe aber auch Art. 26 VerfO der Interamerikanischen Menschenrechtskommission.

[273] Art. 25 EMRK.

Die Interamerikanische Menschenrechtskommission hat früher nur Beschwerden wegen Verletzung der in Art. 9*bis* (a) ihres alten Statuts genannten Rechte untersucht und behandelt[274]. Sie ging anscheinend davon aus, daß sich die ihr in Art. 9*bis* (b)–(d) zuerkannten Befugnisse nur auf die Rechte, denen sie gemäß Art. 9*bis* (a) besondere Aufmerksamkeit widmen sollte, bezögen. Diese Interpretation ist nicht zwingend[275], und die Kommission sieht sich auch heute nicht mehr durch den mit Art. 9*bis* (a) und (b) ihres alten Statuts identischen Art. 20 (a) und (b) an den restriktiven Ansatz gebunden. Man könnte hier den einzigen Fall entdecken, in dem die Interamerikanische Menschenrechtskommission ihre eigene Zuständigkeit nach dem völkerrechtlichen Grundsatz, daß Beschränkungen der staatlichen Souveränität möglichst eng zu verstehen sind, zunächst restriktiv ausgelegt hat[276]. Denkbar ist aber auch eine andere Erklärung: Art. 9*bis* (a) des alten Statuts greift die fundamentalen Rechte der Amerikanischen Menschenrechtsdeklaration heraus[277]: das Recht auf Leben und persönliche Sicherheit (Art. I), die Mei-

---

[274] Art. 9*bis* des Statuts der Kommission von 1960 lautet: "The Commission shall have the following additional functions and powers:
a) To give particular attention to observance of the human rights referred to in Articles I, II, III, IV, XVIII, XXV, and XXVI of the American Declaration of the Rights and Duties of Man;
b) To examine communications submitted to it and any other available information; to address the government of any American state for information deemed pertinent by the Commission; and to make recommendations, when it deems this appropriate, with the objective of bringing about more effective observance of fundamental human rights;
c) To submit a report annually to the Inter-American Conference or to the Meeting of Consultation of Ministers of Foreign Affairs, which should include: (i) a statement of progress achieved in realization of the goals set forth in the American Declaration; (ii) a statement of areas in which further steps are needed to give effect to the human rights set forth in the American Declaration; and (iii) such observations as the Commission may deem appropriate on matters covered in the communications submitted to it and in other information available to the Commission;
d) To verify, as a condition precedent to the exercise of the powers set forth in paragraphs b) and c) of the present article, whether the internal legal procedures and remedies of each member state have been duly applied and exhausted".
[275] Vgl. *Buergenthal,* Anuario Jurídico Interamericano 1981, S. 117.
[276] Nach dieser Regel sind völkerrechtliche Verträge restriktiv auszulegen, weil davon auszugehen ist, daß die Staaten sich im Zweifel möglichst wenig binden und in ihrer souveränen Entscheidungsfreiheit beschränken wollen. Die Untersuchung und Behandlung von Individualbeschwerden kann als Eingriff in den Hoheitsbereich der Staaten betrachtet werden. Die Beschränkung der Kommission auf die wichtigsten Rechte könnte als ein vorsichtiges, schrittweises Vortasten nach Maßgabe der Reife der politischen Randbedingungen eines internationalen Organs in den internen Bereich der Staaten sein. Zur Auslegung zugunsten der Unabhängigkeit der Staaten, vgl. IGH, *South-West Africa/Namibia* (advisory opinions), ICJ Reports 1950, S. 128 (140), und *Columbian-Peruvian Asylum*-Fall (judgment), *ibid.,* S. 266 (286).
[277] Siehe American Declaration of the Rights and Duties of Man, Human Rights, Heft 5 (1982) mit Einführung und Hintergrundmaterialien.

Zulässigkeit – Zuständigkeit

nungsfreiheit (Art. IV)[278], das Recht auf ein faires Verfahren vor Gericht (Art. XIII und XXVI) und das Recht auf Schutz vor willkürlicher Verhaftung (Art. XXV) und vor rückwirkenden Gesetzen (Art. XXVI). Art. II und IV, Gleichheit vor dem Gesetz und Religionsfreiheit, wurden erst später und anscheinend zufällig angefügt[279]. Weiterhin unterstellte Art. 53 (b) der alten Verfahrensordnung[280] Beschwerden wegen Repressionsmaßnahmen gegen Beschwerdeführer vor der Interamerikanischen Menschenrechtskommission und gegen in Beschwerden als Opfer genannte Personen ebenfalls dem Spezialverfahren. Damit wurde das Petitionsrecht vor der Interamerikanischen Menschenrechtskommission den in Art. 9*bis* (a) des alten Statuts genannten fundamentalen Menschenrechten gleichgestellt[281]. Das rechtfertigt sich aus der gleichermaßen besonderen Bedrohung dieses Rechts in Lateinamerika und aus seiner vitalen Bedeutung für die Funktionsfähigkeit des interamerikanischen Systems zum Schutz der Menschenrechte überhaupt[282].

Die Kommission könnte sich angesichts der Begrenztheit ihrer Mittel und ihres Personals gegenüber der Masse der Menschenrechtsverletzungen zur Konzentration auf das Wesentliche veranlaßt gesehen haben. Es erscheint zweifelhaft, ob die heutige Lösung einer verfahrensmäßigen Gleichbehandlung von Beschwerden wegen der Verletzung aller Rechte der Deklaration gegenüber Nichtkonventionsstaaten und aller Rechte der Amerikanischen

---

[278] Right to freedom of investigation, opinion, expression and dissemination. Dieses Recht hat besondere Bedeutung in den amerikanischen Staaten, was sich daran zeigt, daß eine eigene Konvention über Meinungsfreiheit in Vorbereitung ist. Siehe Draft Convention on Freedom of Expression, Information and Investigation von 1965 in Human Rights, Heft 23 (1983), S. 6 ff., und die einschlägigen Resolutionen, *ibid.*, S. 11–14. Vgl. auch das neueste Gutachten des IAGMR vom 13. 11. 1985, OC-5/85, Compulsory Membership in an Association Prescribed by Law for the Practice of Journalism (Articles 13 and 29 of the American Convention on Human Rights), dazu unten S. 150 ff.

[279] Nach *Vasak* handelt es sich bei den beiden letztgenannten Rechten um Rechte, die erfahrungsgemäß in den amerikanischen Staaten respektiert werden. *Vasak* bemängelt auch, daß die Rechte auf freie Wahlen und auf Teilnahme an der Regierung und auf Versammlungs- und Vereinigungsfreiheit nicht durch das besondere Verfahren geschützt werden, obwohl gerade diese Rechte am schlimmsten und häufigsten in den amerikanischen Staaten mißachtet werden. Jedoch handelt es sich bei den letztgenannten Rechten um eine andere Kategorie von Menschenrechten, um Bürgerrechte, die das Minimum der in Art. 9*bis* (a) genannten Abwehrrechte überschreiten und zu einem System der repräsentativen Demokratie führen. Vgl. *Vasak* (Anm. 8), S. 143–144.

[280] Die Verfahrensordnung der Kommission von 1967 befindet sich in Human Rights, Heft 9 (1982), S. 59 ff.

[281] Dazu *Vasak* (Anm. 8), S. 142. Die Europäische Menschenrechtskommission stellt das Petitionsrecht gemäß Art. 25 *in fine* den übrigen Menschenrechten nicht völlig gleich, siehe *Vasak, ibid.*, Anm. 7 mit Hinweisen; *Monconduit* (Anm. 133), S. 247, und *Mikaelsen,* European Protection of Human Rights (1980), S. 29–33.

[282] In den amerikanischen Staaten sind Repressionsmaßnahmen gegen Rechtsanwälte, die sich der Opfer von Menschenrechtsverletzungen annehmen, üblich.

Menschenrechtskonvention gegenüber Unterzeichnern der Konvention besser ist[283].

3. Verfahren

a) Die Erschöpfung der innerstaatlichen Rechtsmittelverfahren

aa) Allgemein[284]

Art. 46 Abs. 1 (a) AMRK und Art. 26 EMRK bestimmen, daß sich die Kommissionen erst mit einer Beschwerde befassen können, nachdem die innerstaatlichen Rechtsmittelverfahren in Übereinstimmung mit den allgemein anerkannten Grundsätzen des Völkerrechts erschöpft sind. Dieses Prinzip hat aus dem Recht des diplomatischen Schutzes Eingang in die Menschenrechtskonventionen gefunden. Es ist wichtig, sich des Wesensunterschiedes zwischen dem angestammten Anwendungsbereich der Regel und dem internationalen Schutz der Menschenrechte bewußt zu bleiben. Im Rahmen des diplomatischen Schutzes ist die vorherige Erschöpfung der innerstaatlichen Rechtsmittelverfahren Voraussetzung dafür, daß der Staat sich das seinem Bürger im Ausland zugefügte Unrecht zu eigen macht. Das einem Fremden zugefügte Unrecht wird dadurch zu einer zwischenstaatlichen Angelegenheit und kann Souveränitätsinteressen des beschuldigten Staates berühren; zwischenstaatliche Spannungen können resultieren. Im Recht des diplomatischen Schutzes hat die vorherige Erschöpfung der innerstaatlichen Rechtsmittelverfahren insofern auch eine präventive, befriedende Funktion.

Bei den Menschenrechten im Sinne der Konventionen ist dagegen das Individuum selbst Träger des verletzten Rechts und nicht der Staat, dem es angehört. Der Schutz wird durch ein internationales, unparteiisches Organ ausgeübt. Die Gesichtspunkte der Vermeidung zwischenstaatlicher Spannungen und der Berührung von Souveränitätsinteressen spielen eine geringere Rolle. Deshalb kann man die Regel der vorherigen Erschöpfung der innerstaatlichen Rechtsmittelverfahren nicht unbesehen aus dem allgemeinen Völkerrecht auf den internationalen Schutz durch die Menschenrechtskonventionen übertra-

---

[283] Gegenwärtig macht das Sekretariat der Kommission keinen Unterschied bei der Prüfung der Zulässigkeit einer Beschwerde wegen der Verletzung des Rechts auf Leben und persönlicher Sicherheit (Art. 4 und 7 Konvention und Art. 1 Deklaration) und einer Beschwerde wegen Verletzung des Rechts auf einen Namen (Art. 18 Konvention) oder auf Muße (Art. 15 Deklaration).
Richter *Buergenthal* bezweifelt, ob die heutige Verfahrensweise einer Gleichbehandlung aller Beschwerden weise im Sinne eines effektiven Menschenrechtsschutzes ist, siehe *Buergenthal*, Anuario Jurídico Interamericano 1981, S. 119.

[284] Zum folgenden vgl. *Cançado Trindade*, The Application of the Rule of Exhaustion of Local Remedies in International Law (1983), S. 1–56, und *Doehring*, Local Remedies, Exhaustion of in: R. Bernhardt (ed.), Encyclopedia of Public International Law, Instalment 1 (1981), S. 136–140.

gen. Im Rahmen menschenrechtlicher Sicherungsverfahren bleibt nur die Funktion, dem beschuldigten Staat Gelegenheit zu geben, durch eigene Mittel Abhilfe zu schaffen, bevor er sich vor einem internationalen Gremium verantworten muß. Trotzdem wird die Regel von den Menschenrechtsorganen aber nicht als Einrede behandelt, sondern *ex officio* geprüft.

Die Europäische Menschenrechtskommission hat den Unterschied der Anwendungsbereiche der *local remedies rule* betont[285]. Sie zieht aber daraus erst allmählich die Konsequenz einer flexibleren Handhabung der Regel zugunsten des Individuums. Sie erklärt ungefähr 40% der Individualbeschwerden auf eine manchmal stereotyp erscheinende Weise mangels vorheriger Erschöpfung der innerstaatlichen Rechtsmittelverfahren für unzulässig. Dabei werden hohe Anforderungen an den Beschwerdeführer gestellt. Die Interamerikanische Menschenrechtskommission zeichnet sich hingegen durch ein besonderes Maß der Flexibilität aus.

bb) Ausnahmen zur *local remedies rule*

Aus dem Verweis auf die allgemeinen Grundsätze des Völkerrechts in Art. 26 EMRK und Art. 46 Abs. 1 (a) AMRK lassen sich bereits Einschränkungen der Bedingungen der vorherigen Erschöpfung der innerstaatlichen Rechtsmittelverfahren ableiten. Die Klausel wurde in Art. 26 EMRK aufgenommen, um den Anwendungsbereich der Regel zu begrenzen[286]. Nach dem allgemeinen Völkerrecht kommen nur effektive innerstaatliche Verfahren in Betracht. Darüber hinaus konkretisieren Art. 46 Abs. 2 AMRK, Art. 37 Abs. 2 der Verfahrensordnung der Interamerikanischen Menschenrechtskommission übereinstimmend drei Ausnahmefälle: (a) das Fehlen eines fairen, innerstaatlichen Verfahrens; (b) wenn dem Beschwerdeführer der Zugang zu den innerstaatlichen Rechtsmittelverfahren verweigert oder er gehindert wurde, sie zu erschöpfen, und (c) die ungerechtfertigte Verzögerung einer Endentscheidung[287]. Diese Fallgruppen dürften auch bei der Auslegung von Art. 26

---

[285] Appl. No. 788/60, *Austria* v. *Italy*, Yearbook 4 (1961), S. 116–183 (151 ff.). Zur Handhabung der *local remedies rule* durch die Europäische Menschenrechtskommission vgl. Frowein/*Peukert*, EMRK-Kommentar, Art. 26 mit zahlreichen Nachweisen, auch aus der neuesten Spruchpraxis; *Schellenberg* (Anm. 156), S. 60 ff.; *Silagi*, Die allgemeinen Regeln des Völkerrechts als Bezugsgegenstand in Art. 25 GG und Art. 26 EMRK, EuGRZ 7 (1980), S. 632–653, 647 ff.

[286] Vgl. *Cançado Trindade* (Anm. 284), S. 38 f. mit Nachweisen.

[287] Die englische Fassung der Art. 46 Abs. 2 AMRK, 37 Abs. 2 VerfO der Interamerikanischen Menschenrechtskommission lautet:
"The provisions of the preceding paragraph shall not be applicable when:
a) The domestic legislation of the state concerned does not afford due process of law for protection of the right or rights that have allegedly been violated;
b) The party alleging violation of his rights has been denied access to the remedies under domestic law or has been prevented from exhausting them;
c) There has been unwarranted delay in rendering a final judgment under the aforementioned remedies".

EMRK von Bedeutung sein[288]. Diese Ausnahmen verdeutlichen, daß der Möglichkeit der Staaten, sich auf die vorherige Erschöpfung ihrer Rechtsmittelverfahren zu berufen, die Pflicht entspricht, einen effektiven Rechtsschutz des Einzelnen durch eine unabhängige Justiz zu gewährleisten[289]. Staaten, deren Exekutive beständig und systematisch in das gerichtliche Verfahren eingreift, handeln widersprüchlich, wenn sie sich gegenüber den internationalen Schutzorganen auf die vorherige Erschöpfung der innerstaatlichen Rechtsmittelverfahren berufen.

cc) Die zu erschöpfenden Rechtsmittelverfahren

Abhilfe bei Menschenrechtsverletzungen erfolgt im Regelfall durch die jeweils nach nationalem Recht zuständigen Gerichte. Aber weder Art. 46 AMRK noch Art. 26 EMRK stellen auf *judicial remedies* ab. Der Wortlaut der Normierungen legt daher nahe, daß auch sonstige Rechtsbehelfverfahren in Bezug genommen sind. Was jedoch jeweils als Abhilfe in Betracht kommt, ist schwerlich abstrakt zu bestimmen. Es kommt ganz entscheidend auf die Umstände des Einzelfalles, wie die Natur der behaupteten Verletzung, das geltend gemachte Recht und die im jeweiligen Staat gegebenen Rechtsschutzmöglichkeiten an. Die Interamerikanische Menschenrechtskommission scheint dahin zu tendieren, nur die Erschöpfung der gerichtlichen innerstaatlichen Verfahren zu fordern, nicht hingegen sonstiger Rechtsbehelfe. Diese These stützt sich aber im wesentlichen auf einen einzigen Fall, in dem sich die IAKMR im Hinblick auf die *local remedies rule* intensiver mit dem Charakter des Brasilianischen Rates für Menschenrechte befaßte[290]. Dieser sei kein Organ der Rechtssprechung, sondern ein der Exekutive eingegliedertes Organ mit beratenden Funktionen. Der Brasilianische Rat für Menschenrechte könne nur Vorschläge machen und Empfehlungen abgeben und keine Entscheidungen fällen, die der behaupteten Menschenrechtsverletzung ein Ende setzten oder eine Wiedergutmachung darstellten. Weiterhin tage der Rat nicht ständig, so daß das den Beschwerdeführern einzig offenstehende Verfahren die Anrufung der IAKMR gewesen sei.

Wenn die IAKMR auch wiederholt betonte, daß es sich bei dem Brasilianischen Rat für Menschenrechte um kein gerichtliches Organ (*judicial or-*

---

[288] So auch *Silagi*, EuGRZ 7 (1980), S. 632–653 (648 f.).

[289] Art. 13 EMRK, Art. 8 AMRK. Nach *Cançado Trindade* muß wegen dieser korrespondierenden staatlichen Pflicht die *local remedies rule* im Bereich der Menschenrechte anders und flexibler ausgelegt und angewendet werden als im Recht des diplomatischen Schutzes, *Cançado Trindade* (Anm. 284), S. 55 ff.

[290] Fall 1697 der Interamerikanischen Menschenrechtskommission, der sich mit dem Brasilianischen Rat für Menschenrechte befaßt und lange Ausführungen zu der Art der zu erschöpfenden Rechtsmittelverfahren enthält, ist abgedruckt in: Human Rights, Heft 19 (1983), S. 17 ff., und in *Buergenthal/Norris/Shelton* (Anm. 1), S. 109 ff.

Zulässigkeit – local remedies rule 69

gan) handele, so ließe sich ihre Entscheidung doch auch auf die mangelnde Effektivität und die mangelnden Erfolgsaussichten eines Verfahrens vor jenem Organ mit lediglich beratenden Funktionen stützen. Im Ergebnis stimmt die Entscheidung also mit dem allgemeinen Völkerrecht überein, wonach eine Erschöpfung der innerstaatlichen Verfahren dem Individuum in solchen Fällen unzumutbar ist [291].

Man kann auch annehmen, daß die Europäische Menschenrechtskommission zu dem gleichen Resultat gelangt wäre, obwohl diese – unter der Voraussetzung ihrer Effektivität – die Ergreifung aller rechtlichen Maßnahmen, und also nicht nur von *judicial remedies*, fordert [292].

Abschließend läßt sich festhalten, daß die Notwendigkeit einer Einzelfallbetrachtung die Frage der vorherigen Erschöpfung der innerstaatlichen Rechtsmittelverfahren schwieriger macht als die Prüfung anderer Zulässigkeitsvoraussetzungen. Die Wirksamkeit und die Erfolgsaussichten gleichartiger Rechtsmittelverfahren variieren von Staat zu Staat und nach Maßgabe politischer Randbedingungen; Krisensituationen können den Verfahren die Wirksamkeit nehmen [293].

dd) Allgemeine Fälle von Menschenrechtsverletzungen,
Menschenrechtsverletzungen auf Grund administrativer
Praktiken und legislativer Maßnahmen

Die Regel der vorherigen Erschöpfung der innerstaatlichen Verfahren findet nach der Praxis der Interamerikanischen Menschenrechtskommission keine Anwendung auf allgemeine Fälle von Menschenrechtsverletzungen. Die Abgrenzung der allgemeinen Fälle von individuellen Fällen kann schwierig sein. Die Staaten machen oft geltend, es handele sich in Wirklichkeit nicht um einen allgemeinen Fall, sondern um eine Vielzahl individueller Fälle von Menschenrechtsverletzungen; deshalb seien die innerstaatlichen Verfahren zuvor zu erschöpfen [294].

---

[291] Vgl. *Doehring*, in: R. Bernhardt (ed.), Encyclopedia of Public International Law, Instalment 1 (1981), S. 136–140.
[292] In der Literatur zur EMRK übersetzt man *remedy* deshalb häufig mit »Rechtsbehelf«, vgl. z. B. *Silagi*, EuGRZ 7 (1980), S. 632. Zu den zu erschöpfenden Rechtsbehelfen, vgl. *Cançado Trindade* (Anm. 284), S. 71–80 und 94–97 mit Nachweisen, und Frowein/*Peukert*, EMRK-Kommentar, Rz. 7 ff. zu Art. 26 mit zahlreichen Nachweisen auch aus der jüngsten Spruchpraxis.
[293] Vgl. *Ermacora*, Revue des Droits de l'Homme/Human Rights Journal 6 (1973), S. 652, der auf die Notwendigkeit der Kenntnis der politischen Begleitumstände hinweist.
[294] Fall 1684, Human Rights, Heft 19 (1983), S. 22 ff., behandelt ausdrücklich das Problem der vorherigen Erschöpfung der innerstaatlichen Verfahren bei allgemeinen Fällen.

Weder das Statut noch die Verfahrensordnung der Interamerikanischen Menschenrechtskommission unterscheiden zwischen allgemeinen und individuellen Fällen. Die Unterscheidung hat sich vielmehr im Zusammenhang mit der *local remedies rule* in der Praxis der Kommission entwickelt. Die *local remedies rule* wurde erst 1965 für die Interamerikanische Menschenrechtskommission im Rahmen einer Änderung des Statuts eingeführt, die das Verfahren der Kommission juristischer gestalten und ihre Kompetenzen erweitern sollte.

Von daher liegt es, wie die Kommission betont hat[295], nahe, daß sich die *local remedies rule* nur auf die ihr durch die Statutänderung von 1965 neu zugestandenen Kompetenzen zur Behandlung einzelner Menschenrechtsverletzungen erstreckt und nicht auf allgemeine Fälle, die die Kommission schon unter dem Statut von 1960 ohne vorherige Erschöpfung der innerstaatlichen Verfahren behandelte.

Weiterhin sind bei allgemeinen Fällen von Menschenrechtsverletzungen die Erfolgsaussichten innerstaatlicher Verfahren wegen einer eventuellen, näher als bei Einzelfällen liegenden staatlichen Duldung von vornherein eingeschränkt. Oft können auch die innerstaatlichen Verfahren allenfalls Abhilfe im Einzelfall schaffen, nicht aber eine Änderung legislativer Maßnahmen oder administrativer Praktiken bewirken.

Vor der Europäischen Menschenrechtskommission gilt eine vergleichbare Einschränkung der *local remedies rule* insbesondere bei Staatenbeschwerden, wenn diese sich nicht gegen die Verletzung der Rechte bestimmter Personen richten, sondern generell gegen angeblich konventionswidrige Gesetze oder gegen eine konventionswidrige Verwaltungspraxis. Diese wird angenommen bei einer Häufung von zahlreichen identischen oder gleichartigen, in einem gewissen Zusammenhang stehenden und daher auf ein System oder ein bestimmtes Verhaltensmuster hinweisenden Verletzungen[296]. Sind hingegen einige der für die Konventionsverletzung verantwortlichen staatlichen Stellen identifiziert, müssen innerstaatliche Verfahren gegen sie angestrengt werden. Das könnte auch ein Abgrenzungskriterium für die Interamerikanische Menschenrechtskommission sein. Sind einzelne staatliche Stellen bestimmt, steigen die Erfolgsaussichten innerstaatlicher Beschwerdeverfahren, und es kann mehr Information über den Grad einer eventuellen staatlichen Billigung oder Duldung erlangt werden.

Man könnte zwischen der einschränkenden Anwendung der *local remedies rule* durch die Europäische Menschenrechtskommission auf Beschwerden gegen angeblich konventionswidrige Gesetze oder eine Verwaltungspraxis und durch die IAKMR auf sog. allgemeine Fälle eine Parallele ziehen. Zu beach-

---

[295] *Ibid.*
[296] Vgl. Frowein/*Peukert*, EMRK-Kommentar, Rz. 2 zu Art. 26 mit Nachweisen; siehe auch *Cançado Trindade* (Anm. 284), S. 187–212 mit Nachweisen und den Bericht der Kommission im Fall Griechenland, Yearbook 12 (1969), S. 194.

ten ist aber, daß die Europäische Menschenrechtskommission hohe Anforderungen an eine derartige Verwaltungspraxis stellt, indem sie auf eine allgemeine Billigung der oberen Aufsichtsbehörden abstellt[297]. Außerdem hält die Europäische Menschenrechtskommission im Gegensatz zur IAKMR allgemein strenger am Erfordernis des vorherigen Durchlaufens der innerstaatlichen Verfahren fest, sofern es sich um Individualbeschwerden handelt. Bei Individualbeschwerden verzichtet die Europäische Menschenrechtskommission dann auf die vorherige Erschöpfung der innerstaatlichen Rechtsbehelfe, wenn sie sich gegen hoheitliche Maßnahmen richten, die mit der innerstaatlichen Rechtsordnung übereinstimmen, die Konventionsrechte aber mangels Übernahme in die innerstaatliche Rechtsordnung nicht mit Aussicht auf Erfolg geltend gemacht werden können[298]. Sie geht insoweit also nicht über das allgemeine Völkerrecht hinaus.

Man kann die allgemeinen Fälle von Menschenrechtsverletzungen, von Menschenrechtsverletzungen auf Grund legislativer Maßnahmen oder administrativer Praktiken als Unterfall der mangelnden Effektivität der innerstaatlichen Verfahren verstehen. Die Beurteilung der Effektivität setzt hier lediglich nicht bei einem bestimmten innerstaatlichen Verfahren, sondern bei einer bestimmten Konstellation von Menschenrechtsverletzungen an.

ee) Die Beweislast

Da das Völkerrecht die Tatsachenfeststellung durch internationale Organe nur begrenzt zuläßt, kommt es bei der Beweiserhebung wesentlich auf die Kooperation der Staaten an. In Sicherungsverfahren für die Menschenrechte nehmen die Staaten die Rolle von Angeschuldigten ein, weshalb nicht immer von ihrer vollen Kooperationsbereitschaft ausgegangen werden kann. Diese Konstellation verleiht der Verteilung der Beweislast besonderes Gewicht. Nach Art. 37 Abs. 3 der Verfahrensordnung der Interamerikanischen Menschenrechtskommission muß der Staat darlegen, daß die innerstaatlichen Rechtsmittelverfahren zuvor nicht erschöpft worden sind, wenn der Beschwerdeführer geltend macht, zu einem solchen Beweis nicht in der Lage zu sein[299]. Befinden sich die Opfer in staatlichem Gewahrsam, fordert die Inter-

---

[297] Nachweise bei Frowein/*Peukert, ibid.*; kritisch, *Silagi*, EuGRZ 7 (1980), S. 632–651 ff.

[298] Das gilt insbes. bei gegen Großbritannien gerichteten Beschwerden, vgl. Fall *Caprino*, EuGRZ 6 (1979), S. 74, 75 f.; E 8022/77, 8025/77 und 8027/77, *X, Y and Z v. The United Kingdom*, Decisions and Reports, Bd. 18 (1980), S. 66; E 7511/76, *Grace Campbell v. The United Kingdom*, Decisions and Reports, Bd. 12 (1978), S. 49; E 7397/76, *Wilhelm Peyer v. Switzerland*, Decisions and Reports, Bd. 11 (1978), S. 58.

[299] Die englische Fassung von Art. 37 Abs. 3 VerfO der Interamerikanischen Menschenrechtskommission lautet: "When the petitioner contends that he is unable to prove exhaustion as indicated in this article, it shall be up to the government against which the petition has been lodged to demonstrate to the Commission that the remedies under domestic law have not previously been exhausted, unless it is clearly evident from the background information contained in the petition".

amerikanische Menschenrechtskommission ohne weiteres, »angesichts der Schwierigkeiten, auf die der Beschwerdeführer in solchen Fällen bei der Erfüllung der Voraussetzungen ihrer Verfahrensordnung stoßen könnte«, die Regierung auf, »Informationen zu liefern, die ihr die Feststellung ermöglichen sollen, ob die innerstaatlichen Rechtsmittelverfahren erschöpft worden sind«[300]. Manchmal werden auch zusätzliche Informationen vom Beschwerdeführer angefordert, der einwenden kann, er könne keine Nachweise erbringen oder die innerstaatlichen Rechtsmittelverfahren seien ineffektiv. Macht dann der Staat nicht glaubhaft, daß es effektive innerstaatliche Verfahren gibt, nimmt die Kommission die Beschwerde als zulässig an.

Die den Einzelnen begünstigende Beweislastregelung vor der Interamerikanischen Menschenrechtskommission ist auch in dem Zusammenhang zu sehen, daß häufig nicht nur Haftbedingungen angegriffen werden, sondern die Rechtmäßigkeit von Festnahmen durch Exekutivorgane unter Bedingungen, die *prima facie* die Menschenrechte verletzen. In solchen Fällen muß auch nach allgemeinen Grundsätzen der Staat zunächst die Rechtsgrundlage für den Freiheitsentzug darlegen[301].

Die Europäische Menschenrechtskommission hat festgestellt, daß es nach den allgemeinen Grundsätzen des Völkerrechts dem sich auf die Regel berufenden Staat obliege darzulegen, daß wirksame innerstaatliche Verfahren bestünden. Wenn sonach auch im europäischen System der Beschwerdeführer die Beweislast nicht allein trägt, so scheint die Europäische Menschenrechtskommission doch zu Recht eher geneigt, vom Bestehen eines wirksamen innerstaatlichen Rechtsschutzes auszugehen. Deshalb muß hier der Beschwerdeführer erst einen Anscheinsbeweis erbringen, daß ausnahmsweise Abhilfe durch innerstaatliche Mittel nicht zu erwarten ist[302]. Erwägenswert erscheint eine Verlagerung der Beweislast auch vor der Europäischen Menschenrechtskommission zugunsten von Einzelnen, die sich in staatlichem Gewahrsam befinden; denn dann ist es für die Opfer noch schwieriger, objektives Beweismaterial sowohl hinsichtlich der geltend gemachten Menschenrechtsverletzungen als auch hinsichtlich der Erschöpfung der innerstaatlichen Verfahren zu erbringen[303].

---

[300] Vgl. Fall 2662 (1978), Human Rights, Heft 20 (1983), S. 128; Fall 1954 (1981), *ibid.*, Heft 21 (1983), S. 3 ff.; Fall 3103 (1981), *ibid.*, S. 45, und Fall 3102 (1981), *ibid.*, S. 50 f.

[301] Vgl. *Cançado Trindade* (Anm. 284), S. 161 ff. mit Nachweisen.

[302] Zur Beweislast vor der Europäischen Menschenrechtskommission Frowein/Peukert, EMRK-Kommentar, Rz. 6 zu Art. 26. Vgl. auch die Entscheidungen *De Jong*, EuGRZ 12 (1985), S. 700, 702; *Foti*, EuGRZ 12 (1985), S. 578 (580); *Guzzardi*, EuGRZ 10 (1983), S. 633, 636; *Deweer*, EuGRZ 7 (1980), S. 667 (669), und aus der frühen Praxis der Kommission z. B. E 4225/69, Coll. Bd. 33, 34 ff.; E 1474/62, Bd. 12, S. 27; E 852/60, Bd. 6, S. 83 f.

[303] Problematisch erscheint ein Fall, in dem die Europäische Menschenrechtskommission eine Beschwerde mangels vorheriger Erschöpfung der innerstaatlichen Verfahren abwies, da der Beschwerdeführer versäumt habe, beim zuständigen Gericht

Sonstige formelle Voraussetzungen 73

Insgesamt fällt bei der Durchsicht der Entscheidungen der Europäischen und der Interamerikanischen Menschenrechtskommission die besondere Flexibilität der letztgenannten auf. Die Interamerikanische Menschenrechtskommission zeigt eine Varietät von Reaktionsmöglichkeiten. Sie weist Beschwerden selten mangels vorheriger Erschöpfung der innerstaatlichen Verfahren als unzulässig ab, sondern fordert meistens zusätzliche Informationen bei den Staaten und Beschwerdeführern an. Dabei wird die endgültige Entscheidung vertagt. Charakteristisch ist die Formel, einen Fall unter dem Vorbehalt zu den Akten zu legen, daß das Verfahren wiedereröffnet werde, sollte der Beschwerdeführer die geforderten Informationen oder die Regierung Informationen unterbreiten, die eine Wiedereröffnung rechtfertigen würden [304].

b) Keine Anhängigkeit in einem anderen Verfahren und nicht im wesentlichen die gleiche Beschwerde

Die Beschwerde soll die Feststellung enthalten, daß der Fall nicht in einem anderen zwischenstaatlichen Verfahren anhängig ist und nicht im wesentlichen mit dem Gegenstand einer bereits von einer anderen zwischenstaatlichen Organisation untersuchten Beschwerde übereinstimmt [305]. Die Vorschrift soll unnötige, doppelte Arbeitsleistungen ersparen. Wichtig ist auch der Schutz der Autorität internationaler Organe und des Respekts von einmal ergangenen Entscheidungen gegen ihre Aushöhlung durch widersprüchliche Entscheidungen. Weiterhin hängt die Regel mit dem Grundsatz *ne bis in idem* und der Rechtssicherheit zusammen [306].

Die Interamerikanische Menschenrechtskommission hat die Norm noch nicht angewendet, wird aber wegen des Normzwecks vermutlich davon aus-

---

wegen der Unterlassung der Gefängnisbehörden, seinen einen Rekurs enthaltenden Brief weiterzuleiten, Klage zu erheben, *X* v. *Federal Republic of Germany*, Appl. No. 4065/69 (14. 7. 1970), Coll. Bd. 35, S. 120. Zu diesem Fall und allgemein zur Problematik der Beweislast, wenn der Beschwerdeführer sich im Gefängnis befindet, siehe *Cançado Trindade* (Anm. 284), S. 158–161.

[304] Fall 1745, Human Rights, Heft 19 (1983), S. 46 f.
[305] Art. 39 VerfO. Siehe auch Art. 27 (b) EMRK für die Europäische Menschenrechtskommission und Art. 5 Abs. 2 (a) Fakultativprotokoll zum Pakt über bürgerliche und politische Rechte für den Menschenrechtsausschuß der Vereinten Nationen. Zu Art. 39 VerfO der Interamerikanischen Menschenrechtskommission siehe *Vasak* (Anm. 8), S. 112, und *Norris*, Santa Clara Law Review 20 (1980), S. 743–744. Von Interesse sind auch die entsprechenden Ausführungen zu der Regelung für die Europäische Menschenrechtskommission: Frowein/*Peukert*, EMRK-Kommentar, und *Partsch* (Anm. 108) zu Art. 27 (b) EMRK; *Mikaelsen* (Anm. 281), S. 144 ff.; *Monconduit* (Anm. 133), S. 342 ff., und – umfassend – *Buergenthal*, Texas International Law Journal 12 (1970), S. 321–330, und *Tardu*, AJIL 70 (1976), S. 778–800.
[306] Diese Gesichtspunkte werden von *Monconduit, ibid.*, betont. Der Grundsatz *ne bis in idem* hat seinen Hauptanwendungsbereich allerdings für das Individuum im Strafprozeß. Er gilt nicht in gleicher Strenge für die weniger schutzbedürftigen Staaten.

gehen, daß eine Beschwerde »zur Regelung anhängig« ist[307], sobald sie in einem anderen zwischenstaatlichen Verfahren angenommen worden ist, das entweder zu einer rechtskräftigen Entscheidung oder zu einer sonstigen Streitbeilegung führt[308]. Festzuhalten ist jedoch, daß es sich um eine Einzelfallregelung handeln muß[309]. Ein Verfahren gemäß UN-Res. 1503 für "consistent patterns of gross and reliably attested violations of human rights" wäre deshalb unerheblich für die Zulässigkeit einer Individualbeschwerde vor der Interamerikanischen Menschenrechtskommission[310]. Anders ist die Lage bei Beschwerden vor dem Menschenrechtsausschuß der Vereinten Nationen unter dem Fakultativprotokoll zum Pakt über bürgerliche und politische Rechte, denn dieses Verfahren führt zur Streitbeilegung im Einzelfall[311]. Jedoch weist die Interamerikanische Menschenrechtskommission keine vom Opfer selbst oder seinen Angehörigen unterbreiteten Beschwerden zurück, wenn die bereits in dem anderen Verfahren anhängige Beschwerde von einem Dritten ohne familiäre Beziehung zum Opfer oder durch eine nichtstaatliche Organisation ohne Mandat des Opfers erhoben wurde[312]. Diese Einschränkung hat allerdings wenig praktische Bedeutung. Denn in der Regel lassen andere Verfahren ohnehin nur Beschwerden des Opfers selbst, seiner Familienangehörigen oder von durch das Opfer ermächtigten Beschwerdeführern zu.

Bei der Frage, wann eine Beschwerde »nicht im wesentlichen mit einer bereits unterbreiteten übereinstimmt«, legen Wortlaut und *ratio* von Art. 39 Abs. 2 (b) der VerfO sowie ein möglichst weitgehender Schutz des Individuums nahe, daß nur eine Entscheidung zur Sache das Merkmal »zuvor untersucht und geregelt« erfüllt[313]. Sonst wäre auch die Gefahr zu groß, daß dem Individuum aus der Existenz mehrerer zwischenstaatlicher Rechtsschutzin-

---

[307] "Pending settlement".
[308] So auch *Norris,* Santa Clara Law Review 20 (1980), S. 743.
[309] Das fordert Art. 39 Abs. 2 (a) VerfO ausdrücklich.
[310] So die Kommission ausdrücklich im Fall 1738 (13. 3. 1972), Human Rights, Heft 19 (1983), S. 132 f. Zum Verfahren gemäß Res. 1503 siehe Procedure for Handling Complaints of "Gross Violations of Human Rights" under Resolution 1503 (XLVIII) of the United Nations Economic and Social Council, in:• *Tardu* (Anm. 256), Bd. 2, Part I, Section II.
[311] Zum Verfahren nach dem Zusatzprotokoll siehe The Communication Procedure under the Optional Protocol to the United Nations Covenant on Civil and Political Rights, in: *Tardu, ibid.,* Section I, and *derselbe,* AJIL 70 (1976), S. 778–800.
[312] Art. 39 Abs. 2 (b) VerfO.
[313] *Norris,* Santa Clara Law Review 20 (1980), S. 744, fordert ebenfalls eine Entscheidung zur Sache. Das gleiche gilt vor der Europäischen Menschenrechtskommission; hierzu Frowein/*Peukert,* EMRK-Kommentar, Rz. 10 zu Art. 27. Nach *Peukert* erfüllt allerdings schon die Annahme einer Individualbeschwerde als zulässig das Erfordernis einer Entscheidung zur Sache. Denn nach Art. 27 Abs. 2 EMRK impliziere die Zulässigkeitsentscheidung bei Individualbeschwerden eine summarische Sachprüfung.

Sonstige formelle Voraussetzungen   75

stanzen mit unterschiedlichen Zulässigkeitsvoraussetzungen Nachteile erwüchsen. Das widerspräche der anzunehmenden Absicht eines Staates, der sich an mehreren Schutzsystemen beteiligt, den Einzelnen besonders umfassend zu schützen. Außerdem sind die prozessualen Rechte des Individuums auf internationaler Ebene sehr schwach, so daß Beschwerden aus unerheblichen Gründen als unzulässig abgewiesen werden können. Das ist ein weiteres Argument für das Erfordernis einer Sachentscheidung[314]. Allgemein gilt auch hier, daß das Verfahrensrecht kein Selbstzweck ist, sondern dem materiellen Recht zu dienen hat.

c) Frist

Für die Erhebung von Beschwerden bestehen zeitliche Grenzen. Sie sollen innerhalb von sechs Monaten von dem Zeitpunkt an gerechnet, an dem der Beschwerdeführer Kenntnis von der endgültigen Entscheidung in seiner Sache erhalten hat, eingereicht werden[315]. Ist der Beschwerdeführer von dem Erfordernis der Erschöpfung der innerstaatlichen Rechtsmittel befreit[316], so muß er sich innerhalb einer »vernünftigen« Zeitspanne nach Eintritt des schädigenden Ereignisses an die Kommission wenden[317]. Was unter einer vernünftigen Zeitspanne zu verstehen ist, richtet sich nach den Umständen des Einzelfalles. Bis jetzt hat die Kommission aber regelmäßig Beschwerden, die innerhalb eines Zeitraumes von zwei Jahren nach der geltend gemachten Verletzung vorgelegt wurden, als fristgemäß erachtet.

d) Form der Beschwerde

Die Beschwerde darf nicht anonym sein und muß Namen, Wohnsitz und Unterschrift ihres Verfassers tragen[318]. Gegenwärtig gibt es keine Regeln, nach denen der Beschwerdeführer seine Identität vor der Kommission nachweisen muß. Aber in Fällen, in denen eine Weiterreichung der Beschwerden

---

[314] Vgl. *Mikaelsen* (Anm. 281), S. 146 und *Tardu,* AJIL 70 (1976), S. 267.
[315] Art. 38 VerfO. Für die Europäische Menschenrechtskommission gilt Art. 26 EMRK. *Norris,* Santa Clara Law Review 20 (1980), behandelt die Fristgerechtigkeit auf S. 141–142.
[316] Siehe oben S. 67 ff.
[317] Art. 38 Abs. 2 VerfO. Im Anwendungsbereich der EMRK scheint das Problem eines mangelnden innerstaatlichen Verfahrens und der Rechtsverweigerung weniger virulent zu sein, so daß weder die EMRK noch die Verfahrensordnung der Europäischen Menschenrechtskommission explizit darauf eingehen. Wegen der Bezugnahme auf die »allgemein anerkannten Grundsätze des Völkerrechts« in Art. 26 EMRK erfährt der Komplex aber die gleiche Regelung vor der Europäischen wie vor der Interamerikanischen Menschenrechtskommission.
[318] Art. 32 (a) VerfO. Für die Europäische Menschenrechtskommission vgl. Art. 27 (a) EMRK und Art. 38 Abs. 1 (a) VerfO der Europäischen Menschenrechtskommission, beide in Council of Europe, European Convention on Human Rights, Collected Texts (1983).

durch die Kommission an den Gerichtshof nicht ausgeschlossen ist, erscheint es ratsam, diese von Anfang an mit entsprechenden Identitätsnachweisen zu versehen[319].

Die Beschwerde muß den zugrundeliegenden Sachverhalt detailliert schildern und den angeschuldigten Staat nennen. Sie muß Ort und Zeit des Geschehens angeben sowie den Namen oder andere das Opfer und jeden potentiell verantwortlichen Beamten identifizierende Merkmale[320]. Aussagen von Zeugen und Sachverständigen können der Beschwerde als Anhang beigefügt werden, wobei Zeugen in gleicher Weise wie der Beschwerdeführer identifiziert werden sollten[321].

e) Fakultative Elemente der Beschwerde[322]

Die Beschwerde kann, muß aber nicht, weitere Elemente enthalten: das Ersuchen um eine Untersuchung vor Ort, um ein Verfahren mit dem Ziel eines freundschaftlichen Ausgleichs oder die Bitte, daß der betreffende Staat besondere Dokumente oder Informationen liefert. Wenn es zur Verhinderung eines nicht wiedergutzumachenden Schadens erforderlich ist, kann der Beschwerdeführer auch Antrag auf das Ergreifen vorläufiger Maßnahmen stellen[323].

In Fällen, die möglicherweise auf einen freundschaftlichen Ausgleich hinauslaufen, muß der Beschwerdeführer eventuell die Kommission ermächtigen, dem angeschuldigten Staat seine Identität preiszugeben[324]. Es ist auch ratsam, daß er die Modalitäten angibt, unter denen er zu einem freundschaftlichen Ausgleich bereit wäre; dabei kann auf etwaige Entschädigungsleistungen Bezug genommen werden.

Wenn eine Untersuchung vor Ort wichtige Informationen, die auf anderem Wege nicht erlangt werden könnten, verspricht, sollte der Beschwerdeführer einen entsprechenden Antrag gleich zu Anfang stellen. Zwar wird die Kommission kaum eine Vorortuntersuchung zur Prüfung eines Einzelfalles

---

[319] Dies im Hinblick auf die strengeren formalen Anforderungen vor einem Gericht, vgl. *Norris,* Santa Clara Law Review 20 (1980), S. 740.

[320] Art. 32 (b) VerfO. Für die Europäische Menschenrechtskommission gilt Art. 38 Abs. 1 (c)–(f) ihrer Verfahrensordnung. Es ist weiterhin anzumerken, daß ein Staat unter bestimmten Umständen auch durch Unterlassen die Amerikanische Menschenrechtskonvention oder -deklaration verletzen kann. Dann entfällt die Identifizierung eines Beamten.

[321] Zum Vorangegangenen *Norris,* Santa Clara Law Review 20 (1980), S. 741.

[322] *Ibid.,* S. 739 f. und 744 ff.

[323] Vgl. Art. 29 VerfO zu den vorläufigen Maßnahmen.

[324] Bei Staaten, die der Amerikanischen Menschenrechtskonvention beigetreten sind, gilt das gleiche, wenn eine Beschwerde möglicherweise dem Interamerikanischen Gerichtshof für Menschenrechte vorgelegt werden wird, siehe *Norris,* Santa Clara Law Review 20 (1980), S. 740.

Materielle Prüfung 77

vornehmen[325]. Der Vorteil eines solchen frühzeitigen Ersuchens schon in der Individualbeschwerde liegt jedoch darin, daß die Kommission die Prüfung des Einzelfalles im Rahmen einer allgemeinen Untersuchung zur Erstellung eines Berichtes über das betreffende Land oder anläßlich einer Tagung dort einplanen kann. Überdies sind vermehrte Forderungen in Individualbeschwerden nach Untersuchungen in einem bestimmten Land ein wesentlicher Entscheidungsfaktor für die Kommission, dort eine allgemeine Untersuchung durchzuführen. Vorschläge zu Untersuchungen vor Ort sollten die Art und den Grund der Erheblichkeit der zu erlangenden Informationen genau bezeichnen.

Der Beschwerdeführer kann auch um die Gelegenheit zu mündlichen Ausführungen vor der Kommission oder ihren Delegierten bitten. Zweckmäßig ist es, zuvor herauszufinden, wann und wo die nächste Tagung der Kommission stattfindet, anzugeben, warum eine Anhörung gewünscht wird, und die Art der geplanten Ausführungen zu nennen.

Sind nicht alle Zulässigkeitsvoraussetzungen erfüllt oder erscheinen sonstige weitere Angaben sinnvoll, nimmt das Sekretariat der Kommission Hilfestellung gegenüber dem Beschwerdeführer ein, indem es ihn über die Unzulänglichkeiten seiner Beschwerde informiert und spezifiziert um Vervollständigung bittet[326].

4. Die weitere Behandlung der Beschwerde

a) Staaten, die der Amerikanischen Menschenrechtskonvention beigetreten sind, und die übrigen Staaten der OAS

Ist die Beschwerde von der Kommission angenommen[327], so ist für die weitere Prüfung erheblich, ob der betreffende Staat der Amerikanischen Menschenrechtskonvention beigetreten ist oder nicht[328]. Wenn ja, sind nun Art. 19 (a) des Statuts und Art. 26–49 der Verfahrensordnung der Kommission anwendbar. Für die übrigen Mitgliedstaaten der OAS, die der Konvention nicht beigetreten sind, gelten hingegen Art. 20 des Statuts und Art. 51–54 der Verfahrensordnung. Auch müssen Beschwerden gegen Mitgliedstaaten der OAS, die die Amerikanische Menschenrechtskonvention nicht ratifiziert haben, auf der Verletzung von in der Amerikanischen Menschenrechtsdeklaration enthaltenen Rechten beruhen, unbeschadet der Tatsache, daß die Konvention als Auslegungsmaßstab für die Deklaration heran-

---
[325] Dabei spielen die Grenzen, die der Kommission im Hinblick auf Personal und finanzielle Mittel gesetzt sind, eine Rolle.
[326] Art. 30 Abs. 2 VerfO.
[327] Die Interamerikanische Menschenrechtskommission unterscheidet allerdings nicht immer deutlich zwischen der Prüfung der Zulässigkeit und der Begründetheit einer Beschwerde.
[328] Vgl. *Norris*, Santa Clara Law Review 20 (1980), S. 735.

gezogen werden kann[329]. Das ist wichtig, da die in der Deklaration enthaltenen Rechte unscharf formuliert sind[330]. Der Beschwerdeführer tut folglich gut daran, das entsprechende Recht in der Konvention mit in Rechnung zu stellen, selbst wenn er die Verletzung eines in der Amerikanischen Menschenrechtsdeklaration enthaltenen Rechts geltend macht.

b) Ein quasi-kontradiktorisches Verfahren

Die Kommission läßt dem angeschuldigten Staat die einschlägigen Teile der Beschwerde zukommen, wobei die Anonymität des Beschwerdeführers grundsätzlich gewahrt bleibt[331]. Die Regierung ist gehalten, so schnell wie möglich und regelmäßig innerhalb von 90 Tagen nach Erhalt der Anfrage zu antworten. Liegt ein berechtigter Grund vor, so kann die Frist bis auf maximal 180 Tage verlängert werden[332]. Die maßgeblichen Teile der Antwort der Regierung und etwa unterbreitete Dokumente werden dem Beschwerdeführer oder seinem Vertreter übermittelt, die sich innerhalb von 30 Tagen äußern und eventuell Gegenbeweis antreten können[333]. Der juristische Sachbearbeiter bei der Kommission kann vorschlagen, daß die Kommission die Regierung auffordert, einzelne Behauptungen zu belegen oder Kopien von Dokumenten einzureichen[334]. Er sollte alle wesentlichen Behauptungen des Beschwerdeführers, auf die die Regierung nicht eingegangen ist, vermerken, da das Ausbleiben einer Erwiderung auf eine Behauptung zur Folge haben kann, daß die Behauptung als zutreffend unterstellt wird[335]. Die Anmerkungen und Unterlagen, die der Beschwerdeführer bzw. sein Vertreter auf die Erwiderung der Regierung hin einsendet, werden wiederum der Regierung übermittelt. Das Ausbleiben einer Antwort des Beschwerdeführers auf die Erwiderung (der Regierung) innerhalb eines angemessenen Zeitraums kann

---

[329] Im Bericht über die Lage der Menschenrechte in Chile hat die Kommission z. B. noch vor dem Inkrafttreten der AMRK deren Art. 27 zur Frage der Vereinbarkeit des Belagerungszustandes mit der Amerikanischen Menschenrechtsdeklaration herangezogen, IACHR, Report on the Status of Human Rights in Chile, OEA/Ser.L/V/11.34 doc. 21, corr. 1 (25. 10. 1974).

[330] Vgl. z. B. die Regelung des Rechts auf ein faires Gerichtsverfahren in der Amerikanischen Menschenrechtsdeklaration mit derjenigen der AMRK. Art. 18 Deklaration besteht aus zwei knappen Sätzen, wohingegen Art. 18 AMRK eine detaillierte Regelung in fünf Absätzen enthält.

[331] Art. 34 Abs. 4 VerfO der Interamerikanischen Menschenrechtskommission. Eine solche Regelung wäre vor der Europäischen Menschenrechtskommission schlecht denkbar, da im europäischen System der Beschwerdeführer mit dem Opfer der Menschenrechtsverletzung identisch ist.

[332] Art. 34 Abs. 5 und 6 VerfO.

[333] Art. 34 Abs. 7 VerfO.

[334] Zu den möglichen Aufgaben des Sachbearbeiters der Kommission *Norris*, Santa Clara Law Review 20 (1980), S. 749–750.

[335] Art. 42 VerfO und unten c).

Beweislast

die Kommission zu der Annahme veranlassen, daß die Erklärungen der Regierung zufriedenstellend sind. In diesem Falle würde das Verfahren eingestellt. Sonst folgen Behauptung und Gegenbehauptung einander solange, bis der Sachbearbeiter im Sekretariat der Kommission zu der Auffassung gelangt ist, daß hinreichend Beweismaterial oder Informationen zur Erstellung eines Gutachtens vorhanden sind [336].

Der Austausch von Informationen, die der Kommission abwechselnd von den Antagonisten unterbreitet werden, trägt wesentliche Züge des schriftlichen Verfahrens eines regulären Gerichtsprozesses [337]. Oft wird die schriftliche Phase durch ein ähnliches mündliches Verfahren im Rahmen einer von der Kommission anberaumten Anhörung ergänzt. Nach Art. 48 Abs. 1 (e) AMRK erscheint nicht ausgeschlossen, daß die Beteiligten einen Anspruch auf Anhörung haben [338]. Nach Art. 43 VerfO ist hingegen eher von einer Ermessensentscheidung der Kommission über die Durchführung einer Anhörung auszugehen.

c) Die Vermutung des Art. 42 VerfO

Nach Art. 42 Verfahrensordnung der Interamerikanischen Menschenrechtskommission werden die Behauptungen des Beschwerdeführers als wahr unterstellt, wenn die Regierung sich trotz Aufforderung und Fristsetzung durch die Kommission nicht dazu äußert, sofern andere Beweismittel nicht zu einem anderen Ergebnis führen [339]. Zu dieser Vorschrift gibt es keine Parallele im europäischen System zum Schutz der Menschenrechte; für die Interamerikanische Menschenrechtskommission, die die große Mehrzahl ihrer Entscheidungen auf Art. 42 VerfO stützt, ist sie hingegen sehr wichtig. Sie bietet den einzigen Ausweg, doch noch zu einer Entscheidung zu gelangen, wenn ein Staat jede Kooperation mit der Kommission verweigert. Gegenüber dem Staate Kuba ist die Interamerikanische Menschenrechtskommission bislang ausschließlich nach Art. 42 VerfO vorgegangen [340].

---

[336] *Norris*, Santa Clara Law Review 20 (1980), S. 749 f.

[337] Zum Prozeßcharakter siehe *Vasak* (Anm. 8), S. 147.

[338] Vgl. *Shelton*, German Yearbook of International Law 26 (1983), S. 238–268 (246).

[339] Die englische Fassung von Art. 42 VerfO lautet: "Presumption. The facts reported in the petition whose pertinent parts have been transmitted to the government of the state in reference shall be presumed to be true if, during the maximum period set by the Commission under the provisions of Article 34 paragraph 5, the government has not provided the pertinent information, as long as other evidence does not lead to a different conclusion".

[340] Die Regierung Kubas wurde 1962 vom interamerikanischen System ausgeschlossen, siehe Res. VI des 8. Konsultationstreffens der Außenminister, Punta del Este, Januar 1962, OEA/Ser. F/II. 8 doc. 68, 0.14. Deshalb sieht sie sich nicht zur Zusammenarbeit mit der Interamerikanischen Menschenrechtskommission, einem Organ der OAS (Art. 51 (e) Charta), gehalten. Siehe oben S. 28 ff.

Art. 42 VerfO wurde als Element eines Prozesses in Abwesenheit verstanden[341]. Es erscheint aber zweifelhaft, ob sich dieses Konzept aus nationalen Zivilprozeßordnungen auf den internationalen Menschenrechtsschutz übertragen läßt, wo die Staaten in der Rolle von Angeschuldigten auftreten. Zieht man eine Parallele zum Strafprozeß, so könnte man in Art. 42 VerfO eine Vermutung zu Lasten des Angeschuldigten sehen. Der Grundsatz in *dubio pro reo*, der im nationalen Strafprozeßrecht das schwache Individuum schützt, gilt aber nicht in gleicher Weise für die weniger schutzbedürftigen Staaten. Im Rahmen eines Individualbeschwerdeverfahrens zur Sicherung der Menschenrechte bewirkt Art. 42 VerfO vielmehr eine sachgerechte Abschwächung der ohnehin viel stärkeren Position des Staates.

Bedenken könnten sich schließlich daraus ergeben, daß an ein Schweigen grundsätzlich keine Rechtsfolgen zu knüpfen sind. Ein Schweigen ist aber rechtserheblich, wenn eine Pflicht zum Handeln besteht. Aus der Amerikanischen Menschenrechtskonvention und aus der Amerikanischen Menschenrechtsdeklaration in Verbindung mit der Charta der OAS ergibt sich eine Pflicht der Staaten zur Zusammenarbeit mit der Kommission.

Man könnte bezweifeln, ob es sinnvoll ist, Regierungen, die nicht einmal bereit sind, der Kommission Auskünfte zu geben, Empfehlungen auf der Grundlage von Art. 42 VerfO zu machen. Naheliegend wäre, daß diese Empfehlungen in gleicher Weise wie die Anfragen der Kommission mißachtet würden. Oft wurden aber z. B. politische Gefangene von an sich nicht kooperativen Regierungen unter Umständen freigelassen, die einen Zusammenhang mit der Tätigkeit und den Empfehlungen der Kommission sehr nahelegen, auch wenn sich die Kausalität nie zweifelsfrei nachweisen läßt.

Liefert der Beschwerdeführer trotz Aufforderung durch die Kommission nicht die gewünschten Informationen, so werden nicht umgekehrt die Behauptungen der Regierung als wahr unterstellt. Vielmehr werden die Verfahren mit der Formel eingestellt, es lägen keine hinreichenden Anhaltspunkte für eine Verletzung der Konvention vor[342].

Es ist interessant, diese Regelung bei Nichterscheinen einer Partei derjenigen gegenüberzustellen, wie sie sich in Art. 53 des IGH-Statuts findet. Dort kann der IGH bei Nichterscheinen der beklagten Partei im Sinne der Anträge des Klägers entscheiden, wobei allerdings von amtswegen die faktische wie die rechtliche Lage im Hinblick auf die Begründetheit der Klage zu prüfen sind. Das Gericht ist also an das Vorbringen der erschienenen Partei nicht gebunden. Umstritten ist allerdings die Frage, ob denn eine Rechtspflicht der beklagten Partei besteht, vor dem IGH zu erscheinen. Von der Bejahung oder Verneinung einer solchen Rechtspflicht wird die Anwendung

---

[341] So *Vasak* (Anm. 8), S. 147, der der Regel ansonsten kritisch gegenübersteht, *ibid.*, S. 118.

[342] Vgl. die Fälle 4433 (16. 10. 1981), Human Rights, Heft 21 (1983), S. 81, und 3786 (8. 3. 1982), *ibid.*, S. 118.

Freundschaftlicher Ausgleich

einer Reihe von Verfahrensgrundsätzen abhängig gemacht, wie etwa derjenigen, ob die beklagte, aber nicht erschienene Partei als Prozeßbeteiligte zu gelten habe oder ob Schriftsätze einer solchen Partei vom Gericht zur Kenntnis genommen werden dürfen[343].

d) Der freundschaftliche Ausgleich

Sowohl das europäische als auch das interamerikanische System zum Schutz der Menschenrechte sehen die Möglichkeit eines freundschaftlichen Ausgleichs vor[344]. Die Kommissionen werden hierbei vermittelnd im Rahmen der allgemeinen Förderung der Menschenrechte tätig, auch wenn das Sichbereithalten zur Erzielung des Ausgleichs Teil des Individualbeschwerdeverfahrens zum Schutz der Menschenrechte ist[345].

Man könnte einwenden, freundschaftliche Ausgleiche im Rahmen des internationalen Schutzes der Menschenrechte seien verfehlt, da, sofern fundamentale unveräußerliche Menschenrechte betroffen seien, kein Raum für Kompromiß und Vermittlung sei. Außerdem könne sich die stärkere Position der Staaten bei Verhandlungen noch stärker auswirken als in quasi-judiziellen Verfahren vor unabhängigen Sicherungsorganen[346]. Andererseits stellt sich etwa die Höhe von Schadenersatz bei einer erlittenen, auf andere Weise nicht wiedergutzumachenden Menschenrechtsverletzung als geeigneter Verhandlungs- und Kompromißgegenstand dar[347]. Außerdem hat der Ausgleich auf der Grundlage der Achtung der Menschenrechte zu erfolgen[348]. Deshalb ist die Leistung von Schadenersatz unzureichend, wenn ein Staat nicht bereit ist, ein menschenrechtswidriges Gesetz oder eine Verwaltungspraxis zu ändern.

---

[343] Vgl. insgesamt zu diesen Fragen neuerdings *Arangio-Ruiz*, Preliminary Report, 4. Kommission des Institut de Droit International (erscheint voraussichtlich im Druck im Annuaire de l'Institut de Droit International, Bd. 62-I [1987]), der die bisherigen Fälle und Lehrmeinungen eingehend darstellt.

[344] Art. 28 (b) EMRK; Art. 48 Abs. 1 (f) AMRK; Art. 45 VerfO der Interamerikanischen Menschenrechtskommission. Zur Problematik des freundschaftlichen Ausgleichs bei der Interamerikanischen Menschenrechtskommission vgl. den Artikel von *Sepúlveda*, in: FS Dunshee de Abranches (im Erscheinen). *Sepúlveda* geht besonders auf die Tätigkeit der Kommission im Konflikt zwischen der Regierung Nicaraguas und den Miskitoindianern ein. Zum Ausgleich vor der Europäischen Menschenrechtskommission, *Frowein*-Peukert, EMRK-Kommentar, Art. 28.

[345] Der Unterschied zwischen der Förderung und dem Schutz der Menschenrechte wurde bereits dargelegt, siehe oben S. 20 f. Auch *Vasak* (Anm. 8), S. 148 f., sieht den freundschaftlichen Ausgleich als Unterfall der allgemeinen Förderung der Menschenrechte.

[346] Zu dieser Problematik *Daubie*, Revue belge de droit international 9 (1973), S. 503–546.

[347] In diesem Sinne *Kiss*, Revue des Droits de l'Homme 2 (1969), S. 221–233.

[348] Art. 28 (b) EMRK; Art. 48 Abs. 1 (f) AMRK; Art. 45 Abs. 1 VerfO der Interamerikanischen Menschenrechtskommission.

Im Anschluß an ihren gescheiterten Versuch, auf Einladung Nicaraguas einen freundschaftlichen Ausgleich zwischen der Regierung und den Miskitoindianern zu erzielen, änderte und ergänzte die IAKMR die Vorschrift ihrer VerfO über den freundschaftlichen Ausgleich. Als zusätzliche Voraussetzungen für ein *friendly settlement*-Verfahren normierte sie, daß die Forderungen und Behauptungen der Beteiligten hinreichend präzisiert sind und daß sich der Beschwerdegegenstand in den Augen der Kommission für einen freundschaftlichen Ausgleich eignet. Weiterhin setzt die Kommission Fristen für die Annahme und Erhebung von Beweisen, für Anhörungen und für den Abschluß des Verfahrens. Schließlich kann die IAKMR, wie im Falle Nicaraguas, dem *friendly settlement*-Verfahren nach dem neuen Art. 45 VerfO ein Ende setzen, wenn sie während des Verfahrens zu der Auffassung gelangt, daß die Materie nicht geeignet ist, wenn einer der Beteiligten seine Zustimmung zurückzieht oder nicht *bona fide* verhandelt [349].

Wird ein Ausgleich erreicht, so muß die Kommission einen Bericht erstellen, der den Sachverhalt und die erzielte Lösung darstellt. Sie übermittelt diesen Bericht dem Generalsekretär der OAS zur Veröffentlichung. Kommt kein Ausgleich zustande, verfaßt die Kommission einen Bericht über den Sachverhalt und die Schlüsse, die sie gezogen hat. Dieser Bericht kann auch Empfehlungen der Kommission für die Lösung des Falles enthalten. Nur die »betroffenen Staaten« erhalten diesen Bericht, den sie nicht veröffentlichen dürfen. Nicht völlig eindeutig ist, welche Staaten als »betroffen« im Sinne

---

[349] Vgl. den neuen Art. 45 Abs. 7 VerfO. – Der Beschluß im Fall Nicaragua lautet: "Resolves:
1. To bring to an end the friendly procedure pursued with respect to matters affecting the human rights of a segment of the Nicaraguan population of Miskito origin.
2. To state for the record that it has not been possible to achieve a friendly settlement, in part, due to circumstances beyond the control of the Nicaraguan Government.
3. To express its appreciation to the Government of Nicaragua for the necessary facilities provided to the Commission to enable it to carry out the functions of mediator in the friendly settlement procedure and for having complied with some of the recommendations made.
4. To express its decided willingness to continue cooperating with the Government of Nicaragua and with all the affected sectors in the search for a peaceful and lasting solution to the pending problems which still affect a considerable number of Nicaraguans of Miskito origin.
5. To accept the Nicaraguan Government's invitation to the Commission to observe the process by which the new organization, that will bring together the Miskitos living in that country is formed.
6. To publish the Report on the Situation of Human Rights of a segment of the Nicaraguan population of Miskito origin, which was transmitted to the Government of Nicaragua on November 29, 1983.
7. To send this report, by means of the Secretary General of the Organization of American States, to the fourteenth regular session of the General Assembly, in accordance with Article 52, paragraph f) of the OAS Charter.

Freundschaftlicher Ausgleich

des Art. 50 Abs. 2 AMRK gelten[350]. Bei enger Auslegung wären darunter nur die Staaten zu verstehen, die am Verfahren vor der Kommission beteiligt waren. Der Staat, dessen Angehöriger der Verletzte ist, fiele nicht notwendig darunter. Eine sehr weite Interpretation könnte alle Mitgliedstaaten der Konvention als »betroffen« im Sinne des Art. 50 Abs. 2 AMRK ansehen. Denn alle Hohen Vertragschließenden Teile sind gem. Art. 61 AMRK parteifähig und können dem Gerichtshof Fälle auf der Grundlage des Kommissionsberichtes unterbreiten. Sinnvoll erscheint ein Mittelweg, so daß neben den am Verfahren vor der Kommission beteiligten Staaten auch immer der Heimatstaat des Verletzten den Bericht erhält. Das Staatsangehörigkeitsband, das ihn nach allgemeinem Völkerrecht zur Ausübung diplomatischen Schutzes berechtigt, begründet für ihn ein besonderes Interesse.

Wegen des öffentlichen Interesses an der Einhaltung der Menschenrechte kann die Interamerikanische Menschenrechtskommission die Untersuchungen zwecks Erstellung eines Berichts oder im Hinblick auf Empfehlungen auch dann fortsetzen, wenn bereits ein Ausgleich erreicht worden ist und der Beschwerdeführer die Beschwerde zurücknehmen will. Solche Aussichten könnten allerdings die Ausgleichsbereitschaft der Staaten schmälern[351].

Das europäische System sieht den Ausgleich erst nach Annahme einer Beschwerde vor, während vor der IAKMR und im allgemeinen Völkerrecht ein freundschaftlicher Ausgleich jederzeit stattfinden kann. Es ist wichtig, den richtigen Zeitpunkt zu wählen. Einerseits sollen die Geduld und der Kooperationswille der Staaten nicht überstrapaziert werden; andererseits darf die Kommission keine vermeidbaren Konzessionen im Bereich der Menschenrechte machen.

Art. 45 Abs. 1 VerfO der Interamerikanischen Menschenrechtskommission bezieht sich nur auf Staaten, die der AMRK beigetreten sind[352]. Man könnte deshalb meinen, die Kommission könnte mit den übrigen Mitgliedstaaten der OAS keine freundschaftlichen Ausgleiche herbeiführen. Die mangelnde Bezugnahme des Art. 45 Abs. 1 VerfO auf alle Mitgliedstaaten des interamerikanischen Systems ist aber vermutlich ein Versehen. Das Hinwirken auf Ausgleich fällt ohnehin unter das weitere Mandat der allgemeinen Förderung der Menschenrechte, und die Interamerikanische Menschenrechtskommission hat auch vor Inkrafttreten der Amerikanischen Menschenrechtskonvention freundschaftliche Ausgleiche bewirkt.

---

[350] Vgl. *Shelton*, German Yearbook of International Law 26 (1983), S. 238–268 (246).

[351] Vgl. *Norris*, Santa Clara Law Review 20 (1980), S. 745.

[352] Vgl. dazu *Buergenthal*, Anuario Jurídico Interamericano 1981, S. 118 Anm. 141.

5. Die Möglichkeit einstweiliger Maßnahmen durch die IAKMR

Wenn kein freundschaftlicher Ausgleich erreicht wird, folgt der Abschlußbericht oder die Endentscheidung der Interamerikanischen Menschenrechtskommission. Jedoch kann die Kommission einen Staat in dringenden Fällen schon in einem früheren Stadium ersuchen, einstweilige Maßnahmen zu ergreifen, um irreparablen Schaden für Personen zu vermeiden[353]. Die Kommission war aber bislang zurückhaltend im Rückgriff auf diese Möglichkeit. So erließ die guatemaltekische Regierung 1982, kurz nach Vereinbarung eines Besuchs der Kommission in Guatemala, eine Verordnung, deren Vereinbarkeit mit Art. 4 AMRK zweifelhaft war. Die Verordnung führte nach dem Inkrafttreten der AMRK für Guatemala die Todesstrafe für Verbrechen ein, die mit politischen Verbrechen in Zusammenhang stehen; die Todesstrafe konnte durch Sondergerichte verhängt werden. Die Kommission versäumte, die Regierung um Suspendierung der Verordnung bis zum Abschluß ihrer Untersuchung zu ersuchen. Dies wäre als einstweilige Maßnahme möglich gewesen sowie als Ersuchen des Staates, ihr alle für die effektive Durchführung der Untersuchung notwendigen Erleichterungen zu verschaffen (Art. 48 Abs. 1 (d) AMRK). Die Rechtzeitigkeit eines solchen Vorbringens der Kommission ist für seine Erfolgschancen bedeutend. Je weniger sich eine Regierung schon zur Durchführung der in Frage stehenden Maßnahmen nach außen hin verpflichtet hat, um so eher wird sie geneigt sein, dem Ersuchen der Kommission nachzukommen. Denn immerhin handelt es sich bei einem Ersuchen um einstweilige Maßnahmen um eine in der VerfO der Kommission verankerte, verfahrensmäßige Möglichkeit, die zudem gemäß Art. 48 Abs. 1 (d) AMRK Voraussetzung für die Effektivität der Untersuchung sein kann. Wenn der betreffende Staat die Kommission sogar, wie im Falle Guatemalas, einlud, kann er sich unter Umständen dem Vorwurf widersprüchlichen Verhaltens aussetzen, wenn er dem Ersuchen der Kommission nicht nachkommt. Die Kommission berief sich bei ihrem Besuch in Guatemala 1982 aber nicht auf die genannten verfahrensmäßigen Möglichkeiten. Sie empfahl der guatemaltekischen Regierung lediglich wiederholt, die Verordnung über die Sondergerichte zu ändern, und verwies auf den humanitären Charakter dieses Anliegens[354]. Guatemala betonte demgegenüber sein verfassungsmäßiges Recht, die Todesstrafe zu verhängen, und erinnerte an seinen Vorbehalt zu Art. 4 AMRK[355]. Damit setzte es sich dem Vorwurf aus, ei-

---

[353] Art. 29 VerfO.
[354] Vgl. IACHR Report on the Situation of Human Rights in the Republic of Guatemala, OEA/Ser. L/V/II. 61, doc. 47, rev. 1 (1983), S. 18 und 47 f.
[355] Vgl. z. B. Report, *ibid.,* S. 54 ff. Der Vorbehalt Guatemalas lautet: "The Government of Guatemala ratifies the American Convention on Human Rights, signed in San José de Costa Rica, the 22nd of November of 1969, expressing its reservation with respect to Article 4, paragraph 4, of the same, since the Constitution of the Republic of Guatemala, in Article 54, only excludes from the application of the

nem humanitären Anliegen nicht zu entsprechen, nicht jedoch demjenigen einer Mißachtung von Art. 48 Abs. 1 (d) AMRK, Art. 26 VerfO[356]. Im März 1983 wurden sechs Exekutionen in Guatemala durchgeführt, nachdem die Kommission der Regierung im Februar ihre Auffassung mitgeteilt hatte, die Verordnung verletze die AMRK[357]. Daraufhin beantragte die Interamerikanische Menschenrechtskommission ein Gutachten des Interamerikanischen Gerichtshofs für Menschenrechte über die Vereinbarkeit der Ausdehnung des Anwendungsbereichs der Todesstrafe nach Inkrafttreten der Konvention mit Art. 4 AMRK[358]. Die Beurteilung der guatemaltekischen Verordnung durch die Kommission wurde durch das Gutachten des Gerichtshofs in abstraktem Sinne bestätigt und erlangte dadurch mehr Autorität. Schließlich wurden die Sondergerichte in Guatemala abgeschafft.

Die Kommission wurde auch in Fällen der Verletzung des Rechts auf *fair trial*[359] durch die Exekution des Opfers während des Verfahrens überrascht[360]. Interessant ist, daß sie nach Abschluß des Verfahrens in den Schlußberichten oder Endentscheidungen, auch wenn keine Konventionsverletzung festgestellt wurde, mehrfach die Suspendierung verhängter Todesstrafen und die eventuelle Abschaffung der Todesstrafe empfahl[361]. Das hängt einerseits damit zusammen, daß der AMRK eine Tendenz zur schrittweisen Abschaffung der Todesstrafe innewohnt[362]. Andererseits kann die Empfehlung zur Suspendierung auch Reaktion auf Exekutionen nach Maßgabe von Gesetzen und Verordnungen sein, die die IAKMR noch nicht auf ihre Vereinbarkeit mit den Menschenrechten überprüfen konnte[363].

Die Möglichkeit der Interamerikanischen Menschenrechtskommission, einstweilige Maßnahmen zu ergreifen, erscheint weitergehend als diejenige der Europäischen Menschenrechtskommission. Zwar leitet man, ähnlich wie aus Art. 48 Abs. 1 (d) AMRK, aus Art. 25 Abs. 1 Satz 2 und Art. 28 (a)

---

death penalty political crimes but not common crimes related thereto.", *ibid.*, S. 47, und Organization of American States, Handbook of Existing Rules Pertaining to Human Rights, OEA/Ser.L/V/II. 60, doc. 28, rev. 1 (1983), S. 87.

[356] Zur Problematik einstweiliger Maßnahmen im Falle Guatemalas *Norris*, Texas International Law Journal 19 (1984), S. 285–318 (314 ff.).

[357] IACHR, Report on the Situation of Human Rights in the Republic of Guatemala, OEA/Ser.L/V/II.61, doc. 47, rev. 47, rev. 1 (1983), S. 48 f.

[358] Gutachten vom 8. 9. 1983, Nr. OC-3/83, Beschränkungen der Todesstrafe (Art. 4 Abs. 2 und 4 AMRK) – Antragsteller: die Interamerikanische Menschenrechtskommission, EuGRZ 11 (1984), S. 207–217, siehe unten S. 139 ff.

[359] Art. XVIII Amerikanische Erklärung über die Rechte und Pflichten des Menschen, Art. 8 AMRK.

[360] Siehe z. B. den Fall 3105, Human Rights, Heft 21 (1983), S. 46.

[361] Vgl. z. B. die Fälle 3102 und 3115, Annual Report of the Inter-American Commission on Human Rights 1981–1982, OEA/Ser.L/V/II.57, doc. 6, rev. 1, S. 89 ff. (September 1982).

[362] Siehe unten S. 143 ff.

[363] Vgl. *Shelton*, German Yearbook of International Law 26 (1983), S. 238–268 (249).

EMRK eine Möglichkeit der Europäischen Menschenrechtskommission ab, einstweilige Maßnahmen vorzuschlagen[364]. Ansonsten erwähnt die EMRK einstweilige Maßnahmen aber nicht, während nach Art. 63 Abs. 2 AMRK die Interamerikanische Menschenrechtskommission den Interamerikanischen Gerichtshof für Menschenrechte immerhin um Erlaß einstweiliger Anordnungen ersuchen kann[365]. Außerdem ist Art. 36 VerfO der Europäischen Menschenrechtskommission erheblich vager und zurückhaltender formuliert als der entsprechende Art. 29 VerfO der Interamerikanischen Menschenrechtskommission. Der Wortlaut des Art. 36 VerfO der Europäischen Menschenrechtskommission legt nahe, daß diese im Rahmen ihrer Zuständigkeit für einstweilige Maßnahmen keine verbindlichen Anweisungen geben kann, während Art. 29 VerfO der IAKMR diese Möglichkeit nicht ausschließt[366].

6. Die Endentscheidung

Endentscheidungen in internationalen Verfahren zum Schutz der Menschenrechte stellen fest, ob eine Pflichtverletzung stattgefunden hat, und empfehlen Abhilfemaßnahmen. Die Endentscheidung kann aber auch eine Beschwerde als unzulässig zurückweisen oder das Erreichen eines freundschaftlichen Ausgleichs statuieren. Die Interamerikanische Menschenrechtskommission weist im Gegensatz zur Europäischen Menschenrechtskommission wenige Beschwerden als unzulässig ab[367]; sie behält sich häufig eine Wiederaufnahme des Verfahrens für den Fall der Beibringung weiterer Informationen vor.

a) Konventionsstaaten und die übrigen Mitgliedstaaten der OAS

Beschwerden gegen Hohe Vertragschließende Teile der Amerikanischen Menschenrechtskonvention unterfallen einem allein auf sie anwendbaren Berichtsverfahren[368]. Ein erster obligatorischer Bericht enthält den Sachverhalt

---

[364] Dies bedeutet in der Praxis, daß der beklagte Staat ersucht wird, die vom Beschwerdeführer angegriffene Entscheidung nicht zu vollziehen. Von dieser Möglichkeit wurde bisher nur in Fällen drohender Auslieferung oder Abschiebung Gebrauch gemacht. Vgl. Frowein/*Peukert*, EMRK-Kommentar, Art. 25 Rz. 2 mit Nachweisen; *Rogge*, NJW 30 (1977), S. 1569–1571, und *Schellenberg* (Anm. 156), S. 149–151.

[365] Vgl. aber der Art. 63 Abs. 2 AMRK ähnlichen Art. 36 VerfO des Europäischen Gerichtshofs für Menschenrechte. Dazu *Mahoney*, Yearbook of European Law 3 (1983), S. 127–167 (157 f.).

[366] Zu den Rechtsfragen im Zusammenhang mit einstweiligen Anordnungen in der internationalen Gerichtsbarkeit im allgemeinen vgl. *Oellers-Frahm*, Die einstweilige Anordnung in der internationalen Gerichtsbarkeit (1975), und insbes. zu dem Problem einstweiliger Anordnungen und Zuständigkeit *dieselbe*, Interim Measures of Protection, in: R. Bernhardt (ed.), Encyclopedia of Public International Law, Instalment 1 (1981), S. 69–72.

[367] Das hängt auch mit Art. 37 Abs. 3 ihrer VerfO zusammen.

[368] Das besondere Berichtsverfahren ist in Art. 46–48 VerfO und in Art. 50 und 51 AMRK geregelt. Dazu *Buergenthal*, Anuario Jurídico Interamericano 1981, S. 95.

Abschließende Entscheidung   87

und die Schlußfolgerungen der Kommission. Er kann auch Empfehlungen
für einen freundschaftlichen Ausgleich einschließen[369]. Innerhalb von drei
Monaten, während derer ein Ausgleich erreicht oder der Interamerikanische
Gerichtshof für Menschenrechte angerufen werden kann, kann die Kommission auf Grund eines Beschlusses der absoluten Mehrheit ihrer Mitglieder ihre Auffassung und Schlußfolgerungen in einem zweiten Bericht niederlegen,
der auch die erneute Empfehlung von Maßnahmen unter Festsetzung einer
Frist beinhalten kann. Unklar ist, was geschieht, wenn sich innerhalb der
Kommission keine absolute Mehrheit bildet. Möglicherweise wird der Fall
zu den Akten gelegt, ohne daß weitere Schritte unternommen werden[370].
Nach Ablauf einer von der Mehrheit gesetzten Frist entscheidet die Kommission, wiederum mit absoluter Mehrheit, ob der Staat ihren Empfehlungen
nachgekommen ist und ob der Bericht veröffentlicht werden soll. Bei Staaten, die der AMRK beigetreten sind, gibt es also vier verschiedene Möglichkeiten der Verfahrensbeendigung: die Herbeiführung eines freundschaftlichen Ausgleichs, die Anrufung des Gerichtshofs, daß die Kommission keine
weiteren Schritte unternimmt oder daß sie ihre Feststellungen und Schlußfolgerungen veröffentlicht. Das Verfahren impliziert die Erstellung zweier Berichte. Der erste enthält eine Entscheidung über die Begründetheit und wird
dem oder den betroffenen Staaten zugesandt, die ihn nicht veröffentlichen
dürfen[371]. Der zweite enthält die Entscheidung der Kommission, nachdem
alle Fristen abgelaufen sind. Er kann, muß aber nicht veröffentlicht werden.
Die Veröffentlichung kann durch Aufnahme in den Jahresbericht der Kommission an die Generalversammlung der OAS erfolgen[372]. Der Jahresbericht
der Interamerikanischen Menschenrechtskommission 1983–1984 enthält z. B.
Berichte über 17 Individualbeschwerden gegen sechs verschiedene Staaten[373];
der Jahresbericht 1982–1983 enthält Berichte über 30 Individualbeschwerden
gegen acht verschiedene Staaten[374].

Beschwerden gegen Staaten, die der Amerikanischen Menschenrechtskonvention nicht beigetreten sind, unterliegen im Stadium der Entscheidung einem verkürzten Verfahren[375]. An Stelle des Berichtsverfahrens in Etappen gemäß Art. 46–48 der Verfahrensordnung der Kommission wird ein Beschluß

---

[369] Art. 50 Abs. 3 AMRK.
[370] Vgl. *Shelton*, German Yearbook of International Law 26 (1983), S. 238–268
(247).
[371] Art. 47 Abs. 6 VerfO.
[372] Art. 48 Abs. 2 VerfO.
[373] IACHR, Annual Report of the Inter-American Commission on Human
Rights 1983–1984, OEA/Ser.P AG/doc. 1778/84, S. 23–75.
[374] IACHR, Annual Report of the Inter-American Commission on Human
Rights 1982–1983, OEA/Ser.L/V/II. 61, doc. 22 rev. 1 (1983), S. 45–139.
[375] Vgl. dazu *Buergenthal*, Anuario Jurídico Interamericano 1981, S. 118 f.; *Vasak*
(Anm. 8), S. 148 ff., der auch Parallelen zum europäischen System zeigt, und *Norris*,
Santa Clara Law Review 20 (1980), S. 750 f.

gemäß Art. 53 gefaßt. Dieser enthält den Sachverhalt und die Schlußfolgerungen der Kommission sowie – wenn eine Menschenrechtsverletzung bejaht wird – Empfehlungen. Die Kommission gibt eine bestimmte Zeitspanne an, innerhalb derer die Regierung sie über das Ergreifen entsprechender Maßnahmen zu informieren hat. Der Beschluß wird gleichzeitig dem Beschwerdeführer und dem betroffenen Staat übermittelt. Vor Ablauf der gesetzten Frist hat der Staat Gelegenheit, die Kommission auf der Grundlage neuer Fakten oder Argumente zur nochmaligen Erwägung ihrer Folgerungen oder Empfehlungen zu ersuchen. Die Kommission kann den Beschwerdeführer dazu anhören und gegebenenfalls ihre Entscheidung abändern und eine neue Frist setzen. Wenn der Staat den Empfehlungen der Kommission innerhalb der genannten Frist nicht nachkommt, hat die Kommission das Recht, den Beschluß in ihren Jahresbericht an die Generalversammlung der OAS aufzunehmen oder in anderer, ihr angebracht erscheinender Weise zu veröffentlichen.

Im übrigen wendet die Kommission die Konvention eher großzügig an. In Fällen, wo die Verletzungshandlung und/oder die Erhebung der Beschwerde vor dem Zeitpunkt des Inkrafttretens der AMRK für den betreffenden Staat lag, entschied sie teils auf der Grundlage der Amerikanischen Menschenrechtsdeklaration, teils aber auch auf derjenigen der AMRK, ohne auf das Problem der Retroaktivität einzugehen[376].

b) Die Endentscheidung[377] im interamerikanischen und im europäischen System zum Schutz der Menschenrechte

Die verschiedenen Etappen, die zu einer Entscheidung im interamerikanischen und im europäischen Sicherungsverfahren führen, entsprechen sich weitgehend[378]. Ein Unterschied liegt aber darin, daß im interamerikanischen System das Sicherungsverfahren regelmäßig vollständig bei der Kommission liegt, während im europäischen System entweder der Gerichtshof angerufen wird oder subsidiär der Ministerausschuß eine Endentscheidung trifft. Seit 1979 kann zwar auch der Interamerikanische Gerichtshof für Menschenrechte angerufen werden. Dieser hat aber bislang noch nie im Rahmen eines Individualbeschwerdeverfahrens zur Sache entschieden[379]. Eine Parallele zum Mi-

---

[376] Vgl. z. B. IACHR, Annual Report of the Inter-American Commission on Human Rights 1981–1982, OEA/Ser. L/V/II. 57, doc. 6 rev. 1 (1982), S. 89 und 91, und dagegen die Fälle 3101 und 3103, Human Rights, Heft 21 (1983), S. 43 und 45.

[377] Dazu *Vasak,* (Anm. 8).

[378] Siehe Art. 30–32 EMRK und Art. 50–55 VerfO der Europäischen Menschenrechtskommission.

[379] Das Charakteristische ist die besonders weite Zuständigkeit des Interamerikanischen Gerichtshofs für Gutachten (Art. 64 AMRK). Die einzige Streitsache, den *Gallardo*-Fall (Entscheidung Nr. G 101/81 vom 13. 11. 1981, EuGRZ 11 (1984), S. 189 ff.), hat der Interamerikanische Gerichtshof für Menschenrechte an die Kommission verwiesen, siehe unten S. 123 ff. Interessant in dieser Hinsicht ist auch das neueste Gutachten des Interamerikanischen Gerichtshofs für Menschenrechte, dem

nisterausschuß des Europarates gibt es im interamerikanischen Sicherungsverfahren nicht.

Die Kombination mehrerer Sicherungsorgane dient häufig der Aufgabenverteilung auf unabhängige, (quasi-)gerichtliche und auf politische Organe[380]. Die ausschließliche Beteiligung gerichtlicher oder quasi-gerichtlicher Organe ist atypisch im internationalen Schutz der Menschenrechte. Dementsprechend wurde auch zu Anfang der Europäische Gerichtshof für Menschenrechte selten angerufen; regelmäßig entschied das politische Organ, der Ministerausschuß.

Aus der Tatsache, daß im interamerikanischen System kein politisches Organ, wie es der Ministerausschuß darstellt, eingeschaltet ist, könnte man auf eine Überlegenheit dieses Systems schließen. Unabhängige, gerichtliche oder gerichtsähnliche Organe sind zur Bewältigung rein juristischer Aufgaben wie der Ermittlung des Sachverhalts und der Lösung von Rechtsfragen am besten geeignet. Hier besteht kein Raum für Weisungen oder politisches Einwirken. Auf der anderen Seite akzeptieren und befolgen die Staaten eher Entscheidungen, an denen sie politisch mitwirken, die ihr Prestige schonen und mit denen sie sich identifizieren können. Hinzu kommt, daß die Endentscheidung meist nicht nur die Feststellung einer Rechtsverletzung, sondern auch die Anordnung von Maßnahmen umfaßt. Dabei ergeben sich mehrere Optionen, zu denen die Staaten sich verschieden einstellen. Ein politisches Organ kann besser die Lösung finden, die dem allgemeinen Konsens hinsichtlich der Menschenrechte angepaßt ist und die deshalb Aussicht auf Befolgung hat[381].

---

ein Individualbeschwerdeverfahren vor der IAKMR zugrunde liegt. Der Gerichtshof setzt sich mit der Frage auseinander, ob die Tatsache, daß die Angelegenheit schon durch die Interamerikanische Menschenrechtskommission behandelt worden war, den Gutachtenantrag Costa Ricas unzulässig mache. In dem Gutachten kritisiert der Gerichtshof die Kommission dafür, daß sie ihm den Fall nicht als streitige Angelegenheit vorgelegt habe. Daß weder die Kommission noch Costa Rica den Fall als Streitsache vorgelegt habe, führe nun aber nicht zur Unzulässigkeit des Gutachtensantrags. Vgl. Advisory Opinion OC-5/85 of Nov. 13, 1985, Compulsory Membership in an Association prescribed by Law for the Practice of Journalism (Articles 13 and 29 ACHR), Requested by Costa Rica. Zu dem zugrundeliegenden Individualbeschwerdeverfahren vor der Interamerikanischen Menschenrechtskommission vgl. IACHR, Exercise and regulation of freedom of expression in Costa Rica/compulsory membership in a professional association of journalists/*Schmidt* case, Human Rights Law Journal 6 (1985), S. 211–231. Die Zurückhaltung der Kommission, den Gerichtshof anzurufen, beruht möglicherweise auf einem Rivalitätsdenken gegenüber dem jüngeren Organ.

[380] Zum folgenden *Khol*, Zwischen Staat und Weltstaat, Die internationalen Sicherungsverfahren zum Schutze der Menschenrechte (1969), S. 601 ff.

[381] Die Notwendigkeit solcher politischer Rücksichtnahmen folgt daraus, daß das Völkerrecht keine zentralen Vollstreckungsorgane kennt und daß deshalb der Durchsetzung völkerrechtlicher Entscheidungen, selbst wenn sie rechtsverbindlich sind, stets eine politische Entscheidung vorausgehen muß.

Daß die Endentscheidung durch ein politisches Organ getroffen und sanktioniert wird, ist bei geringem Konsens und geringer Homogenität innerhalb einer internationalen Organisation in dem Maße ratsamer, als die objektiv angemessenere Entscheidung unabhängiger Organe nicht befolgt würde. Deshalb ist die Übertragung von Endentscheidungskompetenzen auf politische Organe nur dann unbedingt zu vermeiden, wenn es ihrer wegen eines breiten Konsenses über die Menschenrechte, der die Befolgung der Entscheidung der Sicherungsorgane ohnehin gewährleistet, nicht mehr bedarf. In diesem Sinne ist allmählich der Europäische Gerichtshof für Menschenrechte an die Stelle des Ministerausschusses getreten[382]. In den amerikanischen Staaten ist der Konsens über die Einhaltung der Menschenrechte geringer als im Rahmen des Europarates. Die Interamerikanische Menschenrechtskommission, ein gerichtsähnliches Organ, fällt die Endentscheidung, für deren Durchsetzung es aber erheblich auf die Anwendung verschiedener politischer Druckmittel ankommt.

c) Effektivität[383]

Für die Beurteilung der Effektivität eines internationalen Sicherungsverfahrens für die Menschenrechte bieten sich mehrere Ansatzpunkte. Die Rechtsnatur der Endentscheidung, die Möglichkeit politischer Sanktionen, der konkrete Charakter sowie die Publizität des Verfahrens könnten hier von Interesse und vor allem von Bedeutung sein.

aa) Rechtsnatur der Endentscheidung

Die Entscheidungen der Interamerikanischen Menschenrechtskommission haben nur Empfehlungscharakter, während Art. 34 Abs. 4 EMRK den Schluß erlaubt, daß die Entscheidungen des Ministerausschusses bindend sein sollen. Dieser Unterschied muß aber ihre Wirksamkeit nicht notwendig und erheblich beeinflussen. Die Praxis zeigt nämlich, daß Empfehlungen von den Staaten manchmal so befolgt und eingehalten werden, als seien sie rechtlich verbindlich[384]. Im Völkerrecht, angesichts seines Vollstreckungsdefizits,

---

[382] In der Praxis formulierte ohnehin die Europäische Menschenrechtskommission die Endentscheidung des Ministerausschusses vor.

[383] Zur Effektivität siehe *Khol* (Anm. 380), 4. Abschnitt: Die Wirksamkeit der Sicherungsverfahren zum Schutze der Menschenrechte (S. 573–613).

[384] Gerade die Interamerikanische Menschenrechtskommission hat ihr Schutzsystem auf der Basis der Erklärung von Bogotá, einer bloßen Empfehlung, errichtet, siehe oben S. 7 und 26 ff. Das Phänomen bindungsähnlicher Wirkungen von Empfehlungen ist auch bei der Internationalen Arbeitsorganisation zu beobachten (Art. 22 der Satzung). – Siehe auch *Wengler*, Österreichische Zeitschrift für öffentliches Recht und Völkerrecht 33 (1982), S. 173–198 mit Nachweisen, und *Khol* (Anm. 380), S. 480 ff.

Effektivität 91

setzt die Anwendung von Sanktionen, ob die zugrundeliegende Verhaltensanordnung nun den Charakter einer Empfehlung oder einer Rechtsnorm hat, jedenfalls eine politische Entscheidung voraus. Ob die Entscheidung zur Sanktion getroffen wird, hängt mehr vom Konsens der beteiligten Staaten als von der formalen Rechtsnatur der Verhaltensanordnung ab. Von daher ist der Unterschied zwischen rechtlich verbindlichen Entscheidungen und Empfehlungen im Völkerrecht relativiert, auch wenn die Zuständigkeit eines internationalen Organs, verbindliche Entscheidungen zu fällen, meist Ausdruck und Maßstab jenes staatlichen Konsenses ist [385].

bb) Die Möglichkeit politischer Sanktionen

Die Möglichkeit politischer Sanktionen hängt von der in einer internationalen Organisation vorherrschenden Solidarität ab [386]. Homogenität und Konsens können bewirken, daß ein Staat einer von einem Gemeinschaftsorgan nachgewiesenen Menschenrechtsverletzung von sich aus abhilft, da er die Solidarität der Mitgliedstaaten über den Schutz der Menschenrechte teilt. Diese Ausgangslage trifft prinzipiell auf die Staaten des Europarates zu. Teilt ein angeschuldigter Staat in einem konkreten Fall die vorherrschende Einstellung nicht, so kann er starkem politischem Druck begegnen, der von den anderen Staaten direkt oder durch die Gemeinschaftsorgane, die eine Eigendynamik entwickeln können, ausgeübt wird [387].

Politischer Druck kann aber auch aus Interessenkonflikten zwischen den Mitgliedstaaten einer internationalen Organisation erwachsen, indem Empfehlungen bezüglich der Menschenrechte für partikuläre, politische Ziele eingesetzt und gegen den durch die Empfehlung getroffenen Staat ausgespielt werden. Das setzt jedoch immer voraus, daß die von dem speziellen Schutzorgan nachgewiesenen Menschenrechtsverletzungen auf höherer Ebene in der internationalen Organisation zur Sprache kommen. Ein Minimalkonsens über die Menschenrechte muß bestehen. Wirtschafts- oder sicherheitspolitische Interessen dürfen nicht derart überwiegen, daß sie die Staaten davon abhalten, sich gegenseitig anzuklagen.

Es kommt aber auch vor, daß die Menschenrechte innerhalb einer Organisation einen so geringen Stellenwert einnehmen, daß die Staaten stillschweigend übereinkommen, sich nicht bloßzustellen. Ein solches *gentlemen's agree-*

---

[385] Zur Relativierung des Unterschieds zwischen rechtlich nicht verbindlichen Gutachten und Urteilen im Völkerrecht siehe auch unten S. 133.
[386] Vgl. *Khol*, (Anm. 380), S. 482.
[387] Eine solche Konstellation war im Griechenland-Fall vor dem Europarat gegeben. Der Bericht der Europäischen Menschenrechtskommission (Appl. No. 3321/67, *Denmark* v. *Greece;* No. 3322/67, *Norway* v. *Greece;* No. 3323/67, *Sweden* v. *Greece;* No. 3344/67, *Netherlands* v. *Greece*) und die Res. DH (70) 1 des Ministerausschusses vom 15. 4. 1970 sind wiedergegeben in Yearbook 12 (1969).

ment bestand bis in die siebziger Jahre in der Generalversammlung der OAS, die die Berichte der Interamerikanischen Menschenrechtskommission lediglich entgegennahm und der Kommission mit einer stets gleichbleibenden Formel »Dank für die wichtige Arbeit, die sie geleistet« habe, aussprach [388]. Man vermied, einzelne Staaten namentlich herauszugreifen, so daß sich kein gezielter politischer Druck entwickeln konnte [389]. Auch heute äußert sich die Generalversammlung der OAS kaum zu den Individualentscheidungen der Interamerikanischen Menschenrechtskommission [390]. Dadurch geht ein wichtiger Ansatzpunkt und Ort, an dem politischer Druck entstehen kann, verloren. Politischer Druck ist immer noch ein wesentliches Durchsetzungsmittel im Bereich der Menschenrechte. Vielleicht bestünden bessere Aussichten, daß sich die überbeschäftigte Generalversammlung mit den Individualentscheidungen der Kommission befaßt, wenn diese ihre Tätigkeit wie in den Anfangsjahren wieder auf außerordentlich gravierende Menschenrechtsverletzungen konzentrierte [391].

Für die Sanktionierung einzelner Verletzungen der Amerikanischen Menschenrechtskonvention und der Amerikanischen Menschenrechtsdeklaration bleibt einstweilen hauptsächlich das Verfahren der Kommission selbst.

cc) Verfahren und Effektivität [392]

Die Kommission kann durch ihr langwieriges, von umfangreichen Sachverhaltsermittlungen geprägtes Verfahren selbst Druck ausüben. Die Staaten müssen sich zu ausführlich begründeten Empfehlungen äußern und bestimmte Sachverhalte verantworten. Sie werden in eine lästige Verteidigungsposition gedrängt. Es kann den Interessen eines Staates dann besser entsprechen und weniger beschwerlich sein, einer Maßnahme abzuhelfen, als den ständigen Nachfragen der Kommission und durch sie mobilisierter Dritter ausgesetzt zu sein. Ein wesentlicher Faktor dieser Sanktionierung soziologischer Art, die Empfehlungen bindungsähnlichen Charakter verleihen kann, beruht dabei auf der Regelmäßigkeit des Vorgehens. Das Sicherungsorgan

---

[388] Die gängige Formel lautete: "Resolves: To take note of the annual report of the Inter-American Commission on Human Rights and to thank it for the important work it is doing". Vgl. z. B. die Resolutionen zu den Jahresberichten der Kommission von 1972 und 1974, AG/Res. 83 (II-0/72) und AG/Res. 154 (IV-0/74), Human Rights, Heft 7 (1982), S. 19 und 27. – Zur Haltung der Staaten in der Generalversammlung der OAS siehe *Buergenthal,* EuGRZ 11 (1984), S. 186–187.

[389] Der bei *Buergenthal, ibid.,* S. 187, wiedergegebene Kommentar *W. Maillards,* des Botschafters der Vereinigten Staaten bei der OAS im Jahre 1976, ist in dieser Hinsicht aufschlußreich.

[390] Bei den allgemeinen und Länderberichten der Kommission ist die Lage anders, siehe unten S. 112 ff.

[391] Vgl. *Buergenthal,* EuGRZ 11 (1984), S. 188.

[392] Zur »Struktur des Verfahrens selbst als Grund für außerrechtliche Sanktionen« vgl. *Khol* (Anm. 380), S. 483 f.

Allgemeine Bedeutung 93

muß periodisch feststellen können, ob seine Empfehlungen durchgeführt werden. Das mehrstufige Berichtsverfahren gemäß Art. 46-48 der Verfahrensordnung der Interamerikanischen Menschenrechtskommission entspricht diesem Grundgedanken.

dd) Publizität

Die Interamerikanische Menschenrechtskommission kann ihre Berichte und Beschlüsse veröffentlichen. Wenn sie Länder besucht und Zeugen vernimmt, berichtet die lokale und manchmal die internationale Presse. Sorgfältig recherchierte, glaubhafte Informationen werden zugänglich für die Weltöffentlichkeit und die Oppositionskräfte innerhalb des Landes. Politischer Druck wird auch außerhalb des Rahmens der OAS mobilisiert.

Die Materie der Menschenrechte eignet sich gut für eine solche Sanktionierung durch Publizität. Es handelt sich meist um leicht verständliche, untechnische Sachverhalte, die das Erfahrungsbild des Durchschnittsbürgers betreffen und deshalb Reaktionen erwarten lassen [393]. Im verfeinerten Menschenrechtsschutzsystem des Europarates sind die Entscheidungen allerdings manchmal komplizierter. Die unmittelbare Evidenz von Empfehlungen bei Verletzungen fundamentaler Menschenrechte kennzeichnet besonders die Entscheidungen der Interamerikanischen Menschenrechtskommission.

III. Vorortuntersuchungen und Länderberichte

A. Allgemein

1. Vorortuntersuchungen als Mittel der Sachverhaltsfeststellung [394]

Eine zuverlässige Sachverhaltsermittlung ist im Sicherungsverfahren für die Menschenrechte von entscheidender Bedeutung. Oft genügt schon, daß der Sachverhalt zweifelsfrei aufgeklärt werden kann, um eine Frage zu lösen und den Staat zu veranlassen, sein Verhalten zu ändern. Die Menschenrechte entstammen den nationalen Rechtsordnungen. Sie sind daher vielfach präziser und konkreter als andere völkerrechtliche Normen. Deshalb kann die rechtliche Subsumtion, sofern es – wie oft im interamerikanischen System – um die Verletzung fundamentaler Menschenrechte geht, unter Umständen verhältnismäßig einfach sein. Besonders im Verfahren vor der Interamerikanischen Menschenrechtskommission liegen die Hauptprobleme auf faktischer, nicht

---

[393] Vgl. *Khol, ibid.*
[394] Zur Bedeutung der Sachverhaltsfeststellung *Khol* (Anm. 380), S. 448 ff.; zu Untersuchungen vor Ort *ibid.*, S. 463 f.

auf rechtlicher Ebene. Hier versuchen sich die Staaten viel stärker abzuschirmen als durch rechtliche Argumentation. Die Staaten stehen Tatsachenerhebungen ablehnend gegenüber, denn sie sind zugleich die Angeschuldigten und haben kein Interesse daran, sich selbst zu belasten. Der Lokalaugenschein, der mit Zeugenvernehmungen verbunden ist und ein hoheitliches Handeln auf dem Gebiet des Staates durch ein Organ, das nicht seiner Hoheit untersteht, bedeutet, beeinträchtigt die Souveränität. Fremde, nichtstaatliche Organe üben behördliche, sanktionierte, hoheitliche Tätigkeit auf dem eigenen Staatsgebiet aus. Von daher sind die Sachverhaltsfeststellungen mit besonderen Schwierigkeiten verbunden und derartige Kompetenzen internationaler Organe selten.

2. Vorortuntersuchungen der Interamerikanischen und der Europäischen Menschenrechtskommission

Untersuchungen vor Ort sind eine wichtige und charakteristische Tätigkeit der Interamerikanischen Menschenrechtskommission[395]. Sie bilden die Grundlage ihrer zahlreichen Länderberichte. Es ist bemerkenswert, in welchem Umfang der Interamerikanischen Menschenrechtskommission immer wieder der Besuch auch von Staaten, die in dem Ruf stehen, die Menschenrechte massiv zu verletzen, gestattet wird.

Die Europäische Menschenrechtskommission kann auch eine Untersuchung oder eine ihrer anderen Aufgaben anderswo durchführen[396]. Während die Interamerikanische Menschenrechtskommission aber jährlich verschiedene Mitgliedstaaten der OAS aufsucht, hat sich die Europäische Menschenrechtskommission in den 32 Jahren ihrer Existenz erst etwa zehnmal auf anderes Staatsgebiet begeben. Das hängt damit zusammen, daß die Europäische Menschenrechtskommission nur im Rahmen von Beschwerden einzelner Individuen oder Staaten tätig werden kann. Die Durchführung von Vorortuntersu-

---

[395] Zu den Untersuchungen vor Ort und Länderberichten der Interamerikanischen Menschenrechtskommission siehe *Buergenthal,* Anuario Jurídico Interamericano 1981, S. 113–117; *Norris,* Texas International Law Journal 15 (1980), S. 46–95; *Buergenthal/Norris/Shelton* (Anm. 1), Kapitel 4: Widespread Violations: The Country Report, S. 140–193, und Section IV: Reports of the Inter-American Commission on Human Rights on the Human Rights Situation of the Member Countries, in: IACHR, Ten Years of Activities 1971–1981 (1982), S. 251–311, und *Vargas Carreño,* The Experience of the Inter-American Commission on Human Rights, in: Ramcharan, International Law and Fact-Finding in the Field of Human Rights (1982), Chapt. VII: Visits on the Spot, S. 137–151. Es existieren auch zahlreiche Artikel zu Vorortuntersuchungen in einzelnen Ländern, vgl. z. B. *Shelton,* Human Rights Law Journal 2 (1981), S. 1–36, und zu dem markanten Fall der Dominikanischen Republik u. a. *Schreiber/Schreiber,* International Organization 22 (1968), S. 508–528.

[396] Art. 14 Abs. 2 VerfO; Art. 28(a) EMRK. Zu Untersuchungen vor Ort der Europäischen Menschenrechtskommission siehe *Kruger,* The Experience of the European Commission of Human Rights, in: Ramcharan, *ibid.,* S. 151–160.

Rechtliche Grundlage 95

chungen ist außerdem aufwendig. Sie erscheint deshalb oft inadäquat, wenn es um die Aufklärung von Tatsachen in bezug auf einzelne Beschwerden geht. Die Interamerikanische Menschenrechtskommission kann hingegen *sua sponte* die allgemeine Lage der Menschenrechte in bestimmten Staaten untersuchen. Dafür sind Vorortuntersuchungen eine geeignete Grundlage. Lediglich im Rahmen solcher ohnehin stattfindenden Besuche hat die Interamerikanische Menschenrechtskommission Tatsachenermittlungen vor Ort auch hinsichtlich einzelner Beschwerden vorgenommen.

Im folgenden soll auf die Untersuchungen vor Ort der Interamerikanischen Menschenrechtskommission, die sie *sua sponte* als Grundlage ihrer allgemeinen und Länderberichte vornimmt, eingegangen werden.

B. Die rechtliche Grundlage für die Vorortuntersuchungen der Interamerikanischen Menschenrechtskommission

Das ursprüngliche Statut der Kommission enthielt keine ausdrückliche Ermächtigung zur Durchführung von Untersuchungen vor Ort, und die Protokolle ergeben eindeutig, daß der Rat der OAS nicht beabsichtigte, die Kommission mit einer solchen Zuständigkeit zu betrauen[397]. Jedoch konnte die Kommission nach Art. 9 (b) und (c) ihres Statuts von 1960 Studien und Berichte erstellen und allgemeine Empfehlungen abgeben. Weiterhin konnte sie sich gemäß Art. 11 (c) des Statuts auf der Basis einer Mehrheitsentscheidung ihrer Mitglieder und mit Zustimmung des betreffenden Staates in das Territorium jedes amerikanischen Staates begeben[398]. Allerdings war Regelungsgegenstand von Art. 11 (c) des alten Statuts »Sitz und Tagungen« der Kommission. Eine restriktive Auslegung der Vorschrift unter Berücksichtigung des Normzusammenhanges würde daher lediglich die Abhaltung von Tagungen in allen Staaten der OAS ermöglichen, worunter nicht notwendigerweise die Vornahmen von Ermittlungen, Beobachtungen und unvermittelten Emp-

---

[397] Der erste Entwurf eines Statuts für die Kommission hatte allerdings eine Bestimmung enthalten, nach der die Kommission im Rahmen von Individualbeschwerden Untersuchungen vor Ort durchführen konnte. Art. 20 des Entwurfs erlaubte der Kommission auf Grund einer Mehrheitsentscheidung ihrer Mitglieder und ohne eine besondere Erlaubnis des betreffenden Staates die Einreise und Durchführung von Ermittlungen. Wie viele im Hinblick auf das traditionelle Souveränitätsprinzip weitgehende Vorschläge bezüglich der Individualbeschwerde wurde die Vorschrift aber mit Entschiedenheit von der Mehrheit der Delegierten zurückgewiesen. Siehe Informe de la Comisión Especial del Consejo Designada para Estudiar la Resolución VIII (Parte II) de la Quinta Reunión de Consulta de Ministros de Relaciones Exteriores, OEA/ c-i-433, 8, 13 (1959), wiedergegeben in: Consejo del OEA, Acta de la Sesión Ordinaria Celebrada el 29 de Octubre de 1959, OEA/c-a-348, Annexo D (1959).
[398] Vgl. Art. 9 (b) und (c) und Art. 11 (c) des Statuts der Kommission von 1960, Human Rights, Heft 9 (1982), S. 32–33.

fehlungen an den Gaststaat wegen Menschenrechtsverletzungen fallen[399]. Außerdem müßten bei der engen Auslegung alle Untersuchungen und Beobachtungen im Rahmen von ordentlichen oder außerordentlichen Sitzungen der Kommission stattfinden; Beschlußfähigkeit, das heißt die Teilnahme der absoluten Mehrheit der Mitglieder der Kommission, wäre ebenfalls erforderlich[400]. Der Interamerikanischen Menschenrechtskommission ist es aber im Sinne einer möglichst effektiven Erfüllung ihres Mandats gelungen, Art. 9 und 11 (c) ihres Statuts von 1960 zur Grundlage der Entwicklung eines Systems von Länderberichten und Vorortuntersuchungen zu machen.

Die Kommission vertrat die Auffassung, daß sich die Ermächtigung zu Vorortuntersuchungen aus der dem alten Art. 11 (c) zugrundeliegenden Idee ergäbe, »Menschenrechtsfragen unparteiisch und mit einem hohen Grad von Verantwortungsbewußtsein zu prüfen«[401].

Die Erlangung der von Art. 11 (c) zur Voraussetzung gemachten Zustimmung erfordert Geschick und eine politisch günstige Ausgangslage. Als Kuba im Jahre 1963 der Kommission die Einreise verweigerte, wich diese auf die Anhörung von Flüchtlingen in Miami aus[402]. Bei der »Vorortuntersuchung« über Kuba wurde der Rahmen des Art. 11 (c) des Statuts von 1960 eindeutig gesprengt, indem zum ersten Mal nicht die ganze Kommission beteiligt war und die Anhörungen außerhalb einer Tagung stattfanden[403]. Aber das extensive Verständnis der Norm wurde später von der OAS gebilligt. Art. 48 Abs. 1 (d) AMRK und Art. 18 (g) des Statuts von 1979 sehen Vorortuntersuchungen ausdrücklich vor. Sie können auch von Angehörigen des Sekretariats durchgeführt werden[404].

---

[399] In Chile 1974 und in Argentinien 1979 gab die Kommission den Regierungen sogar noch vor Verlassen des Landes einstweilige Empfehlungen.

[400] Siehe Art. 17 des Statuts der Kommission und *Norris,* Texas International Law Journal 15 (1980), S. 49.

[401] IACHR, Report on the Situation Regarding Human Rights in Haiti, OEA/Ser.L/V/II.8 doc. 5 (1963), S. 3.

[402] Zum Bericht über Kuba siehe IACHR, The Organization of American States and Human Rights 1960–1967 (1972), S. 39–43.

[403] Vgl. *Norris,* Texas International Law Journal 15 (1980), S. 54, nach dem absichtlich nur drei Kommissionsmitglieder, einer weniger, als die Beschlußfähigkeit voraussetzt, an der Untersuchung teilnahmen (Art. 12 Statut von 1960; Art. 17 Statut von 1979).

[404] Vgl. Art. 28 VerfO. – In Chile 1973 führten Angehörige des Sekretariats zum ersten Mal eine ganze Mission allein durch, vgl. IACHR, Report on the Status of Human Rights in Chile, OEA/Ser.L/V/II.34/doc. 21/corr. 1 (1974). Zuvor hatten Mitglieder des Sekretariats bereits in der Dominikanischen Republik, El Salvador und Honduras Dienststellen unterhalten und begrenzte Untersuchungen durchgeführt, IACHR, Report on the Activities of the Inter-American Commission on Human Rights in the Dominican Republic, June 1–August 31, 1965, OEA/Ser. L/V/II. 13/doc. 14/rev. (1965), und IACHR, Informe sobre la Situación General de los Derechos Humanos en El Salvador y Honduras, OEA/Ser.L/V/II. 23/doc. 9/rev. (1970), S. 5–9.

C. Das Erfordernis staatlicher Zustimmung
(Art. 48 Abs. 1 (d) AMRK, 18 (g), 19 (a) Statut)

Fraglich ist, ob die Kommission für die Einreise einer besonderen Einladung oder Zustimmung des Gaststaates bedarf. Gemäß Art. 48 Abs. 1 (d) hat die Kommission die Petitionen und Mitteilungen zugrundeliegender Tatsachen zu prüfen. Sie kann entscheiden, wann eine Untersuchung angebracht ist, und die Staaten um die Gewährleistung der notwendigen Erleichterungen ersuchen. Aus dem Zusammenhang der Vorschrift läßt sich entnehmen, daß die Kommission selbst beschließen kann, eine Vorortuntersuchung als Teil des Prüfungsverfahrens durchzuführen. Eine Auslegung, wonach der betroffene Staat entschiede, ob eine Untersuchung notwendig und ratsam ist, widerspräche dem Ziel und Zweck des Beschwerdeverfahrens[405]. Art. 48 Abs. 1 (d) verpflichtet sodann die Konventionsstaaten, der Kommission »alle notwendigen Erleichterungen zu verschaffen«[406].

Mit der Ratifikation der AMRK entfiel insoweit das Erfordernis staatlicher Zustimmung zur Durchführung von Untersuchungen. Die Staaten müssen der Interamerikanischen Menschenrechtskommission schon auf der Grundlage von Art. 48 Abs. 1 (d) alle Erleichterungen verschaffen, die sie als notwendig und ratsam in Anspruch nehmen mag. Art. 48 Abs. 2 AMRK stützt diese Auslegung. Danach kann die Kommission in gravierenden und dringlichen Fällen auf Grund einer Petition, die alle formalen Zulässigkeitskriterien erfüllt, mit der vorherigen Zustimmung des betreffenden Staates eine Untersuchung durchführen. Umgekehrt läßt sich schließen, daß die Kommission, wenn die Sache nicht dringlich ist, nur nach Erfüllung der verfahrensmäßigen Voraussetzungen des Art. 48 Abs. 1, dann aber ohne Zustimmung des betreffenden Staates, Untersuchungen durchführen kann. Im Dringlichkeitsfalle werden die langwierigen Verfahrensschritte gemäß Art. 48 Abs. 1 durch die Zustimmung des Staates substituiert.

Die *travaux préparatoires* bestätigen die Auslegung, wonach eine Zustimmung bei Vertragsstaaten entbehrlich ist. Der Vorschlag, die Durchführung von Untersuchungen durch die Interamerikanische Menschenrechtskommission im Territorium eines Vertragsstaates von dessen vorheriger Zustim-

---

[405] Vgl. *Norris,* Texas International Law Journal 19 (1984), S. 298.
[406] Art. 48 Abs. 1 (d): "If the record has not been closed, the Commission shall, with the knowledge of the parties, examine the matter set forth in the petition or communication in order to verify the facts. If necessary and advisable, the Commission shall carry out an investigation, for the effective conduct of which it shall request, and the states concerned shall furnish to it, all necessary facilities".
"Si el expediente no se ha archivado con el fin de comprobar los hechos, la Comisión realizará, con conocimiento de las partes, un examen del asunto planteado en la petición o comunicación. Si fuere necesario y conveniente, la Comisión realizará una investigación para cuyo eficaz cumplimiento solicitará, y los Estados interesados le proporcionarán, todas las facilidades necesarias".

mung abhängig zu machen, wurde ausdrücklich zurückgewiesen. Die Mehrheit lehnte es ab, die Pflicht der Staaten, der Kommission alle notwendigen Erleichterungen zu verschaffen, durch ein Zustimmungserfordernis abzuschwächen[407].

Art. 18 (g) Statut, nach welchem die Kommission »mit Zustimmung oder auf Einladung des betreffenden Staates« Vorortuntersuchungen durchführen kann, steht nicht entgegen. Art. 18 (g) gilt für alle Mitgliedstaaten der OAS, muß aber in Zusammenhang mit Art. 19 Statut gelesen werden. Art. 19 enthält zusätzliche Verpflichtungen für die Staaten, die die AMRK ratifiziert haben. Gemäß Art. 19 (a) behandelt die Kommission Beschwerden und andere Mitteilungen, die sich auf Konventionsstaaten beziehen, in Übereinstimmung mit den Bestimmungen der Art. 44–51 AMRK. Das Statut inkorporiert also die Befugnis der Interamerikanischen Menschenrechtskommission, Untersuchungen in Staaten, die der AMRK beigetreten sind, gem. Art. 48 Abs. 1 (d) ohne deren besondere Zustimmung durchzuführen[408]. Nur bei den übrigen Mitgliedstaaten der OAS, die der AMRK noch nicht beigetreten sind, ist die Kommission gemäß Art. 18 (g) Statut auf eine besondere Erklärung der Zustimmung oder eine Einladung angewiesen.

Die Frage des Zustimmungserfordernisses wurde bei der Erstellung des Berichts über die Lage der Menschenrechte in Guatemala von 1981 relevant[409]. Die Regierung Guatemalas hatte zu erkennen gegeben, daß nach ihrer Auffassung die Kommission keiner besonderen Einladung bedürfe, um eine Vorortuntersuchung durchzuführen. Gleichwohl hatte Guatemala, »um den Anforderungen des Statuts zu genügen, ... eine formale Einladung« ausgesprochen[410]. Gemäß Art. 48 Abs. 1 (d) AMRK bedarf die Kommission in Staaten, die wie Guatemala der Konvention beigetreten sind, keiner besonderen Einladung oder Zustimmung. Art. 18 (g) Statut gilt nicht, sondern wird durch Art. 19 (a) Statut in Verbindung mit Art. 44–51 AMRK ersetzt. Insofern war die »formale Einladung, um den Erfordernissen des Statuts zu genügen«, verfehlt.

Die guatemaltekische Regierung verlieh ihrer sog. formalen Einladung im übrigen niemals Wirksamkeit. Unter Berufung auf die gegenwärtig in

---

[407] Vgl. Human Rights, Heft 12 (1982), S. 229.

[408] Vgl. *Norris*, Texas International Law Journal 19 (1984), S. 299; anderer Auffassung wohl *Shelton*, German Yearbook of International Law 26 (1983), S. 238–268 (261). Sie stützt ihre Auffassung allerdings auf Art. 51–55 VerfO, die Staaten, die der AMRK nicht beigetreten sind, betreffen. Vgl. dagegen Art. 44 Abs. 1 VerfO.

[409] IACHR, Report on the Situation of Human Rights in the Republic of Guatemala, OEA/Ser.L/V/II. 53, doc. 21, rev. 2 (1981).

[410] Die entsprechende Mitteilung des guatemaltekischen Außenministers vom 29. 1. 1980 lautet: "... Thus, in our opinion, the honorable Commission does not need a special invitation by the Government of Guatemala to come to the country. Nevertheless, in order to fulfill statutory requirements, I beg you to take this note as a formal invitation by my government and will appreciate your kindly informing me of the dates on which your visit would occur ...", IACHR, Report, *ibid.* S. 2.

Initiative zur Durchführung

Guatemala vorherrschenden gewaltsamen Verhältnisse und eine den Kommissionsmitgliedern daraus erwachsende Gefahr weigerte sich die Regierung fortlaufend, einen Termin für den Besuch der Kommission zu vereinbaren. Eine solche Verzögerungstaktik kommt einer nicht mit Art. 48 Abs. 1 (d) AMRK zu vereinbarenden Verweigerung der Einreise gleich. Das wurde aber nicht klargestellt, da sich die Interamerikanische Menschenrechtskommission in diesem Falle überhaupt nicht ausdrücklich auf die AMRK berief. Sie verwendete nur die Formel des Art. 48 Abs. 1 (d) AMRK im Hinblick darauf, daß sie eine Untersuchung – so bald wie möglich – als notwendig und ratsam erachte, in einer ihrer vergeblichen Anfragen an die Regierung Guatemalas[411]. Daß die Kommission der »formalen« Einladung Guatemalas nicht von Anfang an entgegentrat, entspricht vermutlich dem Bestreben, die Souveränität des einladenden Staates zu schonen und dadurch seine Bereitschaft zur Kooperation zu stärken. Wenn ein Vertragsstaat aber, wie hier, seiner – entbehrlichen – Einladung die Wirksamkeit nimmt, indem er sich weigert, einen Zeitpunkt für die Untersuchung festzusetzen, ist eine deutlichere Haltung erwägenswert. Klarzustellen wäre, daß es nicht um eine fakultative Einreiseerlaubnis geht, sondern daß im Erschweren bzw. Verhindern der Einreise eine Verletzung der Konvention liegen kann.

Einwenden ließe sich noch, daß Art. 48 Abs. 1 (d) AMRK im Falle des Berichts über die Lage der Menschenrechte in Guatemala gar nicht anwendbar gewesen sei. Denn Art. 48 Abs. 1 (d) betrifft das Individualbeschwerdeverfahren, während Länderberichte Reaktionen auf weit verbreitete Menschenrechtsverletzungen sind. Den Länderberichten der Kommission liegt jedoch regelmäßig eine Vielzahl von Individualbeschwerden zu Grunde, die den Anlaß bilden, die Lage der Menschenrechte gerade in diesem Land zu untersuchen. Vorortuntersuchungen finden in der Praxis der Kommission grundsätzlich im Rahmen einer allgemeinen Untersuchung statt, die in einen Länderbericht mündet.

D. Die Durchführung von Vorortuntersuchungen

1. Die Entscheidung, eine Untersuchung durchzuführen[412]

a) Initiative der Kommission

Regelmäßig geht die Initiative zur Durchführung einer Vorortuntersuchung von der Kommission selbst aus, die den betreffenden Staat um Zustimmung ersucht. Dabei sind die folgenden Faktoren von Bedeutung: 1. die Anzahl der Beschwerden über das betreffende Land vor der Kommission; 2. der Ernst

---

[411] IACHR, Report, *ibid.*, S. 5.
[412] Die folgenden Ausführungen stützen sich auf *Norris,* Texas International Law Journal 15 (1980), S. 78–80.

und die Dringlichkeit der Situation; 3. allgemein bekannte, schwerwiegende Menschenrechtsverletzungen oder Menschenrechtsverletzungen in großem Maßstab; 4. die Auskunftsbereitschaft der betreffenden Regierung; 5. Anzeichen für Abhilfemaßnahmen; 6. Durchführbarkeit einer Untersuchung im rechten Augenblick; 7. der Wunsch, einen Präzedenzfall zu setzen; 8. politische Faktoren und 9. institutionelle Erwägungen. Die Kommission reagiert besonders auf Verletzung der fundamentalen Menschenrechte, insbesondere der Rechte auf Leben, persönliche Sicherheit und Unverletzbarkeit der Person. Es macht keinen Unterschied, ob Verletzungen bereits stattgefunden haben oder unmittelbar bevorstehen. Die Kommission handelt auch in Abwesenheit formaler Beschwerden, wenn es um allgemein bekannte, schwere Menschenrechtsverletzungen geht. Trotz des Vorliegens solcher Menschenrechtsverletzungen verschiebt die Kommission unter Umständen eine Vorortuntersuchung, wenn die Regierung für ihre Kooperationsbereitschaft mit der Kommission und die Befolgung von Empfehlungen bekannt ist. Politische Umstände wie ein Regierungswechsel[413] oder Bürgerkrieg können einen Besuch unangebracht erscheinen lassen, ebenso interne institutionelle Erwägungen oder die Existenz anderweitiger dringenderer Pflichten.

Die Entscheidung, um die Zustimmung des betreffenden Staates zu ersuchen, wird regelmäßig gleichzeitig mit der Entscheidung, das Sekretariat mit der Erstellung eines Berichts zu befassen, getroffen. Dem Staat wird Gelegenheit gegeben, dem Ersuchen der Kommission durch eine Einladung zuvorzukommen[414]. Verweigert die Regierung der Kommission die Einreise, hindert

---

[413] In der Dominikanischen Republik 1965–1966 verlor die Interamerikanische Menschenrechtskommission mit der Errichtung einer Interimsregierung zeitweilig die rechtliche Basis für ihren Aufenthalt. Jedoch war die fortwährende Anwesenheit der Interamerikanischen Menschenrechtskommission in dem Gesetz über die Einsetzung der Interimsregierung vorgesehen. Auf der Grundlage dieses Gesetzes lud die neue Regierung die Kommission zur Fortsetzung ihrer Tätigkeit in der Dominikanischen Republik ein und versprach volle Kooperation. Das genannte Gesetz befindet sich in IACHR, The Inter-American Commission on Human Rights in the Dominican Republic, September 1, 1965–July 6, 1966, OEA/Ser.L/V/II.14/doc. 13 (1966), S. 12–13. Die Einladung der Regierung ist abgedruckt in IACHR, Report of the Inter-American Commission on Human Rights on its Activities in the Dominican Republic, September 1, 1965–July 6, 1966, OEA/Ser.L/V/II.15/doc. 6/rev. (1966), S. 2–4.

[414] Dieser Ansatz wurde 1976/1977 gegenüber Paraguay und Uruguay gewählt, indem die Absicht der Kommission, um Zustimmung zu ersuchen, den Repräsentanten der Länder zunächst vertraulich übermittelt wurde. In diesem ersten Fall erwies sich das Verfahren allerdings als erfolglos. Weder folgte eine Einladung, noch stimmte auch nur eines der beiden Länder auf ein späteres Ersuchen der Kommission hin einer Vorortuntersuchung zu. Siehe IACHR, Report on the Situation of Human Rights in Paraguay, OEA/Ser.L/V/II.43/doc. 13/corr. (1978), S. 3, und IACHR, Report on the Situation of Human Rights in Uruguay, OEA/Ser.L/V/II.43/doc. 19/corr. 1 (1978), S. 1–2. In neuester Zeit hatte dagegen schon die Bekundung ernsthafter Beunruhigung über die Lage der Menschenrechte in Surinam durch den Sekretär der Kommission gegenüber dem Ständigen Vertreter von Surinam bei der OAS eine

Initiative zur Durchführung

das nicht die Anfertigung und Veröffentlichung eines Berichts. Hier besteht eine Sanktionsmöglichkeit der Kommission, die in einer Nachricht für die Presse freigeben kann, warum und unter welchen Umständen sie von der Vorortuntersuchung Abstand genommen hat. Sie kann den Schriftwechsel mit der Regierung veröffentlichen. Sie kann auch den Ständigen Rat oder die Generalversammlung in Kenntnis setzen, die dann sowohl die Kooperationsunwilligkeit des betreffenden Staates als auch die Lage der Menschenrechte diskutieren können. In den Augen der Öfffentlichkeit kommt die Verweigerung der Einreise gegenüber einer unparteiischen Ermittlungskommission dem Zugeständnis ernsthafter Probleme gleich, die der Regierung peinlich werden könnten.

b) Initiative des betreffenden Staates

Eine Vorortuntersuchung kann auch auf Einladung der in Frage stehenden Regierung stattfinden[415]. Eine solche Einladung erging zum ersten Mal 1962 von der Dominikanischen Republik an die Interamerikanische Menschenrechtskommission, ohne daß die Kommission zuvor bei der Regierung wegen einer Zustimmung vorgefühlt hatte. Der Außenminister forderte die Interamerikanische Menschenrechtskommission mündlich auf, »den Fortschritt, der im Bereich der Menschenrechte gemacht worden« sei, festzustellen[416]. Aus technischen Gründen kam der Besuch aber nicht zustande[417]. Die Vorortuntersuchung in Panama im Jahre 1977 hingegen wurde auf Einladung der Regierung auch tatsächlich durchgeführt[418]. Hier sind die politischen Begleitumstände interessant. Die Rückgabe der Panamakanal-Zone durch die Vereinigten Staaten wurde teilweise mit dem gängigen Argument bekämpft, daß sie die Menschenrechte dort ansässiger US-amerikanischer Staatsbürger gefährde. Die Rückgabe des Kanals helfe einem Regime, das die Menschenrechte schwerwiegend mißachte, an der Macht zu bleiben. Die Regierung Panamas nahm den Vertretern dieses Arguments geschickt den Wind aus den Segeln, indem sie die Interamerikanische Menschenrechtskom-

---

Einladung am nächsten Tag zur Folge. Siehe IACHR, Report on the Situation of Human Rights in Suriname, OEA/Ser.L/V/II.61, doc. 6, rev. 1 (1983), S. 1–4.

[415] Das hat sich in der Praxis so entwickelt. Das ursprüngliche Statut erwähnte nur die Zustimmung des betreffenden Staates (Art. 11 (c) Statut von 1960); nach Art. 18 (g) des Statuts von 1979 führt die Interamerikanische Menschenrechtskommission Vorortuntersuchungen »mit Zustimmung oder auf Einladung« des betreffenden Staates durch, Human Rights, Heft 9 (1982), S. 6 und 33.

[416] OEA/Ser.L/V/II.5/doc. 25 (1962), S. 6.

[417] Vgl. IACHR, Report on the Work Accomplished during its First Special Session, January 3–23, 1963, OEA/Ser.L/V/II.6/doc. 18 (1963), S. 11.

[418] Siehe IACHR, Report on the Situation of Human Rights in Panama, OEA/Ser.L/V/II.44, doc. 38, rev. 1 (1978), S. 1–3, und dazu *Norris*, Texas International Law Journal 15 (1980), S. 71–73, der in Anm. 95 auch den wesentlichen Teil der Einladung General Torrijos wiedergibt.

mission zu einer Untersuchung der Stichhaltigkeit der Vorwürfe einlud[419]. Wegen der schwerfälligen Arbeitsweise der Kommission hatte der Besuch aber schließlich keine Auswirkungen mehr auf die Debatte über die Rückgabe des Kanals[420]. Besuche im selben Jahr (1978) in El Salvador und Haiti fanden ebenfalls auf Einladung der betreffenden Staaten statt[421]. In letzter Zeit mehren sich die Vorortuntersuchungen auf Einladung der betreffenden Staaten[422].

c) Initiative anderer Staaten[423]

Besondere Probleme tauchen auf, wenn ein Mitgliedstaat der OAS der Kommission nahelegt, die Lage der Menschenrechte in einem anderen Mitgliedstaat zu untersuchen. Bei der Abfassung des Statuts der Kommission 1960 wurde die Einführung der Staatenbeschwerde vom Rat der Organisation entschieden abgelehnt[424]. Der Kommission ging aber trotzdem schon im Jahre 1961 eine erste Mitteilung Venezuelas zu, in der über die große Zahl von Asylanten in der venezolanischen Botschaft in Havanna, Kuba, berichtet wurde. Die Kommission übermittelte Kuba die Nachricht Venezuelas. Bei einer anderen Mitteilung Venezuelas über Exekutionskommandos in Kuba bestätigte die Interamerikanische Menschenrechtskommission den Empfang[425].

---

[419] General Torrijo erklärte in seiner Einladung, »daß die Rolle der Kommission nicht nur die Ermittlung von Menschenrechtsverletzungen, sondern auch die Widerlegung unbegründeter Beschuldigungen sein« solle, siehe Panama Report, *ibid.*, S. 1, und *Norris,* Texas International Law Journal 15 (1980), S. 71 ff. Anm. 95.

[420] Der Bericht der Kommission erschien erst zu einem Zeitpunkt, zu dem er im Rahmen der Vertragsdebatten nicht mehr von Interesse war. Im übrigen wurden mehr Menschenrechtsverletzungen festgestellt als erwartet.

[421] IACHR, Report on the Situation of Human Rights in Haiti, OEA/Ser.L/V/II.46, doc. 66, rev. 1 (1979), S. 1.

[422] Z. B. IACHR, Report on the Situation of Human Rights in the Republic of Columbia, OEA/Ser.L/V/II.53, doc. 22 (1981), S. 1–2. Im Jahre 1979 war schon Amnesty International auf Einladung des Präsidenten in Kolumbien gewesen. IACHR, Report on the Situation of Human Rights in the Republic of Nicaragua. OEA/Ser.L/V/II.53, doc. 25 (1981), S. 11. Nicaragua hatte die Kommission gleich dreimal zu diesem Besuch aufgefordert, vgl. *ibid.* Weiterhin Informe sobre la Situatión de los Derechos Humanos en Guatemala, OEA/Ser.L/V/II.61, doc. 47 (1983), S. 8 ff. Die Einladung Guatemalas wurde am 29. 3. 1983, sechs Tage nach dem Sturz von Ríos Montt, ausgesprochen. Sie war geeignet, der neuen Regierung eine gewisse Legitimation zu verleihen, da Rios Montt einem seit 1973 beabsichtigten Besuch der Kommission mit einer Verschleppungstaktik entgegengetreten war, die der Verweigerung gleichkam, siehe unten S. 104 f.

[423] Zu dieser Problematik vgl. *Norris,* Texas International Law Journal 15 (1980), S. 76–78.

[424] Zur Ausarbeitung des Statuts siehe oben S. 18 ff. Zwar wurde die Verankerung der Individualbeschwerde im Statut, wenn auch weniger entschieden, ebenfalls abgelehnt. Die »Zurkenntnisnahme« von Individualbeschwerden ergab sich aber sehr bald als ständige und allgemein anerkannte Praxis der Kommission.

[425] OEA/Ser.L/V/II.3/doc. 12 (1961), S. 8.

Initiative zur Durchführung

Von Anfang an wurden Anfragen der Staaten also mindestens zur Kenntnis genommen. Diese Praxis wurde durch Res. XXII der zweiten Sonderkonferenz der amerikanischen Staaten, "Expanded Functions of the Inter-American Commission on Human Rights" aus dem Jahre 1965, bestätigt[426]. Abs. 3 der Resolution ermächtigt die Kommission, »ihr unterbreitete Mitteilungen und jegliche andere verfügbare Information zu untersuchen«. Dieser Teil der Resolution wurde später als Art. 9*bis* in das Statut der Kommission inkorporiert. Weder die Resolution noch das Statut beschränken die »Mitteilungen« auf solche von Individuen. Das wäre auch atypisch für völkerrechtliche Beziehungen. Anderseits priviligiert das interamerikanische System zum Schutz der Menschenrechte gerade und in atypischer Weise die Individualgegenüber der Staatenbeschwerde[427]. Jedenfalls lassen sich Mitteilungen von Staaten auch ohne weiteres unter den Begriff »jegliche andere verfügbare Information« subsumieren[428]. Der Kommission erscheint es aber ratsam, im Zweifel nicht auf Vorschlag anderer Staaten um Zustimmung zu Vorortuntersuchungen zu ersuchen. Das liegt im Sinne der Vermeidung politisch motivierter Beschwerden und der Wahrung des Ansehens der Interamerikanischen Menschenrechtskommission als einer unparteiischen Institution[429]. Ähnliches gilt im Hinblick auf Initiativen der Hauptorgane der OAS. Nur den Bericht über die Lage der Menschenrechte in Bolivien erstellte die Kommission bislang auf die Initiative von Hauptorganen. Der Ständige Rat der Organisation hatte zunächst in einer Resolution über die Solidarität mit dem bolivianischen Volk den Militärputsch in Bolivien von 1980 als Hindernis für den Prozeß der Demokratisierung bedauert und gefordert, daß die Interamerikanische Menschenrechtskommission die Lage der Menschenrechte in Bolivien zum frühest möglichen Zeitpunkt untersuche. Die Generalversammlung schloß sich dieser Resolution an und wiederholte die Aufforderung an die Kommission, einen Bericht über die Lage der Menschenrechte in Bolivien schnellstmöglich zu verfassen. Anders als die Menschenrechtskommission der Vereinten Nationen, Vertreter der Internationalen Arbeitsorganisation und von Amnesty International erhielt die Interamerikanische Menschenrechtskommission in diesem Fall nicht die Zustimmung Boliviens zu einer Vorortuntersuchung, und der Bericht wurde ohne eine solche erstellt[430].

---

[426] OAS, Second Special Inter-American Conference, Rio de Janeiro, November 17–30, 1965, Final Act, OEA/Ser. C I. 13/Final Act (1965). Die Resolution ist wiedergegeben in Human Rights, Heft 6 (1982), S. 163–165.
[427] Vgl. Art. 44 und 45 AMRK.
[428] Vgl. *Norris,* Texas International Law Journal 15 (1980), S. 77.
[429] *Norris, ibid.* S. 78. Auf das Drängen Venezuelas nach einer Vorortuntersuchung als Reaktion auf die gewaltsamen Ereignisse in Nicaragua 1978 ging die Kommission z. B. gar nicht weiter ein.
[430] Vgl. IACHR, Report on the Situation of Human Rights in the Republic of Bolivia, OEA/Ser.L/V/II.53, doc. 6 (1981), S. 1 und 6–8, wo auch die Resolutionen des Ständigen Rates und der Generalversammlung abgedruckt sind.

Der Besuch der Kommission in der Dominikanischen Republik 1965/66 ging auch auf die Initiative des Generalsekretärs der Organisation zurück. Bei der Beurteilung von Initiativen der Hauptorgane der OAS ist zu berücksichtigen, daß die Kommission die Aufgabe hat, die Organisation in Angelegenheiten der Menschenrechte zu beraten [431].

2. Vorbereitung der Untersuchung [432]

Ist die Zustimmung zu einer Vorortuntersuchung erlangt oder eine Einladung angenommen worden, so beginnen die Verhandlungen zwischen der Kommission und dem Gaststaat über ihren zeitlichen Rahmen, ihren Zweck und ihren Gegenstand. Regelmäßig verhandeln der ständige Vertreter des Staates bei der OAS und der Exekutivsekretär oder Präsident der Kommission.

a) Festlegung eines zeitlichen Rahmens

Die Festlegung eines zeitlichen Rahmens für die Untersuchung kann für sie eine weitere Hürde bilden. Es kommt nämlich vor, daß die Regierungen Einladungen, die sie zwecks Vermeidung schlechter Publizität aussprechen, durch eine Verzögerungstaktik die Wirksamkeit nehmen. Unter solchen Umständen kam der erste Bericht über Guatemala zustande [433]. Die Kommission hatte die Regierung dieses Staates von 1973 an wiederholt um Zustimmung zu einer Vorortuntersuchung angegangen und schließlich 1979 die Abfassung des Berichts unter Verzicht auf den Besuch in Aussicht gestellt. Daraufhin lud Guatemala die Interamerikanische Menschenrechtskommission im Jahre 1980 ein [434]. Als es jedoch um die Festsetzung eines Datums ging, wich die Regierung auf eine Verzögerungstaktik aus und schützte Besorgnis um die persönliche Sicherheit der Kommissionsmitglieder vor. Der Bericht wurde schließlich *in situ* und unter Veröffentlichung der Korrespondenz mit der Regierung erstellt. Manchmal wird aber auch gleich am Anfang der zeitliche Rahmen einer Untersuchung abgesteckt.

Die Besuche dauern meistens neun bis elf Tage. Der Aufenthalt der Kommission in der Dominikanischen Republik von Juni 1965 bis Juli 1966 und die länger als drei Monate dauernden Besuche in El Salvador und Hon-

---

[431] Art. 112 OAS-Charta und Art. 1 Abs. 1 des Statuts der Interamerikanischen Menschenrechtskommission von 1979. Vgl. auch *Norris*, Texas International Law Journal 15 (1980), S. 56 und S. 78 mit Nachweisen.

[432] Zum folgenden *Norris*, *ibid.*, S. 80–82.

[433] Vgl. IACHR, Report on the Situation of Human Rights in the Republic of Guatemala, OEA/Ser.L/V/II.53, doc. 21, rev. 2 (1981), S. 1–7.

[434] Zur Lage einer Regierung, die sich anschickt, der Interamerikanischen Menschenrechtskommission die Einreise zu verweigern, siehe oben S. 100 f.

duras im Jahre 1969 sind ebenso Ausnahmen wie der nur viertägige Aufenthalt in Surinam im Juni 1983 [435].

Für die Umschreibung des Zwecks von Untersuchungen ist eine Vielzahl von Formeln geläufig, die eine Ermittlungstätigkeit implizieren. Es geht darum, »die vorherrrschende Lage der Menschenrechte zu untersuchen«, sie »zu beobachten und zu ermitteln«, »den Fortschritt auf dem Gebiet der Menschenrechte festzustellen«, »unbegründete Anschuldigungen zu widerlegen«, u.a.m. [436].

b) Gegenstand der Untersuchung

Gelegentlich haben die Regierungen versucht, die Untersuchungen gegenständlich zu begrenzen. So sollte sich die Kommission bei ihrer ersten Vorortuntersuchung überhaupt, 1961 in der Dominikanischen Republik, nur mit Menschenrechtsverletzungen nach dem Verschwinden Trujillos und nach der Gewinnung der Kontrolle über das Land durch die neue Regierung befassen [437]. Es wird argumentiert, daß Akte der vorherigen Regierung dem gegenwärtigen Regime nicht zurechenbar seien. Das ist inkonsequent, denn jede Regierung hat die Pflicht, die für die früheren Menschenrechtsverletzungen Verantwortlichen zu ermitteln und zu bestrafen und in die geänderte politische Situation hineinreichenden Mißständen abzuhelfen. Eine zeitliche Beschränkung des Untersuchungsgegenstandes wird denn auch regelmäßig von Umsturzregierungen angestrebt, in denen Mitglieder der gestürzten Regierung weiterhin Einfluß ausüben [438].

Die Interamerikanische Menschenrechtskommission kam 1961 der Dominikanischen Republik bezüglich der zeitlichen Beschränkung des Untersu-

---

[435] Die Kommission hatte aus organisatorischen Gründen zwischen einem relativ kurzen Besuch in Surinam und einer Verschiebung zu wählen. Wegen der Dringlichkeit der Lage und weil praktisch alle Menschenrechtsverletzungen anscheinend am gleichen Orte, in der Hauptstadt Paramaribo, stattfanden, entschied sich die Kommission für die erste Option. Siehe IACHR, Report on the Situation of Human Rights in Suriname, OEA/Ser.L/V/II.61, doc. 6, rev. 1 (1983), S. 4.

[436] Surinam-Report, *ibid.,* S. 3; IACHR, Report on the Situation of Human Rights in El Salvador, OEA/Ser.L/V/II.46, doc. 23, rev. 1 (1978), S. 3; IACHR, Report on the Situation of Human Rights in Haiti, OEA/Ser.L/V/II.46, doc. 66, rev. 1 (1979), S. 1; IACHR, Informe sobre la Situación de los Derechos Humanos en Panama, OEA/Ser.L/V/II.44, doc. 38, rev. 1 (1978), S. 1 (Übersetzung von der Verf.).

[437] Die Regierung Balaguer stimmte dem Besuch unter der Bedingung zu, daß sich die Mission auf Ereignisse nach dem 1. 7. 1961 beschränke, an welchem Datum der Präsident Kontrolle über die schlimmen Zustände in der Folge des tragischen Verschwindens von General Rafael Leonidas Trujillo Molina erlangt habe, IACHR, Report on the Situation Regarding Human Rights in the Dominican Republic, OEA/Ser.L/V/II.4, doc. 32 (1962), S. 5.

[438] So auch *Norris,* Texas International Law Journal 15 (1980), S. 81.

chungsgegenstandes bis zu einem gewissen Grade entgegen[439]. Es sollte nicht durch Rigidität die Chance versäumt werden, einen Präzedenzfall für Vorortuntersuchungen auf der Grundlage von Art. 11 (c) des alten Statuts zu setzen. Einen Vorschlag Panamas aus neuerer Zeit, die Untersuchungen auf Menschenrechtsverletzungen innerhalb einer gewissen Zeitspanne zu begrenzen, wies die Kommission ohne weiteres zurück. Im zweiten Bericht über Guatemala legte die Kommission selbst den Schwerpunkt auf die Zeit nach dem Sturz Ríos Montts[440]. Der Schriftwechsel mit Guatemala weist jedenfalls nicht auf ein solches Limit hin. Den Untersuchungsgegenstand auf andere Weise zu begrenzen, auf die »gerichtlich-rechtliche Lage« ("juridical-legal situation"), versuchte Argentien im Jahre 1978. Der unklare Terminus »gerichtlich-rechtliche Lage« wurde auf nähere Anfragen der Kommission fallengelassen[441].

Abschließend ist festzuhalten, daß eine Beschränkung des Untersuchungsgegenstandes oder andere Sondervereinbarungen mit einzelnen Regierungen grundsätzlich zu vermeiden sind. Sie gefährden die Unabhängigkeit und die Unparteilichkeit der Kommission. Zur Gewährleistung der Gleichbehandlung aller Staaten hat die Kommission 1977 eine Resolution über Vorortuntersuchungen verabschiedet[442]. Die Grundsätze dieser Resolution wurden mit einigen Zusätzen Bestandteil der Verahrensordnung der Kommission von 1980[443].

c) Bildung einer Sonderkommission[444]

Vorortuntersuchungen werden von eigens zu diesem Zweck ernannten Sonderkommissionen durchgeführt. Dazu werden – in der Praxis mindestens drei

---

[439] Die Kommission akzeptierte die zeitliche Begrenzung, gab aber zu verstehen, daß sie alle Beschwerden, die irgendeinen Bezug zur Gegenwart aufwiesen, hören könne. Auch könne sie sich mit der Trujillo-Ära auf anderer Grundlage als der von Beschwerden befassen. Nach den Schlußfolgerungen der Kommission fallen die schlimmsten Menschenrechtsverletzungen unter das Trujillo-Regime, wobei aber ernstliche Menschenrechtsverletzungen weiter andauern. Siehe Report on the Situation Regarding Human Rights in the Dominican Republic (Anm. 437) und *Norris, ibid.*

[440] Vgl. IACHR, Informe sobre la Situación de los Derechos Humanos en Guatemala, OEA/Ser.L/V/II.61, doc. 47 (1983), S. 1 ff.

[441] Vgl. *Norris*, Texas International Law Journal 15 (1980), S. 82 mit Nachweisen.

[442] Der spanische Originaltext der Resolution befindet sich in IACHR, Informe sobre la Situación de los Derechos Humanos en Panama, OEA/Ser.L/V/II.44, doc. 38, rev. 1 (1978), S. 2–3. Sie ist in englischer Sprache wiedergegeben bei *Norris ibid.*, S. 72 Anm. 96.

[443] Vgl. Art. 51 ff. (Teil II, Kapitel IV) VerfO der Interamerikanischen Menschenrechtskommission von 1980 in Human Rights, Heft 9 (1982), S. 51–53, die Art. 55 ff. der VerfO von 1985 entsprechen.

[444] Zum folgenden *ibid.*

– Mitglieder der Kommission ernannt und einer davon als Präsident. Staatsangehörige sowie Mitglieder, die ihren ständigen Wohnsitz im Gastland haben, sind disqualifiziert. Die Sonderkommission beruft nach Anhörung des Exekutivsekretärs[445] Mitglieder des Sekretariats und andere Personen auf der Grundlage von Sprachkenntnissen, Nationalität und fachlichen und persönlichen Qualifikationen zur Begleitung[446]. Zusätzlich können entweder der Exekutivsekretär oder der stellvertretende Exekutivsekretär an dem Besuch teilnehmen.

3. Vor Ort

a) Tätigkeit

Nach Ankunft im Gastland versammeln sich die Mitglieder der Kommission zu einem Organisationstreffen, auf dem der endgültige Arbeitsplan festgelegt wird. Sie geben sodann in einer Pressemitteilung ihre Namen und den Zweck des Besuches bekannt[447]. Der Arbeitsplan erscheint als Teil der Mitteilung, und die Öffentlichkeit wird informiert, daß Beschwerden wegen Menschenrechtsverletzungen bei der Geschäftsstelle der Kommission eingereicht werden können[448].

Charakteristische Tätigkeiten der Sonderkommission umfassen: das Aufsuchen von Regierungsbeamten, die Entgegennahme von Beschwerden, Unterredungen mit Repräsentanten der Verbände, politischer Parteien, der Kirche und anderer wichtiger gesellschaftlicher Gruppen und die Besichtigung

---

[445] Früher berief der Exekutivsekretär die zusätzlichen Mitglieder der Sonderkommission. Daß gemäß Art. 57 VerfO die Sonderkommission nun selbst hauptverantwortlich ist, dient der Unabhängigkeit der Kommission.

[446] Man vermied von jeher die Entsendung von Staatsangehörigen oder Ansässigen des Gastlandes als Belegschaft. Das ist ein erfreulicher Unterschied zur Praxis bei den Kommissionsmitgliedern, bei denen man vor Einführung von Art. 52 VerfO von 1980 die Möglichkeit nationaler Befangenheit nicht immer hinreichend in Rechnung stellte (Teilnahme des chilenischen Mitglieds an der Vorortuntersuchung 1974 in Chile). Die Teilnahme von Angehörigen der Vereinigten Staaten wird in der Annahme, diese seien in Lateinamerika ungern gesehen, niedrig gehalten. Das Merkmal fachlich qualifiziert träfe z. B. auf internationale Juristen mit Kenntnissen im Menschenrechts- oder Grundrechtsbereich zu oder auf jemanden mit besonderen Erfahrungen im Hinblick auf das betreffende Land.

[447] Als Beispiel einer solchen Pressemitteilung siehe die erste Mitteilung an die Presse nach der Ankunft in El Salvador im Januar 1978 in IACHR, Report on the Situation of Human Rights in El Salvador, OEA/Ser.L/V/II.46, doc. 23, rev. 1 (1978), S. 16–17 Anm. 2. Die Pressemitteilungen werden regelmäßig in den Länderberichten als Anmerkungen wiedergegeben. Siehe auch IACHR, Report on the Situation of Human Rights in Argentina, OEA/Ser.L/V/II.49, doc. 19, corr. 1 (1980), S. 1–2 Anm. 2.

[448] Die Kommission teilt die genaue Adresse des Hotels und die Nummer des Zimmers mit, in dem sie ihr Büro einrichtet. Der Gaststaat kommt zuvor mit einem geeigneten Hotel überein (vgl. Art. 59 (h) VerfO).

von Orten, wo vermutlich Menschenrechtsverletzungen stattgefunden haben. Dabei ist von überragender Bedeutung, daß die oben dargelegten Vorrechte und Immunitäten der Kommissionsmitglieder streng beachtet werden und die Bevölkerung frei von persönlicher Furcht mitarbeiten kann[449]. Von offiziellen Einladungen im gesellschaftlichen Rahmen nimmt die Kommission meist Abstand. Ein Gesichtspunkt mag sein, daß derartige Anlässe auf hoher Ebene die Kommissionsmitglieder in den Augen potentieller Beschwerdeführer in dasselbe Licht wie die Regierung rücken können[450].

Oft teilt sich die Sonderkommission in Untergruppen auf, um verschiedene Städte und Örtlichkeiten zu besichtigen. Bei der Besichtigung von Gefängnissen oder Internierungslagern werden der körperliche Zustand der Gefangenen und der Zustand der sanitären und medizinischen Anlagen in Augenschein genommen[451]. Spuren von Folter und körperlicher Mißhandlung werden vermerkt. Die Mitglieder der Sonderkommission machen sich dabei Notizen, photographieren und benutzen Tonbandgeräte. Besonderes Interesse gilt der Behandlung politischer Gefangener oder jener, bei denen die Vermutung besteht, daß sie ohne ein faires Verfahren festgehalten werden. Auch Überfüllung der Haftanstalten sowie jede Neigung, Jugendliche, geistig Behinderte oder wegen eines Vergehens Verurteilte zusammen mit Schwerkriminellen in einer Zelle unterzubringen, gilt besonderes Augenmerk. Im Verlauf der Inspektionen und Besichtigungen verteilen die Mitglieder der Sonderkommission Formulare für die Einreichung von Beschwerden[452]. Sie pflegen auch regelmäßig Kontakt mit anderen Menschenrechtsgruppen.

Nach Abschluß der Vorortuntersuchung gibt die Sonderkommission in einer Pressemitteilung ihren Aufbruch bekannt und faßt ihre Tätigkeiten zusammen[453]. Erscheinen die Menschenrechte besonders bedroht und besteht

---

[449] Siehe oben S. 38 und Art. 58, 59 VerfO der Kommission. Von besonderer Bedeutung ist das Recht der vertraulichen Unterredung mit allen Mitgliedern der Bevölkerung und mit Internierten und Gefangenen (Art. 59 (a) und (d)). Es ist auch besonders gefährdet. Oft werden die Mitglieder der Kommission beschattet, und das heimliche Anbringen von Abhörvorrichtungen ist zur Alltäglichkeit geworden. Daß der Gaststaat die Unterkunft arrangiert, hat in diesem Zusammenhang nicht nur Vorteile.

[450] Die Regierung von El Salvador bemühte sich bei der Vorortuntersuchung 1978, der Bevölkerung durch die Medien ein Bild der Brüderlichkeit mit dem Präsidenten der Sonderkommission zu vermitteln. Gleichzeitig mobilisierte sie die Familien von Soldaten und Polizisten, Beschwerden wegen Menschenrechtsverletzungen durch regierungsfeindliche Gruppen einzureichen. Auf der anderen Seite erwies sich ein Arbeitsfrühstück mit General Torrijo 1977 in Panama als sehr nützlich.

[451] Die Kommission entdeckt unter Umständen geheime Zellen, siehe IACHR, Report on the Situation of Human Rights in El Salvador, OEA/Ser.L/V/II.46, doc. 23, rev. 1 (1980), S. 20. In Argentinien wurden verborgen gehaltene Gefangene durch einen lauten Kontrollruf »Ist hier noch jemand?« nach Abschluß eines Inspektionsganges von Mitgliedern der Sonderkommission ermittelt.

[452] Ein Muster eines solchen Beschwerdeformulars ist abgedruckt bei *Buergenthal/Norris/Shelton* (Anm. 1), S. 333 f.

[453] Solche abschließenden Pressemitteilungen sind ebenso wie die Mitteilungen über die Ankunft in den Länderberichten der Kommission als Anmerkungen wieder-

die begründete Furcht vor Repressionsmaßnahmen gegen diejenigen, die mit der Kommission zusammengearbeitet haben, so kann diese einen Juristen aus dem Sekretariat zur weiteren Beobachtung der Lage zurücklassen.

b) Empfehlungen

Gemäß Art. 18 (b) ihres Statuts von 1979 kann die Kommission den Regierungen auch während der Untersuchungen vor Ort sachdienliche Empfehlungen im Hinblick auf die Achtung der Menschenrechte geben. Sie ist damit aber in letzter Zeit sehr zurückhaltend und behält sich in ihren abschließenden Pressemitteilungen Kommentare über die Lage der Menschenrechte regelmäßig für ihren in Washington zu erstellenden Bericht vor[454]. Dadurch begibt sich die Kommission einer Chance. Sie könnte bei frühzeitigen Empfehlungen Informationen innerhalb eines bestimmten Zeitraumes über daraufhin ergriffene Abhilfemaßnahmen erbitten. Auf diese Art könnten die Mitglieder der Sonderkommission unter Umständen wertvolle Hinweise über die Wirkung ihrer Anwesenheit und den guten Willen des Gastgeberstaates gewinnen[455]. Empfehlungen *in loco* erscheinen auch sinnvoll, um der verminderten Wirksamkeit verspätet erscheinender Länderberichte entgegenzuwirken[456].

E. Die Länderberichte

Länderberichte werden auf der Grundlage von Art. 18 (d) des Statuts und Art. 62 der Verfahrensordnung der Kommission erstellt. Wie bereits erwähnt, fällt die Entscheidung, über ein bestimmtes Land zu berichten, meist vor der offiziellen Beantragung der Zustimmung zu einem Besuch. Vorortuntersuchungen bieten der Kommission gute Möglichkeiten, Informationen

---

gegeben. Vgl. z. B. IACHR, Report on the Situation of Human Rights in El Salvador, OEA/Ser.L/V/II.46, doc. 23, rev. 1 (1978), S. 29–30 Anm. 7, und Informe sobre la Situación de los Derechos Humanos en Guatemala, OEA/Ser.L/V/II.61, doc. 47 (1983), S. 18 ff. Anm. 6.

[454] Vgl. z. B. den El Salvador-Report und Informe sobre Guatemala, *ibid.* Bei ihren Besuchen 1961 und 1965/66 in der Dominikanischen Republik und 1969 in Honduras und El Salvador hingegen hatte die Interamerikanische Menschenrechtskommission von ihrer Zuständigkeit, Empfehlungen vor Ort abzugeben, Gebrauch gemacht.

[455] So *Norris,* Texas International Law Journal 15 (1980), S. 86. *Buergenthal,* Anuario Jurídico Interamericano 1981, S. 115, streicht die heilsame Wirkung der bloßen Anwesenheit der Interamerikanischen Menschenrechtskommission in verschiedenen Ländern heraus.

[456] Die Herausgabe des Berichts über Haiti verzögerte sich z. B. über ein Jahr (August 1978 bis März 1980).

zu sammeln und sich ein Bild von der Lage der Menschenrechte zu machen; aber unter Umständen werden Länderberichte auch ohne sie erstellt[457].

Zunächst wird der Entwurf eines Berichtes erarbeitet. Beruht er auf einer Untersuchung vor Ort, liegt die Hauptverantwortung im allgemeinen bei dem Juristen, der die Geschäftsstelle der Kommission gehütet und Beschwerden entgegengenommen hat[458]. Die anderen Mitglieder der Sonderkommission helfen bei der Vorbereitung des Entwurfs.

1. Struktur

Die Berichte haben eine bestimmte Struktur. Am Anfang werden die Umstände, unter denen ein Bericht zustande gekommen ist, dargelegt. Hier erscheinen Einladungen der Regierungen zu einem Besuch des Landes oder auch Schriftwechsel mit der Kommission, aus denen die Verweigerung einer erbetenen Zustimmung hervorgeht. Dann werden die Aktivitäten der Kommission vor Ort geschildert. Angesprochene Politiker, Regierungsmitglieder und Vertreter gesellschaftlicher Gruppen werden namentlich genannt und die besichtigten Orte und Anstalten geschildert. Eine Erklärung über das bei der Ausarbeitung des Berichts angewandte »Verfahren« folgt[459]. Im nächsten Abschnitt wird das politische und rechtliche System des besuchten Landes analysiert. Gelegentlich hat sich die Sonderkommission mit einem Regierungssturz und seinen Auswirkungen auf die Menschenrechte zu befassen[460]. Schließlich folgt die Untersuchung der vorherrschenden Verhältnisse unter Bezugnahme auf die einzelnen Rechte der Amerikanischen Menschenrechtsdeklaration oder, wenn der betreffende Staat beigetreten ist, auf die Rechte der Amerikanischen Menschenrechtskonvention. Manchmal wendet die Kommission auch beide Instrumente nebeneinander an, so bei ihren Berichten über die Lage der Menschenrechte in Panama und in El Salvador von 1978. Dort erscheinen die jeweiligen Artikel der Amerikanischen Menschenrechtsdeklaration im Text, die entsprechenden Artikel der Konvention als Fußnoten[461]. Das erklärt sich daraus, daß Panama zum Zeitpunkt der An-

---

[457] Siehe oben S. 100 f.

[458] Dem sog. *desk officer,* siehe *Norris,* Texas International Law Journal 15 (1980), S. 87.

[459] Diese Erklärung kommt im wesentlichen einem ausführlichen Inhaltsverzeichnis eines Länderberichtes gleich.

[460] Vgl. z. B. IACHR, The Inter-American Commission on Human Rights in the Dominican Republic, June 1965–June 1966, OEA/Ser.L/V/II.14, doc. 13 (1966); IACHR, Report on the Situation of Human Rights in the Republic of Nicaragua, OEA/Ser.L/V/II.53, doc. 25 (1981); IACHR, Informe sobre la Situación de los Derechos Humanos en Guatemala, OEA/Ser.L/V/II.61, doc. 7 (1983).

[461] Vgl. IACHR, Informe sobre la Situación de los Derechos Humanos en Panama, OEA/Ser.L/V/II.44, doc. 38, rev. 1 (1978) und IACHR, Report on the Situation of Human Rights in El Salvador, OEA/Ser.L/V/II.46, doc. 23, rev. 1 (1978).

Annahme   111

nahme des Berichtes im Begriffe war, die AMRK zu ratifizieren. El Salvador war der AMRK noch nicht zum Zeitpunkt der Untersuchung, wohl aber bei der Annahme des Berichtes beigetreten.

Anders als bei Individualbeschwerden setzt die Interamerikanische Menschenrechtskommission bei Länderberichten durchaus Schwerpunkte[462], indem die fundamentalen Rechte auf Leben, persönliche Sicherheit und auf ein faires Verfahren bevorzugt behandelt werden[463]. Mehrere Berichte enthalten auch kurze Kapitel über die wirtschaftlichen und sozialen Rechte[464]. Es ist zu erwarten, daß sich die Interamerikanische Menschenrechtskommission in Zukunft vermehrt für diese Kategorie von Rechten einsetzen wird[465]. Am Ende des Entwurfs eines Länderberichts stehen die Schlußfolgerungen und Empfehlungen von – zunächst – der Sonderkommission.

2. Annahme

Lag die Ausarbeitung des Berichts bislang in den Händen der Sonderkommission, so muß er jetzt von der ganzen Kommission angenommen werden[466]. Das kann zu mißlichen Verzögerungen führen, da – wenn wesentliche Änderungen erforderlich sind – die nächste ordentliche Sitzung der Interamerikanischen Menschenrechtskommission abgewartet werden muß[467].

Der angenommene Entwurf eines Berichtes wird dem betreffenden Staat übermittelt, und es wird eine Frist für Stellungnahmen der Regierung gesetzt. Die Entgegnungen der Regierung werden von der Kommission im Hinblick darauf analysiert, ob im Lichte der Unterbreitungen der Regierung Abänderungen vorzunehmen sind[468]. Nach Überprüfung ihrer Untersuchungsergebnisse entscheidet die Kommission über die Veröffentlichung ih-

---

[462] Unter Art. 9*bis* ihres Statuts von 1960 verfolgte die Kommission auch bei der Individualbeschwerde einen solchen Ansatz, siehe oben S. 64 und Anm. 274.

[463] Die Schwerpunktsetzung offenbart sich darin, daß die fundamentalen Menschenrechte in jedem Bericht und stets am Anfang behandelt werden. Sie wird auch ersichtlich, wenn man die Anzahl der Seiten, die den verschiedenen Rechten gewidmet werden, vergleicht.

[464] Der Bericht über Nicaragua enthält auch ein Kapitel über die lokalen Menschenrechtsorganisationen, IACHR, OEA/Ser.L/V/II.53, doc. 25 (1981), S. 140–150, derjenige über Panama ein vor dem Hintergrund des Souveränitätsprinzips weitgehendes Kapitel über das Wahlrecht und das Recht auf Teilnahme an der Regierung, IACHR, Informe sobre la Situación de los Derechos Humanos en Panama, OEA/Ser.L/V/II.44, doc. 38, rev. 1 (1978), S. 111–120.

[465] Vgl. IACHR, Annual Report of the Inter-American Commission on Human Rights 1982–1983, OEA/Ser.L/V/II.61, doc. 22, rev. 1 (1983), S. 38, und oben S. 53 ff.

[466] Art. 62 (a) VerfO.

[467] Die Relevanz des Faktors Zeit wird besonders von *Norris*, Texas International Law Journal 15 (1980), S. 89, herausgestellt, der auf Beschleunigung durch Änderungen im Verfahren drängt.

[468] Art. 62 (c) VerfO.

res Berichts. Gehen ihr vor Ablauf der gesetzten Frist keine Stellungnahmen des betreffenden Staates zu, so hat die Kommission den Bericht zu veröffentlichen[469]. Die Kommission braucht ihn nicht zu veröffentlichen, wenn die Regierung antwortet und entweder den Empfehlungen Folge leistet oder glaubhaft macht, daß sie die Menschenrechte nicht verletzt. Oft werden die Erwiderungen der Staaten den Länderberichten angefügt. Sie weichen meistens von den Auffassungen der Interamerikanischen Menschenrechtskommission ab.

El Salvador griff im Länderbericht von 1978 insbesondere die den Empfehlungen der Kommission zugrundeliegenden Tatsachenerhebungen an. Die Kommission müsse, zumal wenn sie für den betreffenden Staat weitreichende Empfehlungen abgebe, die Unparteilichkeit der Zeugen feststellen. Es trifft zu, daß die Zulässigkeit von Beweismitteln vor der Kommission nicht geregelt ist. Gemäß Art. 59 VerfO kann die Kommission vielmehr jede Person, Personengruppe oder Institution frei und privat vernehmen; ihr ist Zugang zu Information, Zeugenaussagen oder Beweismitteln aller Art zu gewähren; und sie kann jede ihr für die Sammlung, Aufnahme oder Wiedergabe der Information geeignete Methode anwenden[470]. Das bildet einen Ansatzpunkt für die Frage nach dem Maß der Glaubwürdigkeit der Befunde der Kommission. Die Regierung El Salvadors gestand allerdings zu, daß nicht die gleichen strengen Anforderungen an Beweiserhebungen der Kommission zu stellen sind, wie dies bei Gerichtsverfahren üblich und notwendig ist[471]. Trotzdem wies sie nach ausführlicher Auseinandersetzung mit den einzelnen Empfehlungen der Kommission die festgestellten Menschenrechtsverletzungen mit dem Argument zurück, die Anschuldigungen seien politisch motiviert[472]. Eine Ausnahme bildet hingegen die Stellungnahme Panamas im Bericht von 1978. Die Regierung bestreitet die Befunde der Kommission grundsätzlich nicht, sondern weist vielmehr auf fundamentale Verbesserungen und Reformen nach Abschluß des Berichtes hin[473].

3. Publizität

Die Kommission kann den Bericht der Presse zukommen lassen, wobei er nach der Praxis aber zuerst dem betreffenden Staat und dem Generalsekretär

---

[469] Art. 62 (d) VerfO.

[470] Zum Beweisrecht vor der Europäischen Menschenrechtskommission vgl. *Schellenberg* (Anm. 156), S. 127–151. Ein wesentlicher Unterschied dürfte darin bestehen, daß die Europäische, im Gegensatz zur Interamerikanischen Menschenrechtskommission Zeugen regelmäßig im Beisein der Parteien vernimmt. Siehe auch oben S. 38.

[471] IACHR, Report on the Situation of Human Rights in El Salvador, OEA/Ser.L/V/II.46, doc. 23, rev. 1 (1978), S. 172.

[472] *Ibid.*, S. 188.

[473] IACHR, Informe sobre la Situación de los Derechos Humanos en Panama, OEA/Ser.L/V/II.44, doc. 38, rev. 1 (1978), S. 127–132.

Publizität

der OAS zu unterbreiten ist[474]. Sie übermittelt ihn auch dem Ständigen Rat und der Generalversammlung der Organisation. Zuweilen werden die Länderberichte als separate Schriftstücke von der Interamerikanischen Menschenrechtskommission herausgegeben und mitunter ganz oder teilweise in ihre Jahresberichte an die Generalversammlung der OAS aufgenommen[475].

Für die Wirksamkeit der Länderberichte kommt es wesentlich auf das Verhalten der Staaten in der Generalversammlung an[476]. Jahrelang hatte diese mit einer wenig abgewandelten Formulierung die Arbeit der Kommission lediglich zur Kenntnis genommen und ihr Dank für ihre Bemühungen ausgesprochen[477]. Es schien ein *gentlemen's agreement* zu bestehen; man vermied, mit dem Finger auf andere zu zeigen, da kein Staat in Zukunft auch der Beschuldigte sein wollte[478].

Diese Lage begann sich 1973 durch Resolutionen über die Lage der Menschenrechte in Chile allmählich zu ändern. Den Durchbruch markiert das Jahr 1975, als die Generalversammlung zwar den Jahresbericht der Kommission unter Anwendung der üblichen Formel entgegennahm[479], aber zum ersten Mal eine separate Resolution über die Lage der Menschenrechte in Chile erließ[480]. Lag das Neue an der ersten Resolution über Chile im namentlichen Herausgreifen eines Staates, so faßte die Generalversammlung des folgenden Jahres erstmalig eine Resolution, die Kritik an einem einzelnen Staat enthielt[481]. Im Jahre 1978 wurde zum ersten Mal ein Mitgliedstaat in der Resolution über den Jahresbericht der Kommission namentlich erwähnt[482]. Mehrere spezifische und in ihren Appellen an die Regierungen eindeutige Resolutionen folgten, z. B. über die Lage der Menschenrechte in Uruguay, Paraguay

---

[474] Vgl. *Norris,* Texas International Law Journal 15 (1980), S. 89.
[475] Vgl. Art. 63 (h) VerfO.
[476] Dazu *Buergenthal,* Anuario Jurídico Interamericano 1981, S. 116–117, und oben S. 91 f.
[477] Die gängige Formel lautete: "Resolves: To take note of the annual report of the Inter-American Commission on Human Rights and to thank it for the important work it is doing". Vgl. etwa die Resolutionen über die Jahresberichte der Kommission von 1972 und 1974, AG/Res. 83 (II-0/72) und AG/Res. 154 (IV-0/74), in Human Rights, Heft 7 (1982), S. 19 und 27.
[478] *Buergenthal,* Anuario Jurídico Interamericano 1981, S. 116, gibt den in dieser Hinsicht aufschlußreichen Kommentar W. Maillards, des Botschafters der Vereinigten Staaten bei der OAS, wieder.
[479] AG/Res. 154 (IV-0/74), wiedergegeben in Human Rights, Heft 7 (1982), S. 27.
[480] AG/Res. 190 (V-0/75), wiedergegeben *ibid.,* S. 30. Die Resolution folgte zudem einer langen, viel beachteten Debatte über die Menschenrechte in Chile.
[481] Es handelte sich wieder um Chile. Die Interamerikanische Menschenrechtskommission bemängelt, daß manche Gesetze zum Schutz der Menschenrechte ihren Zweck nur ungenügend erfüllten und daß die Stellungnahmen der Regierung sie teilweise im unklaren über vorgebrachte Menschenrechtsverletzungen in Chile ließen, AG/Res. 243 (VI-0/76), *ibid.,* S. 37 f.
[482] *Ibid.,* S. 59.

und El Salvador[483]. Besonders hervorzuheben ist auch eine Resolution des XVII. Konsultationstreffens der Außenminister auf der Grundlage des ersten Berichts der Kommission über Nicaragua von 1978. Die Resolution fordert die sofortige und endgültige Absetzung des Somoza-Regimes und die Einsetzung einer demokratischen Regierung in Nicaragua. Die Interamerikanische Menschenrechtskommission bemerkte dazu in ihrem zweiten Bericht über Nicaragua von 1981, daß diese Resolution zum ersten Mal in der Geschichte der OAS, und vielleicht zum ersten Mal in der Geschichte irgendeiner internationalen Organisation, einer amtsführenden Regierung eines Mitgliedstaates wegen der von ihr gegen die eigene Bevölkerung begangenen Menschenrechtsverletzungen die Legitimität absprach[484].

Leider scheint sich seit 1980 wieder eine Wende abzuzeichnen. Seitdem faßt die Generalversammlung der OAS nurmehr eine einzige Resolution über den »Jahresbericht und die besonderen Berichte der Kommission«[485]. Diese Resolutionen sind zwar recht lang im Vergleich zu den frühen, in denen die Generalversammlung lediglich Kenntnis nahm und ihren Dank aussprach. Die Resolutionen über die »Jahresberichte und die besonderen Berichte der Interamerikanischen Menschenrechtskommission« von 1980–1983 wiederholen sich jedoch gleichfalls in ihrer Allgemeinheit, so daß sich kein Staat angeprangert zu fühlen braucht. Das ist ein ernstlicher Rückschritt im Hinblick auf die Menschenrechte, für deren Verletzung gezielte Publizität ein wesentliches Durchsetzungsmittel bleibt. Denn obwohl Resolutionen der Generalversammlung der OAS rechtlich unverbindliche Empfehlungen sind, haben sie als Äußerungen des höchsten Organs der OAS beträchtliches politisches und moralisches Gewicht. Sie werden von den Staaten bei ihren Reaktionen auf die Empfehlungen der Interamerikanischen Menschenrechtskommission in Rechnung gestellt[486].

---

[483] AG/Res. 369 (VIII-0/78), 370 (VIII-0/78), 446 (IX-0/79), *ibid.*, S. 60, 62 und 75.

[484] Vgl. IACHR, Report on the Situation of Human Rights in the Republic of Nicaragua, OEA/Ser.L/V/II.53, doc. 25 (1981), S. 2–3. Im Bericht über die Lage der Menschenrechte in Bolivien von 1981 spricht die Kommission sich dagegen über die Kompetenz ab, die Legitimität oder Illegitimität einer Regierung zu beurteilen. Das überschreite ihren Wirkungskreis nach Maßgabe des Völkerrechts, ihres Statuts und ihre Verfahrensordnung, IACHR, Report on the Situation of Human Rights in the Republic of Bolivia, OEA/Ser.L/V/II.53, doc. 6 (1981), S. 2.

[485] Vgl. Annual Report and Special Reports of the Inter-American Commission on Human Rights, AG/Res. 543 (XI-0/81), Annual Report of the Inter-American Commission on Human Rights, AG/Res. 618 (XII-0/82), und Annual Report of the Inter-American Commission on Human Rights, OEA/Ser.P., AG/doc. 1712/83 rev. 1 (18. 11. 1983).

[486] Vgl. *Buergenthal*, Anuario Jurídico Interamericano 1981, S. 117.

IV. Die Amerikanische Menschenrechtskonvention und die Kommission

Die Amerikanische Menschenrechtskonvention ist am 18. Juli 1978 in Kraft getreten[487]. Die wesentliche Neuerung, die sie gebraucht hat, ist der Interamerikanische Gerichtshof für Menschenrechte[488]. Aber auch im Hinblick auf die Interamerikanische Menschenrechtskommission ergeben sich Veränderungen. Sie hat allgemein eine stärkere Stellung erhalten, denn die Amerikanische Menschenrechtskonvention enthält sowohl Vorschriften hinsichtlich der Vertragsstaaten als auch hinsichtlich der Mitgliedstaaten der OAS, die der Konvention noch nicht beigetreten sind. Dieser außergewöhnliche Fall vertraglicher »Drittwirkung« ergibt sich aus Art. 112 der Charta der OAS, wonach »die Struktur, die Zuständigkeit und das Verfahren« der Menschenrechtskommission durch eine Amerikanische Menschenrechtskonvention festgelegt werden sollen. Es liegt also eine antizipierte Zustimmung der Mitgliedstaaten der OAS vor, daß sich die Stellung der Kommission nach der Menschenrechtskonvention richten solle, unabhängig davon, ob sie diesen Vertrag ratifizieren oder nicht[489]. Jedoch unterscheiden die Konvention, das Statut und die Verfahrensordnung der Kommission generell zwischen Konventionsstaaten und (den übrigen) Mitgliedstaaten der OAS[490].

Gegenüber Staaten, die der Amerikanischen Menschenrechtskonvention beigetreten sind, sind die in ihr enthaltenen Rechte Prüfungsmaßstab bei Individualbeschwerden und Länderberichten. Auch verfahrensmäßig ergeben

---

[487] Der Text der Konvention ist u. a. abgedruckt in ILM 9 (1970), S. 637 ff., Human Rights, Heft 3 (1982), S. 1 ff., und – mit Beitrittsinstrumenten und Vorbehalten – in Handbook of Existing Rules Pertaining to Human Rights in the Inter-American System, das jährlich von der OAS in Washington, D.C., herausgegeben wird, OEA/Ser.L/V/II.65, doc. 6 (1985), Original: Spanisch. Gegenwärtig (Januar 1986) sind folgende 19 Staaten der AMRK beigetreten: Argentinien, Barbados, Bolivien, Costa Rica, die Dominikanische Republik, Ecuador, El Salvador, Grenada, Guatemala, Haiti, Honduras, Jamaika, Kolumbien, Mexiko, Nicaragua, Panama, Peru, Uruguay und Venezuela. Ein unerläßliches Hilfsmittel für jeden, der sich mit dem interamerikanischen System zum Schutz der Menschenrechte beschäftigt, ist die Loseblattsammlung von *Buergenthal/Norris*, Human Rights, The Inter-American System, Heft 1–26 (1982–1983) (Human Rights). Die Hefte 12–16 enthalten die *travaux préparatoires* zur AMRK. Über die AMRK im allgemeinen: Symposium, The Inter-American Convention on Human Rights, American University Law Review 30 (1980), 187 Seiten; *Buergenthal*, Buffalo Law Review 21 (1971), S. 121; *Sohn/Buergenthal* (Anm. 73), S. 1356–1374; *Frowein*, Human Rights Law Journal 1 (1980), S. 44 ff.
[488] Der Gerichtshof ist Gegenstand des folgenden Kapitels.
[489] Dazu *Buergenthal*, Anuario Jurídico Interamericano 1981, S. 109.
[490] Manche der Vorschriften beziehen sich auf *states parties:* Art. 33, 42 ff., 53, 61 AMRK; Art. 1 Abs. 2 (a), 19 Statut; Art. 31 ff. VerfO. Andere sind auf *member states* anwendbar: Art. 35, 36, 41, 52, 64 u. a. AMRK; Art. 1 Abs. 2 (b), 20 Statut; Art. 51 ff. VerfO der Kommission.

sich nach dem Statut und der Verfahrensordnung der Kommission Unterschiede bei der Behandlung von Individualbeschwerden [491]. Der Unterschied offenbart sich aber erst, nachdem eine Beschwerde als zulässig angenommen worden ist [492].

Ein weiterer Unterschied zwischen Staaten, die der Menschenrechtskonvention beigetreten sind, und den übrigen Staaten der OAS besteht bei den Vorortuntersuchungen. Art. 48 Abs. 1 (d) Konvention in der Auslegung der Kommission berechtigt diese zu Vorortuntersuchungen im Rahmen eines Individualbeschwerdeverfahrens, ohne daß es einer besonderen Zustimmung des betreffenden Staates bedarf.

Die folgende Betrachtung soll sich mit der durch das Inkrafttreten der Amerikanischen Menschenrechtskonvention bedingten hauptsächlichen Neuerung, dem Interamerikanischen Gerichtshof für Menschenrechte, befassen.

---

[491] Für Staaten, die der Konvention beigetreten sind, gelten Art. 19 Statut, Art. 23–47 VerfO und für die übrigen Staaten Art. 20 Statut und Art. 48–50 VerfO.
[492] Zu den unterschiedlichen Verfahren siehe oben S. 77 ff.

4. Kapitel: Der Interamerikanische Gerichtshof für Menschenrechte und seine bisherige Praxis *

Einleitung

Der Interamerikanische Gerichtshof für Menschenrechte wurde im Jahre 1979 auf der Grundlage der Amerikanischen Menschenrechtskonvention errichtet. Er wurde in der relativ kurzen Zeit seines Bestehens bereits mit fünf Rechtssachen befaßt[493], während der Europäische Gerichtshof für Menschenrechte im vergleichbaren Zeitraum von 1959–1964 nur zweimal entscheiden mußte[494]. Im folgenden soll ein Einblick in die Organisation und die Funktionen des Interamerikanischen Gerichtshofs für Menschenrechte und in seine bisherige Praxis gegeben werden. Zuvor ist noch darauf hinzuweisen, daß bereits in den Jahren von 1907–1918 ein »Zentralamerikanischer Gerichtshof« in San José/Costa Rica mit Klagen von Individuen befaßt wurde, die

---

[*] Ein Vorabdruck dieses Kapitels erfolgte bereits in ZaöRV 44 (1984), S. 806–839.

[493] Es handelt sich um den *Gallardo*-Fall, Government of Costa Rica – In the Matter of Viviana Gallardo et al., vom 13. 11. 1981, Nr. G 101/81; das Gutachten vom 24. 9. 1982, Nr. OC-1/82 über »Andere Verträge«, die der Zuständigkeit des Gerichtshofs für Gutachten unterfallen (Art. 64 AMRK) – Antragsteller: Peru; das Gutachten vom 24. 9. 1982, Nr. OC-2/82 über die Wirkung von Vorbehalten auf das Inkrafttreten der Amerikanischen Menschenrechtskonvention (Art. 74, 75 AMRK) – Antragsteller: die Interamerikanische Menschenrechtskommission; das Gutachten vom 8. 9. 1983, Nr. OC-3/83 über Beschränkungen der Todesstrafe (Art. 4 Abs. 2 und 4 AMRK) – Antragsteller: die Interamerikanische Menschenrechtskommission; das Gutachten vom 19. 1. 1984, Nr. OC-4/84 über die Änderung der Vorschriften über die Einbürgerung in der Verfassung Costa Ricas – Antragsteller: Costa Rica und das Gutachten vom 13. 11. 1985, Nr. OC-5/85 über die gesetzlich vorgeschriebene Mitgliedschaft in einem Zwangsverband als Voraussetzung für die Ausübung des Journalismus (Art. 13 und 29 AMRK) – Antragsteller: Costa Rica. Die ersten fünf Entscheidungen sind in der deutschen Bearbeitung der Verfasserin in EuGRZ 11 (1984), S. 189–217, und EuGRZ 12 (1985), S. 502–511 veröffentlicht.

[494] *Lawless* v. *Ireland*, European Court of Human Rights, Judgment of 14. November 1960, Yearbook 3 (1960), S. 492, und *De Becker* v. *Belgium*, Judgment of 27 March 1962, Yearbook 5 (1962), S. 320 (keine Sachentscheidung).

unter anderem unrechtmäßige Verhaftungen und Durchsuchungen, das Recht des habeas corpus oder den Zustand *incomunicado* betrafen[495]. Die Forderung nach Errichtung des gegenwärtigen Interamerikanischen Gerichtshofs für Menschenrechte wurde zum ersten Mal 1948 auf der Gründungskonferenz der Organisation Amerikanischer Staaten erhoben[496]. Jedoch betrachtete man einen Katalog rechtlich verbindlicher Menschenrechte als wesentliche Voraussetzung für die Errichtung eines rechtsprechenden Organs, so daß das Inkrafttreten der Amerikanischen Menschenrechtskonvention im Jahre 1978 abgewartet werden mußte.

I. Die Organisation des Gerichtshofes

A. Die Richterschaft

Der Gerichtshof besteht aus sieben Richtern, die von den Hohen Vertragschließenden Teilen vorgeschlagen und gewählt werden[497]. Unter Umständen bilden aber auch acht oder neun Richter den Spruchkörper. Ähnlich wie beim Internationalen Gerichtshof und wie beim Europäischen Gerichtshof für

---

[495] *incomunicado*, Spanisch für von der Außenwelt abgeschnitten. Auch heute kommt es in vielen lateinamerikanischen Staaten vor, daß Personen festgenommen werden, die Angehörigen nicht benachrichtigt werden und jeder Kontakt mit der Außenwelt unterbunden wird. Sie werden *incomunicado* gehalten. Eine ähnliche Praxis ist das »Verschwindenlassen« von Personen.
Die Konvention zur Errichtung eines Zentralamerikanischen Gerichtshofs ist wiedergegeben in AJIL 2 (1908), Suppl., S. 229. Siehe auch *Hudson*, AJIL 26 (1932), S. 759, der auch einen Überblick über die Rechtsprechung des Gerichtshofs gibt. Zum Zentralamerikanischen Gerichtshof, vgl. *Hill*, Central American Court of Justice, in: R. Bernhardt (ed.), Encyclopedia of Public International Law, Instalment 1 (1981), S. 41–45.
Es ist außergewöhnlich, daß sich bereits zu diesem frühen Zeitpunkt Individuen an den Zentralamerikanischen Gerichtshof wenden konnten. Das Völkerrecht wurde damals noch viel mehr als heute als rein an die Staaten adressiertes Recht verstanden. Auch im Rahmen des klassischen Fremdenrechts hatte der Einzelne als solcher keine Rechte; seine Rechtsstellung ergab sich vielmehr als Reflex der Rechte seines Heimatstaates. Darin liegt ein wesentlicher Unterschied zu den modernen internationalen Menschenrechten, deren Träger das Individuum als solches, unabhängig von seiner Staatsangehörigkeit, ist. Zu dieser Entwicklung siehe *Sohn*, The American University Law Review 32 (1982), S. 1–64, und *Doehring*, Acta Juridica 1979, S. 77–85.
[496] Vgl. Res. XXXI über einen Interamerikanischen Gerichtshof zum Schutze der Menschenrechte der neunten interamerikanischen Konferenz von Bogotá 1948, Human Rights, Heft 6 (1982), S. 89.
[497] Zur Zusammensetzung des Gerichtshofs vgl. auch Richter *Buergenthal*, The American University Law Review 30 (1980), S. 155–166 (157–159).

Organisation

Menschenrechte gewährleistet die Zulassung von *ad hoc*-Richtern, daß jeder an einem Verfahren beteiligte Staat einen Richter seiner Wahl benennen kann, sofern kein Richter seiner Staatsangehörigkeit Mitglied der Kammer ist. Wenn keiner der beteiligten Richter einem beteiligten Staat angehört, kann jeder der betreffenden Staaten einen *ad hoc*-Richter ernennen, der jedoch nicht die Nationalität des ernennenden Staates haben muß. Wenn mehrere Staaten dasselbe Interesse an einem Fall haben, werden sie im Rahmen der Vorschriften über *ad hoc*-Richter als Einheit angesehen. Obwohl dies nicht ausdrücklich festgelegt ist, so erscheint es doch gerechtfertigt, von der Ernennung eines *ad hoc*-Richters abzusehen, wenn einer der Staaten mit demselben Interesse einen Staatsangehörigen auf der Richterbank hat[498]. In Zweifelsfällen entscheidet der Gerichtshof[499]. Das System der *ad hoc*-Richter macht sich zum einen die besondere Vertrautheit des Wahlrichters mit den Verhältnissen im ernennenden Staate zu Nutze und dient andererseits auch der Herstellung von Chancengleichheit[500]. Wegen des geringen Umfangs des Gremiums sowie des Erfordernisses der Anwesenheit von mindestens fünf Richtern für die Beschlußfassung erübrigt sich die Bildung von Kammern[501]. Der Europäische Gerichtshof für Menschenrechte, bei dem die Zahl der Richter der Zahl der 21 Mitgliedstaaten des Europarates entspricht, bildet hingegen Kammern von sieben Richtern[502]. Die Richter müssen Staatsangehörige eines Mitgliedstaates der OAS, aber nicht notwendig eines Hohen Vertragschließenden Teiles sein[503]. Das zeigt, daß der Gerichtshof nicht nur ein Organ der Amerikanischen Menschenrechtskonvention, sondern auch der OAS ist, worauf bei der Behandlung seiner Zuständigkeit für Gutachten zurückzukommen ist[504].

Die Amtszeit der Richter beträgt sechs Jahre[505]. Art. 71 AMRK, der durch Art. 18 des Statuts konkretisiert wird, soll ihre Unabhängigkeit ge-

---

[498] Vgl. *Shelton*, German Yearbook of International Law 26 (1983), S. 238–268 (241 f.), und Art. 25 VerfO des Europäischen Gerichtshofs für Menschenrechte.
[499] Art. 55 Abs. 5 AMRK.
[500] Dennoch wurden *ad hoc*-Richter nicht ohne Diskussion im interamerikanischen System akzeptiert. Chancengleichheit läßt sich auch dadurch erreichen, daß der Richter, der Staatsangehöriger des angeschuldigten Staates ist, nicht am Verfahren teilnimmt. Vgl. dazu den brasilianischen Vorschlag in Human Rights, Heft 15 (1982), S. 79.
[501] Art. 56 AMRK.
[502] Art. 43 EMRK.
[503] Art. 53 Abs. 2 AMRK. Die OAS hat 30 Mitgliedstaaten, von denen bislang 19 die AMRK ratifiziert haben. Richter Buergenthal ist Staatsangehöriger der USA, die die Charta der OAS, nicht aber die AMRK ratifiziert haben. Er wurde auf Vorschlag Costa Ricas, das der AMRK beigetreten ist, gewählt.
[504] Siehe unten S. 131 ff.
[505] Art. 54 AMRK.

währleisten[506]. Hier ist zu berücksichtigen, daß der Gerichtshof nicht ständig tagt; die Richter üben ihr Amt deshalb nebenberuflich aus. Entsprechend schließen Art. 71 AMRK und Art. 18 des Statuts eine anderweitige berufliche Tätigkeit grundsätzlich nicht aus. Die Richter dürfen aber nicht Regierungsmitglieder oder hohe Regierungsbeamte sein, außer wenn sie bei ihrer Tätigkeit einer unmittelbaren Kontrolle durch die Exekutive entzogen sind. Unvereinbar mit dem Richteramt ist weiterhin die Stellung als Chef einer Mission bei der OAS oder einem ihrer Mitgliedstaaten sowie als Beamter einer internationalen Organisation. Eine frühere Fassung des Statuts hatte eine viel strengere Regelung der Inkompatibilitäten enthalten. Danach sollte nur eine akademische Tätigkeit mit dem Richteramt vereinbar sein[507]. In diesem Stadium der Beratungen des Statuts war man aber noch davon ausgegangen, daß der Gerichtshof ständig tagen würde und die Richter deshalb nicht auf eine anderweitige berufliche Tätigkeit angewiesen sein würden.

Daß der Gerichtshof immer nur *ad hoc* zusammentritt, muß keine endgültige Entscheidung sein[508]; das Statut begünstigt eine Umwandlung des Interamerikanischen Gerichtshofs in ein ständig tagendes Organ. Nach Art. 16 müssen die Richter dem Gerichtshof zur Verfügung stehen und sich so oft und für so lange Zeit an seinen Sitz begeben, wie die Umstände es erfordern. Art. 17 bestimmt, daß sich die Bezüge der Richter nach Maßgabe der Verpflichtungen und Inkompatibilitäten richten, wie sie sich aus Art. 16 und 18 des Statuts ergeben. Sollte eine stärkere Inanspruchnahme es sonach notwendig machen, daß der Gerichtshof ständig tagt, könnte dieser der Generalversammlung der OAS eine Änderung von Art. 18 seines Statuts dergestalt vorschlagen, daß die Richter anderweitige berufliche Tätigkeiten aufgeben und daß entsprechend höhere Richtergehälter festgesetzt werden.

---

[506] Die Vorschriften lauten: Art. 71 AMRK: "The position of judge of the Court or member of the Commission is incompatible with any other activity that might affect the independence or impartiality of such judge or member, as determined in the respective Statutes".
Art. 18 des Statuts des Gerichtshofs: "Incompatibilities.
1. The position of judge of the Inter-American Court of Human Rights is incompatible with the following positions and activities.
a) Members or high ranking officials of the executive branch of government, except for those who hold positions that do not place them under the direct control of the executive branch and those of diplomatic agents who are not Chiefs of Missions to the OAS or to any of its member states;
b) Officials of international organizations;
c) Any others that might prevent the judges from discharging their duties, or that might affect their independence or impartiality, or the dignity and prestige of the office".
[507] Art. 22 Abs. 1 des Entwurfs eines Statuts lautete: "Art. 22 (Conflicts). 1. The position of judge is incompatible with the exercise of any other activity, be it public or private, national or international, or any other professional or business occupation. The only exceptions are teaching or administrative/teaching activities in universities and other institutions of higher learning".
[508] Hierzu *Buergenthal*, AJIL 76 (1982), S. 231–245 (232 f.).

Organisation

B. Die innere Organisation

Der Präsident des Gerichtshofes »leistet seine Dienste auf einer ständigen Grundlage«[509]. Der Präsident, der Vizepräsident und ein dritter, vom Präsidenten zu ernennender Richter bilden die »Ständige Kommission«, die den Präsidenten bei der Erfüllung seiner Aufgaben unterstützt[510]. »Ständig« wird hier im Sinne eines ständigen Zurverfügungstehens und nicht der Verpflichtung ständiger Anwesenheit am Sitze des Gerichtshofs oder der Aufgabe anderweitiger beruflicher Tätigkeit verstanden[511].

Das Sekretariat des Gerichtshofs arbeitet unter der Leitung eines Sekretärs, den der Gerichtshof selbst ernennt[512]. Er ist der einzige Beamte der OAS, der nicht vom Generalsekretär der Organisation ernannt wird. Demgegenüber wird auch der Sekretär der Interamerikanischen Menschenrechtskommission vom Generalsekretär der OAS ernannt und kann von ihm seines Amtes enthoben werden[513].

II. Die duale Gerichtsbarkeit des Interamerikanischen Gerichtshofs für Menschenrechte

Die Amerikanische Menschenrechtskonvention überträgt dem Interamerikanischen Gerichtshof für Menschenrechte zwei Arten von Zuständigkeiten. Gemäß Art. 62 AMRK entscheidet er über Konventionsverletzungen der Hohen Vertragschließenden Teile (streitige Gerichtsbarkeit); Art. 64 AMRK regelt die Erstellung rechtlich nicht verbindlicher Gutachten.

A. Die streitige Gerichtsbarkeit

Die streitige Gerichtsbarkeit des Interamerikanischen Gerichtshofs für Menschenrechte ist fakultativ. Die Staaten unterliegen ihr nicht schon durch Beitritt zur Amerikanischen Menschenrechtskonvention, sondern können sie durch eine besondere Erklärung anerkennen[514]. Diese Erklärungen können bedingungslos oder unter der Bedingung der Gegenseitigkeit, unter Be-

---

[509] Art. 16 Abs. 2 Statut.
[510] Art. 6 Abs. 1 VerfO des Gerichtshofs.
[511] Gegen eine weitergehende Verpflichtung des Präsidenten spricht, daß er die gleichen Bezüge wie die übrigen, nur zeitweilig tagenden Richter erhält. Siehe auch *Buergenthal*, AJIL 76 (1982), S. 233.
[512] Art. 58 Abs. 2 AMRK.
[513] Art. 21 Abs. 3 Statut der Kommission. Vgl. auch *Buergenthal*, AJIL 76 (1982), S. 234.
[514] Art. 62 AMRK.

schränkung auf einen bestimmten Zeitraum oder auf bestimmte Fälle abgegeben werden. Bislang haben sich neun Staaten (Argentinien, Costa Rica, Ecuador, El Salvador, Honduras, Kolumbien, Peru, Uruguay und Venezuela) der streitigen Gerichtsbarkeit unterworfen. Zusätzlich können alle Hohen Vertragschließenden Teile jederzeit die Zuständigkeit des Gerichtshofs bezüglich einer bestimmten Streitigkeit über die Auslegung oder Anwendung der Konvention *ad hoc* anerkennen.

1. Parteifähigkeit und Antragsbefugnis

»Nur die Vertragsstaaten und die Kommission haben das Recht, dem Gerichtshof einen Fall vorzulegen«[515]. Daraus ergibt sich jedenfalls, daß Individuen kein Verfahren anstrengen können. Nach herrschender Meinung können Individuen auch dann, wenn bereits, etwa durch die Interamerikanische Menschenrechtskommission, ein Verfahren eingeleitet wurde, nicht als Partei vor dem Gerichtshof auftreten. Allerdings wird auch die Auffassung vertreten, Art. 61 Abs. 1 AMRK sei restriktiv auszulegen. Daraus, daß der Einzelne dem Gerichtshof keinen Fall vorlegen könne, ließe sich nicht folgern, daß das Individuum auch keine autonome Stellung als Partei habe, nachdem ein Verfahren einmal eingeleitet worden sei[516]. Offen bleibt aber insbesondere, welche Staaten dem Gerichtshof einen bestimmten Fall vorlegen können. Man muß zwischen der abstrakten Fähigkeit, überhaupt vor dem Gerichtshof als Partei aufzutreten, und der Befugnis, ein bestimmtes Verfahren anzustrengen, unterscheiden. Die Europäische, nicht aber die Amerikanische Menschenrechtskonvention trägt diesem Unterschied Rechnung. Nach Art. 48 EMRK haben der Staat, dem der Verletzte angehört, derjenige Staat, der die Kommission mit dem Fall befaßt hat, und der Staat, gegen den sich die Beschwerde richtet, das Recht, ein Verfahren vor dem Europäischen Gerichtshof für Menschenrechte anzustrengen. Zu einem ähnlichen Ergebnis könnte man für den Interamerikanischen Gerichtshof auf der Grundlage von Art. 61 Abs. 2 in Verbindung mit Art. 50 Abs. 2 AMRK gelangen[517]. Damit der Gerichtshof sich mit einem Fall befassen kann, müssen die Verfahren vor der Kommission gemäß Art. 48–50 abgeschlossen sein[518]. Gemäß Art. 50 Abs. 2

---

[515] Art. 61 AMRK.
[516] Vgl. *Gallardo*-Fall, Erklärung des Votums Escalante, EuGRZ 11 (1984), S. 193 f., englische Fassung in Human Rights Law Journal 2 (1981), S. 338. In dieselbe Richtung tendiert auch *Vargas,* Individual Access to the Inter-American Court of Human Rights, New York University Journal of International Law and Politics 16 (1984), S. 601–617. Zu der vergleichbaren Problematik vor dem Europäischen Gerichtshof für Menschenrechte und den jüngeren Entwicklungen zugunsten einer Stärkung der Stellung des Individuums vor dem Gerichtshof, vgl. *Mahoney*, Yearbook of European Law 3 (1983), S. 127–167.
[517] Vgl. *Buergenthal,* EuGRZ 11 (1984), S. 177 f.
[518] Art. 61 Abs. 2 AMRK.

AMRK übersendet die Menschenrechtskommission ihren Abschlußbericht den »betroffenen Staaten«, die ihn nicht veröffentlichen dürfen. Nur diese »betroffenen Staaten« verfügen daher über die zur Erhebung einer Klage notwendige Information. Welcher Staat betroffen im Sinne des Art. 50 Abs. 2 AMRK ist, ist noch nicht eindeutig geklärt. Denkbar wäre eine Interpretation in Anlehnung an Art. 48 EMRK, so daß neben den am Verfahren vor der Kommission beteiligten Staaten auch immer der Heimatstaat des Verletzten klagen könnte [519].

2. Weitere Fragen im Rahmen der Zulässigkeit – der Gallardo-Fall

Der Gerichtshof hat bislang erst einmal auf der Grundlage streitiger Gerichtsbarkeit entschieden; er verwies den in vieler Hinsicht problematischen Fall *Gallardo* durch Prozeßurteil zunächst an die Interamerikanische Menschenrechtskommission [520]. Eine Praxis, die mit dem Zusammenspiel der Organe im europäischen System zum Schutz der Menschenrechte vergleichbar ist und nach der die Kommission für begründet erachtete Individualbeschwerden zunehmend selbst an den Gerichtshof weiterleitet, wenn der betroffene Staat dies nicht von sich aus getan hat, hat sich im amerikanischen System bisher nicht entwickelt. Das beruht zum Teil darauf, daß weniger Rechtsfragen zu klären sind, als vielmehr die exakte Ermittlung der Tatsachen Schwierigkeiten bereitet. Dies gilt in gewisser Weise auch für den *Gallardo*-Fall.

a) Die Entscheidung des Gerichtshofs

Der *Gallardo*-Fall ist insofern bemerkenswert und bisher wohl einzigartig, als sich Costa Rica gleichsam selbst vor dem Interamerikanischen Gerichtshof für Menschenrechte »anklagte«. Auch legte Costa Rica die Rechtssache dem Gerichtshof direkt vor, ohne daß die innerstaatlichen Rechtsmittelverfahren erschöpft waren oder die Interamerikanische Menschenrechtskommission sich mit der Angelegenheit befaßt hatte [521]. Das steht im Einklang mit der traditionellen Völkerrechtstreue Costa Ricas und seiner Unterstützung für die Menschenrechte sowie einem Bestreben, jede Verzögerung zu vermeiden. Der Gerichtshof betont die Notwendigkeit einer sorgfältigen Abwägung der betroffenen Interessen: der vollen Gewährleistung der in der Amerikanischen Menschenrechtskonvention garantierten Menschenrechte, der institutionellen Integrität des durch die Konvention errichteten Schutzsystems und des sich im Antrag Costa Ricas spiegelnden Interesses an einer zügigen Entscheidung [522].

---

[519] Siehe oben S. 83.
[520] IAGMR, 13. 11. 1981, *Gallardo*-Fall unzulässig, Rückverweisung an die Interamerikanische Menschenrechtskommission, EuGRZ 11 (1984), S. 189 ff.
[521] Vgl. Art. 61 Abs. 2 in Verbindung mit Art. 48–50 AMRK.
[522] Vgl. Nr. 13 des Urteils, EuGRZ 11 (1984), S. 190.

aa) Verfahren vor der Kommission

Gemäß Art. 61 Abs. 2 AMRK kann sich der Gerichtshof nur mit einem Fall befassen, wenn die Verfahren vor der Interamerikanischen Menschenrechtskommission abgeschlossen sind. Da Costa Rica aber den Verzicht auf diese Voraussetzung erklärt hatte, sah sich der Gerichtshof zur Bewertung und der Bestimmung der Reichweite dieser Verzichtserklärung verpflichtet. Dabei ist erheblich, welche Rolle die Amerikanische Menschenrechtskonvention der Kommission als einem Organ mit vorbereitenden und vorläufigen Aufgaben im Zusammenhang mit den streitentscheidenden Funktionen des Gerichtshofs zuteilt. Das Verfahren vor der Kommission ist verzichtbar, wenn ihre Einschaltung nur zugunsten der Staaten erfolgt. Etwas anderes gilt, wenn das Vorverfahren auch den Interessen der Einzelnen dient.

Die Kommission ist das Hauptermittlungsorgan im System der Amerikanischen Menschenrechtskonvention. Sie hat darüber hinaus die Aufgabe, freundschaftliche Ausgleiche in den ihr unterbreiteten Fällen herbeizuführen. Der grundlegende Aspekt jedoch ist, daß sie ermächtigt ist, Individualbeschwerden entgegenzunehmen. Der Gerichtshof führt dazu aus: »Die Konvention ist einzigartig unter den internationalen Menschenrechtsverträgen, indem sie das Recht der Individualbeschwerde gegen die Vertragsstaaten gelten läßt, sobald sie die Konvention ratifizieren; keine besondere Erklärung wird zu diesem Zweck für Individualbeschwerden gefordert, obwohl sie für Staatenbeschwerden abgegeben werden muß. Die Kommission ist der Kanal, durch den die Konvention dem Individuum die Möglichkeit gibt, das internationale System zum Schutz der Menschenrechte in Gang zu setzen« [523]. An den Gerichtshof können sich die Einzelnen nicht wenden. Demnach dient das Verfahren vor der Kommission nicht nur den Interessen der Staaten; es soll auch Raum für die Geltendmachung wichtiger Individualrechte bieten. Grundsätzlich – so der Gerichtshof – könne nicht ohne Beeinträchtigung der institutionellen Integrität des durch die Amerikanische Menschenrechtskonvention garantierten Schutzsystems auf das Vorverfahren verzichtet werden. Costa Ricas Verzichtserklärung habe keine rechtliche Wirkung. Schon aus diesen Erwägungen weist der Gerichtshof den Hauptantrag ab.

Der Gerichtshof läßt in der Entscheidung aber offen, ob das Vorverfahren vor der Kommission in allen Fallgestaltungen unerläßlich ist. Bei Staatenbeschwerden entfällt unter Umständen die Gefahr einer Beeinträchtigung der Rechte von Individuen durch Verzicht auf das Vorverfahren [524]. Auch kann der Gerichtshof auf der Grundlage einer besonderen Vereinbarung [525] in Streitigkeiten angerufen werden, denen keine Menschenrechtsverletzung zugrunde liegt. Zwei Staaten könnten sich z.B. über die Anwendbarkeit von

---

[523] Nr. 22 und 23 des Urteils, *ibid.*, S. 191.
[524] Nr. 25 des Urteils, *ibid.*
[525] Art. 62 Abs. 3 AMRK.

Art. 70 AMRK streiten, der Mitgliedern des Gerichtshofs während ihrer Amtszeit diplomatische Immunität gewährt. Dies wäre keine Streitigkeit, die sich gemäß Art. 45 Abs. 1 AMRK auf die Verletzung eines in der Konvention garantierten Menschenrechts bezöge. Die Kommission, die, anders als der Gerichtshof, nicht auf Grund besonderer Vereinbarungen angerufen werden kann, wäre im Beispielsfall nicht zuständig. Das legt nahe, daß jedenfalls Streitigkeiten zwischen Staaten, die dem Gerichtshof gemäß einer besonderen Vereinbarung unterbreitet werden und die sich nicht auf die Verletzung von Menschenrechten beziehen, ohne Einschaltung der Kommission gerichtlich geklärt werden können [526].

bb) Erschöpfung der innerstaatlichen Rechtsmittelverfahren

Im Fall *Gallardo* äußert sich der Gerichtshof anschließend noch in allgemeiner Form zum Verzicht Costa Ricas auf die vorherige Erschöpfung der innerstaatlichen Rechtsmittelverfahren. Diese Voraussetzung werde nach den allgemeinen Grundsätzen des Völkerrechts und der internationalen Praxis zum Vorteil des betroffenen Staates gefordert, dem sie es ersparen solle, sich vor einem internationalen Organ für ihm zur Last gelegte Akte rechtfertigen zu müssen, bevor er Gelegenheit gehabt habe, durch interne Mittel Abhilfe zu schaffen. Man betrachte das Erfordernis der Erschöpfung des Rechtsweges als Einrede, auf deren Erhebung sogar stillschweigend verzichtet werden könne. Da die *local remedies rule* aber nach Art. 46 AMRK eine Zulässigkeitsvoraussetzung für das Verfahren vor der Interamerikanischen Menschenrechtskommission sei, müsse jene zuerst Gelegenheit haben, darüber zu entscheiden, selbst wenn der Gerichtshof in einem späteren Stadium auch insoweit nicht an die Beurteilung der Kommission gebunden sei [527].

Abschließend weist der Gerichtshof auf die Besonderheit hin, daß er den Fall in seinem gegenwärtigen Stadium nicht hören könne, obwohl, abstrakt gesehen, die Voraussetzungen für die Ausübung seiner Gerichtsbarkeit erfüllt seien. Die Unzulässigkeit ergebe sich hier nicht aus einem Zuständigkeitsmangel, sondern aus der mangelnden Erfüllung prozessualer Voraussetzungen, denen genügt werden müsse, bevor sich der Gerichtshof mit einem Fall befassen könne. Der Gerichtshof behält den Fall deshalb in seinem Register, bis den Umständen abgeholfen sei, die zu seiner gegenwärtigen Unzu-

---

[526] Vgl. *Buergenthal*, EuGRZ 11 (1984), S. 169–189 (178), und *Shelton*, German Yearbook of International Law 26 (1983), S. 238–268 (250 f.).

[527] Nr. 26 des Urteils, *ibid.*, S. 191 f. Diese Aussagen entsprechen der Praxis der europäischen Menschenrechtsorgane zur *local remedies rule*, vgl. Europäische Menschenrechtskommission, ISOP against Austria, Yearbook 5 (1962), S. 108 (120–122), Fifty-Seven Inhabitants of Louvain and Environs against Belgium, Yearbook 7 (1964), S. 252 (260), und EGMR, *De Wilde, Ooms and Versyp* v. *Belgium*, Urteil vom 18. 6. 1971, in: *Sohn/Buergenthal* (Anm. 73), S. 1106–1112.

lässigkeit führten. Im übrigen entspricht er dem Hilfsantrag Costa Ricas und verweist die Rechtssache an die Interamerikanische Menschenrechtskommission.

Man könnte den Gerichtshof so verstehen, daß er sich die eigene Beurteilung der Rechtssache vorbehielte, aber zunächst abwartete, bis die prozessuale Voraussetzung des Vorverfahrens vor der Kommission erfüllt sei. Der Gerichtshof trat aber auch später, als das Verfahren vor der Kommission abgeschlossen war, nicht in eine eigene Sachprüfung ein. In seinem Beschluß vom 8. November 1983[528] macht er sich einen Beschluß der Interamerikanischen Menschenrechtskommission zu eigen, die die Akte Gallardo auf der Grundlage der Art. 48 Abs. 1 (c) AMRK und Art. 35 (c) ihrer Verfahrensordnung geschlossen hatte. Nachträgliche, durch die Kommission erhaltene Beweismittel hätten ergeben, daß Costa Rica seinen völkerrechtlichen Verpflichtungen genügt habe, indem es den Schuldigen ordnungsgemäß bestrafte. Der Gerichtshof fügte dem nichts hinzu und schloß auch seinerseits die Akte Gallardo.

b) Problematik der Einordnung der Rechtssache Gallardo als »Fall« (Art. 61 in Verbindung mit Art. 48 AMRK)

Das Vorverfahren vor der Interamerikanischen Menschenrechtskommission und die vorherige Erschöpfung der innerstaatlichen Rechtsmittelverfahren sind Voraussetzungen der Zulässigkeit streitiger Gerichtsbarkeit. Gutachten können hingegen direkt vom Interamerikanischen Gerichtshof für Menschenrechte angefordert werden. Indem der Gerichtshof sofort prüft, ob Costa Rica wirksam auf das Vorverfahren und die Erschöpfung der innerstaatlichen Verfahren verzichten konnte, geht er also ohne weiteres vom Vorliegen eines »Falles« aus[529]. Diese Annahme ist nicht zwingend. Die Konvention gebraucht das Wort »Fall« im technischen Sinne[530]. Gemäß Art. 61 in Verbin-

---

[528] Vgl. IAGMR, *Gallardo*-Fall im Register gestrichen, Beschluß vom 8. 9. 1983, Regierung von Costa Rica (in der Rechtssache Viviana Gallardo *et al.*), Nr. G 101/81, EuGRZ 11 (1984), S. 194 f. Richter Piza Escalante macht in seinem abweichenden Votum geltend, der Gerichtshof habe sich, indem er die Rechtssache in Erwartung der Verfahren vor der Kommission in seinem Register behielt, die eigene Beurteilung des Falles vorbehalten. Nachdem die Kommission das Verfahren eingestellt habe, hätte deshalb der Gerichtshof den Fall wieder aufnehmen müssen, *ibid.*, S. 194 ff.

[529] Nur Richter Piza Escalante hält in der Erklärung seines Votums fest, daß der Gerichtshof seiner Auffassung nach deutlich hätte darlegen müssen, daß der Antrag Costa Ricas die Ausübung seiner Zuständigkeit für Streitfälle verlange, EuGRZ 11 (1984), S. 193.

[530] Darauf weist der Interamerikanische Gerichtshof selbst in seinem Gutachten über Beschränkungen der Todesstrafe (Art. 4 Abs. 2 und 4 AMRK) hin. Siehe Nr. 33–35 des Gutachtens vom 8. 9. 1983, Nr. OC-3/83, EuGRZ 11 (1984), S. 207–217 (210).

dung mit Art. 48 Abs. 1 AMRK nimmt ein streitiges Verfahren seinen Ausgang in einer »Beschwerde oder Mitteilung, die die Behauptung einer Verletzung der Menschenrechte enthält«. Ein streitiges Verfahren setzt mehrere Parteien voraus, wobei die Behauptung einer Partei von der Gegenpartei bestritten wird [531]. Costa Rica forderte den Gerichtshof auf zu entscheiden, ob eine ihm zurechenbare Konventionsverletzung stattgefunden habe [532]. Ein solcher, in der Form einer indirekten Frage formulierter Antrag läßt sich eher als Ersuchen um gutachterliche Klärung denn als Behauptung einer Verletzung der Menschenrechte verstehen.

3. Verfahrensfragen

Vor dem Gerichtshof werden in streitigen Verfahren die Parteien und ansonsten die an einem Gutachten interessierten oder irgendwie durch dieses berührten Staaten oder Organe durch Bevollmächtigte vertreten. Costa Rica schickt regelmäßig seinen Außenminister. Aufgetreten sind auch bereits ein Vizeaußenminister, ein Botschafter, ein Parlamentsmitglied u.a. Die Kommission wird durch von ihr bezeichnete Delegierte vertreten, die die Möglichkeit haben, sich durch Personen ihrer Wahl unterstützen zu lassen (Art. 21 VerfO). Das scheint die Möglichkeit einer Entwicklung zu eröffnen, parallel derjenigen, wie sie vor dem Europäischen Gerichtshof für Menschenrechte stattgefunden hat. Trotz Art. 44 EMRK, wonach nur die Hohen Vertragschließenden Teile und die Kommission das Recht haben, vor dem Gerichtshof aufzutreten, hat sich die Position des Individuums vor dem Europäischen Gerichtshof für Menschenrechte in der Praxis und auf der Grundlage der VerfO des Gerichtshofs immer mehr verstärkt. Ansatzpunkt war der mit Art. 21 Satz 2 VerfO des Interamerikanischen Gerichtshofs identische Art. 29 Abs. 1 Satz 2 VerfO des Europäischen Gerichtshofs für Menschenrechte. Mehr und mehr trat der Anwalt, der den Beschwerdeführer vor der Kommission vertreten hatte, zur Unterstützung der Kommission vor dem Gerichtshof auf. Als nächsten Schritt zog dann die Europäische Menschenrechtskommission den Beschwerdeführer selbst im mündlichen Verfahren vor dem Gerichtshof heran. Mit der am 1. Januar 1983 in Kraft getretenen neuen VerfO hat der Europäische Gerichtshof für Menschenrechte die Konsequenzen aus dieser tatsächlichen Verfahrensentwicklung gezogen und dem Individualbeschwerdeführer in Art. 30 VerfO einen formellen Beteiligtenstatus zugebilligt. Darüber hinaus wurde in Art. 40 VerfO dem Beschwerdeführer das Recht verliehen, Anträge auf Beweiserhebung zu stellen. Das zeigt,

---

[531] Zu den Voraussetzungen eines »Falles« im Sinne der streitigen Gerichtsbarkeit siehe IGH, *South West Africa*-Fälle, ICJ Reports 1962, S. 319 ff., 328, und ferner die *dissenting opinion* von Morelli, *ibid.*, S. 567.
[532] Vgl. Nr. 1 des Urteils, EuGRZ 11 (1984), S. 189.

wie weit man bei der Ausfüllung eines Spielraums gehen kann, der durch eine Norm wie Art. 44 EMRK begrenzt ist. Die Verfahrensgestaltung vor dem Europäischen Gerichtshof für Menschenrechte ist im Hinblick auf Art. 44 EMRK eher problematisch, als es eine ähnliche Entwicklung vor dem Interamerikanischen Gerichtshof im Hinblick auf Art. 61 AMRK wäre. Denn Art. 61 AMRK beschränkt in der spanischen und englischen Fassung eindeutig nur das Recht, dem Gerichtshof Fälle zu unterbreiten, auf Staaten und die Kommission, während die französische Fassung des Art. 44 EMRK insoweit Zweifel aufwirft[533]. Bislang mangelt es aber auch in dieser Hinsicht vor allem noch an einer streitentscheidenden Praxis des Interamerikanischen Gerichtshofs.

Der Gerichtshof kann, gegebenfalls mit Hilfe des betreffenden Aufenthaltsstaates, andere Individuen als die Vertreter der Parteien oder die Abgeordneten der Kommission laden[534]. Die Verfahren vor dem Gerichtshof bestehen in der wechselseitigen Unterbreitung von Schriftsätzen, gefolgt von einer mündlichen Verhandlung[535]. Während dieser können der Gerichtshof sowie die Beteiligten Zeugen und Sachverständige benennen und befragen[536]. Die Arbeitssprachen entsprechen den Staatsangehörigkeiten der Richter; sie können sich auch nach dem angeschuldigten oder gegebenenfalls nach dem oder den beschwerdeführenden Staaten richten, sofern es sich um Arbeitssprachen der OAS handelt (Englisch, Französisch, Portugiesisch, Spanisch).

Anders als im europäischen System ist im interamerikanischen ein Armenrecht jedenfalls nicht ausdrücklich geregelt[537]. Eine Möglichkeit wäre, Art. 63 AMRK so auszulegen, daß die danach im Falle einer Menschenrechtsverletzung zu leistende angemessene Entschädigung auch den Ersatz von Anwaltskosten umfaßt. Das liefe aber auf die Gewährung von Armenrecht nur bei erfolgreichen Beschwerden hinaus[538].

---

[533] Art. 44 EMRK lautet (engl. Fassung): "Only the High Contracting Parties and the Commission shall have the right to bring a case before the Court", (französische Fassung): «Seules les Hautes Parties Contractantes et la Commission ont qualité pour se présenter devant la Cour». Zur Stellung des Individualbeschwerdeführers vor dem Europäischen Gerichtshof für Menschenrechte vgl. *Mahoney*, Yearbook of European Law 3 (1984), S. 127–167, und *Schellenberg* (Anm. 156), S. 210–217.
[534] Art. 22 VerfO des Interamerikanischen Gerichtshofs für Menschenrechte.
[535] Art. 28–44 VerfO.
[536] Art. 35 und 38 VerfO.
[537] Zum Armenrecht im europäischen System vgl. Addendum to Rules of Procedure of the European Commission of Human Rights, in: *Oellers-Frahm/Wühler*, Dispute Settlement in Public International Law, Texts and Materials (1984), S. 270 f. Das Armenrecht kann nicht nur für Anwaltskosten, sondern auch für die Reisekosten und andere notwendigen Nebenkosten des Beschwerdeführers und seines Anwalts gewährt werden.
[538] Vgl. *Shelton*, German Yearbook of International Law 26 (1983), S. 238–268 (252).

4. Einstweilige Anordnungen [539]

Gemäß Art. 63 Abs. 1 AMRK entscheidet der Gerichtshof, ob eine Verletzung der in der Konvention garantierten Rechte und Freiheiten stattgefunden habe. Er bestimmt gegebenenfalls die Rechte des Opfers und kann darüber hinaus geeignete Abhilfemaßnahmen festlegen. Die Urteile müssen begründet werden [540]. Sie sind endgültig und unterliegen nicht der Berufung [541].

Neben Urteilen ist der Gerichtshof auch für den Erlaß einstweiliger Anordnungen zuständig [542]. Dafür müssen die üblichen Voraussetzungen äußerster Schwere und Dringlichkeit sowie die Notwendigkeit, einen irreparablen Schaden zu verhindern, vorliegen. Denkbar sind zwei Konstellationen: Ein Fall kann dem Gerichtshof in dem Zeitpunkt bereits vorliegen, zu dem das Ergreifen vorläufiger Maßnahmen geboten erscheint. Aber auch dann, wenn der Gerichtshof auf regulärem Wege noch gar nicht mit der Angelegenheit befaßt wurde, kann er auf Ersuchen der Kommission eine einstweilige Anordnung erlassen. Dies geht über die nach der Verfahrensordnung des Europäischen Gerichtshofs für Menschenrechte und dem Statut des Internationalen Gerichtshofs gegebenen Möglichkeiten hinaus; dort können einstweilige Maßnahmen erst ergriffen werden, wenn die Rechtssache vor Gericht anhängig ist oder jedenfalls gleichzeitig mit dem Antrag auf Erlaß einstweiliger Maßnahmen anhängig gemacht wird [543].

Ist eine Rechtssache vor dem Interamerikanischen Gerichtshof anhängig, können einstweilige Anordnungen in jedem Stadium des Verfahrens beantragt oder vom Gerichtshof *ex officio* erlassen werden. Der Gerichtshof kann zwar einstweilige Anordnungen auch nur innerhalb seiner Zuständigkeit erlassen. Bei der Prüfung der Zuständigkeit können sich aber komplexe Probleme ergeben, so daß eine *prima facie*-Beurteilung der Zuständigkeit ausreichen muß [544]. Das gilt sogar dann, wenn selbst die Interamerikanische Menschenrechtskommission noch keine Gelegenheit hatte, sich mit Fragen der Zuständigkeit zu befassen. Die *prima facie*-Bejahung der Zuständigkeit berechtigt den Gerichtshof dann allerdings nur zum Ergreifen vorläufiger Maßnahmen; im übrigen bleibt die Kommission zuständig.

---

[539] Zum folgenden *Buergenthal*, EuGRZ 11 (1984), S. 178 f., und *derselbe*, AJIL 76 (1982), S. 239–241.

[540] Art. 66 Abs. 1 AMRK.

[541] Art. 67 AMRK.

[542] Art. 63 Abs. 2 AMRK, Art. 23 VerfO des Gerichtshofs. Vgl. auch *Shelton*, German Yearbook of International Law 26 (1983), S. 238–268 (251).

[543] Art. 36 VerfO EGMR und Art. 41 IGH-Statut. Siehe auch *Oellers-Frahm* (Anm. 366), *passim*, sowie *Rosenne*, Procedure in the International Court (1983), S. 151.

[544] Das entspricht allgemeinen Regeln des nationalen und internationalen Prozeßrechts. Zum internationalen Recht siehe IGH, United States Diplomatic and Consular Staff in Tehran (*United States* v. *Iran*), Provisional Measures, Order of 15 Dezember 1979, ICJ Reports 1979, S. 7 ff., 10. Weitere Nachweise zur einstweiligen Anordnung in der internationalen Gerichtsbarkeit, siehe oben Anm. 365 und 366.

Hat sich ein Staat der streitigen Gerichtsbarkeit des Interamerikanischen Gerichtshofs nicht unterworfen, könnte die Kommission ihn jederzeit auffordern, diese Zuständigkeit *ad hoc* anzuerkennen[545].

Da die Staaten sich jederzeit *ad hoc* der Zuständigkeit des Gerichtshofs unterwerfen können, ist davon auszugehen, daß die Kommission auch hinsichtlich eines Staates einstweilige Anordnungen beim Gerichtshof beantragen kann[545], der sich noch nicht der streitigen Gerichtsbarkeit unterworfen hat. Aber der Gerichtshof könnte diesem Ersuchen erst nachkommen, wenn der betreffende Staat, sei es auf Anforderung der Kommission oder des Gerichtshofs hin, sich der Gerichtsbarkeit für diesen Fall unterworfen hätte[546]. Das steht in Einklang mit den Regeln über die internationale Gerichtsbarkeit, die auf die Zustimmung der Staaten angewiesen ist. Allenfalls wäre ein Staat, der diese *ad hoc*-Unterwerfung in der angedeuteten ausdrücklichen Weise verweigert, einem gewissen Rechtfertigungsdruck vor der Öffentlichkeit ausgesetzt.

5. Die Durchsetzung der Urteile

Der Gerichtshof hat keine eigenen Vollstreckungsorgane, aber die Konvention enthält Vorschriften, die die Durchsetzung seiner Urteile betreffen. Gemäß Art. 68 AMRK verpflichten sich die Hohen Vertragschließenden Teile, den Urteilen des Gerichtshofs in allen Fällen Folge zu leisten, an denen sie als Parteien beteiligt waren.

Gemäß Art. 65 AMRK unterbreitet der Gerichtshof der Generalversammlung der OAS Jahresberichte, in denen er besonders die Fälle aufführt, in denen ein Staat seine Urteile nicht befolgt hat und in denen er entsprechende Empfehlungen abgibt. Die Verletzung internationaler Pflichten wird dadurch sanktioniert, daß sie zum Gegenstand der Aufmerksamkeit eines politischen Organs gemacht wird. Da der Gerichtshof sich detailliert äußern und die Verletzerstaaten namentlich aufführen kann, ist die Chance gegeben, daß so erfolgreich Druck auf die Staaten ausgeübt wird[547].

Art. 68 Abs. 2 AMRK enthält eine Sonderregelung für den Teil eines Urteils, der Schadensersatz in Geld zuerkennt. Er ist nach Maßgabe des innerstaatlichen Vollstreckungsverfahrens gegen den Staat durchzusetzen. Die Wirksamkeit dieser Regelung hängt davon ab, wie in den einzelnen Staaten

---

[545] Siehe auch Art. 63 Abs. 2 Satz 2 AMRK.
[546] Vgl. Richter *Buergenthal*, Anuario Jurídico Interamericano 1981, S. 80 ff. (101), in deutscher Übersetzung in EuGRZ 11 (1984), S. 169 ff. (179).
[547] Organe des internationalen Menschenrechtsschutzes dürfen oft nur allgemeine Empfehlungen abgeben. Im Verfahren gemäß UN-Res. 1503 dürfen z. B. die Namen der Opfer nicht genannt werden; Gegenstand des Verfahrens sind nur "persistent patterns of gross violations of human rights".

Urteile gegen den Staat durchgesetzt werden können[548]. Eine interessante Vorschrift über die innerstaatliche Wirkung von Entscheidungen des Interamerikanischen Gerichtshofs enthält auch das Headquarters Agreement mit Costa Rica. Gemäß Art. 27 des Übereinkommens haben Entscheidungen des Gerichtshofs, und gegebenenfalls seines Präsidenten, die gleiche Wirkung wie solche der Gerichte Costa Ricas, sobald sie den zuständigen Organen der Exekutive und Judikative übermittelt worden sind[549].

B. Die Gutachten

1. Umfang der Zuständigkeit zur Gutachtenerstattung – das Gutachten über »Andere Verträge« im Sinne des Art. 64 AMRK[550]

Art. 64 AMRK regelt die beratende Gerichtsbarkeit des Interamerikanischen Gerichtshofs für Menschenrechte. Der Gerichtshof hat viele Fragen, die sich bei der Auslegung dieser Norm ergeben, in seinem von Peru angeforderten Gutachten über die Bedeutung »Anderer Verträge« im Sinne von Art. 64 AMRK behandelt. Eine Erörterung des Umfangs der beratenden Zuständigkeit des Interamerikanischen Gerichtshofs kommt deshalb einer Darlegung der genannten Entscheidung nahe.

a) Rechtsvergleichend

Art. 64 AMRK gibt dem Interamerikanischen Gerichtshof eine im internationalen Vergleich außerordentlich weite Zuständigkeit zur Gutachtenerstattung. Das wird bei einer Gegenüberstellung von Art. 64 AMRK, Art. 96 UN-Charta und Art. 1 des 2. Zusatzprotokolls zur EMRK deutlich. Art. 96 UN-Charta und Art. 1 des 2. Zusatzprotokolls sind bereits bei der Bestimmung der möglichen Antragsteller erheblich restriktiver. Nur die Generalversammlung oder der Sicherheitsrat oder andere von der Generalversammlung ermächtigte Organe und Sonderorganisationen der Vereinten Nationen können Gutachten vom Internationalen Gerichtshof anfordern; nur der Ministerausschuß des Europarats ist antragsberechtigt vor dem Europäischen Ge-

---

[548] Zur nicht ganz eindeutigen Regelung des Art. 68 Abs. 2 AMRK siehe *Buergenthal*, EuGRZ 11 (1984), S. 179.

[549] Vgl. Agreement between the Government of the Republic of Costa Rica and the Inter-American Court of Human Rights, Handbook, S. 181 ff. Zu Art. 27 des Übereinkommens siehe *Buergenthal*, AJIL 76 (1982), S. 240.

[550] Gutachten vom 24. 9. 1982, Nr. OC-1/82 über »Andere Verträge«, die der Zuständigkeit des Gerichtshofs zur Gutachtenerstattung unterliegen (Art. 64 AMRK) – Antragsteller: Peru, EuGRZ 11 (1984), S. 196–202. Zu dieser Entscheidung gibt es eine Anmerkung von *Parker*, The American University Law Review 33 (1983), S. 211–246.

richtshof für Menschenrechte. Gemäß Art. 64 AMRK können hingegen alle in Kapitel X der Charta der OAS genannten Organe, d. h. die Generalversammlung, die Konsultationstreffen der Außenminister, die Räte, der Interamerikanische Juristenausschuß, die Interamerikanische Menschenrechtskommission, das Generalsekretariat und die Sonderkonferenzen und Sonderorganisationen der OAS Gutachten beim Interamerikanischen Gerichtshof anfordern. Darüber hinaus sind alle Mitgliedstaaten der Organisation, und zwar auch diejenigen, die die Amerikanische Menschenrechtskonvention noch nicht ratifiziert haben, antragsberechtigt. Die Organe der OAS können nur »innerhalb ihres Zuständigkeitsbereichs« um Gutachten ersuchen, während das Antragsrecht der Staaten insoweit unbeschränkt ist. *De facto* geht aber das Antragsrecht der Interamerikanischen Menschenrechtskommission genausoweit wie das der Staaten[551].

Im übrigen ist *ratione materiae* die Zuständigkeit des Interamerikanischen Gerichtshofs zur Gutachtenerstattung besonders weit. Sie ist nicht auf die Auslegung der Amerikanischen Menschenrechtskonvention beschränkt, sondern erstreckt sich auch auf »andere Verträge, die den Schutz der Menschenrechte in den amerikanischen Staaten betreffen«. Der Europäische Gerichtshof für Menschenrechte kann dagegen nur Gutachten über die Auslegung der Europäischen Menschenrechtskonvention und ihrer Zusatzprotokolle erstellen. Ausgeschlossen von dieser Zuständigkeit sind dabei noch Rechtsfragen, die sich auf Inhalt und Ausmaß der in Abschnitt I der EMRK garantierten Menschenrechte und Grundfreiheiten beziehen, sowie alle Fragen, die potentieller Gegenstand eines streitigen Verfahrens auf der Grundlage der Europäischen Menschenrechtskommission sein können. Die Verfasser der Amerikanischen Menschenrechtskonvention kannten die restriktive Zuständigkeit des Europäischen Gerichtshofs für Menschenrechte zur Gutachtenerstattung, aber obwohl sie sich sonst sehr an der Europäischen Menschenrechtskonvention orientierten, folgten sie in diesem Punkte nicht dem europäischen Vorbild, sondern faßten die beratende Zuständigkeit des Interamerikanischen Gerichtshofs bewußt weit.

Auf Grund der weiten Fassung des Art. 64 AMRK, der keinen internationalen Vertrag von vornherein als Gegenstand eines Gutachtens ausschließt, leitet der Gerichtshof sogar eine Vermutung für seine Zuständigkeit ab. Da ein restriktiver Zweck nicht ausdrücklich ausgesprochen sei, könne man einen solchen auch nicht annehmen[552]. Diese Interpretation des Gerichtshofs, der seine Zuständigkeit generell annimmt, wenn sie nicht anderweitig ausgeschlossen ist, kehrt den herkömmlichen Interpretationsgrundsatz

---

[551] IAGMR, Gutachten über die Wirkung von Vorbehalten auf das Inkrafttreten der Amerikanischen Menschenrechtskonvention, EuGRZ 11 (1984), S. 202–207 (203).
[552] Gutachten über »Andere Verträge« (Anm. 550), Nr. 37.

Rechtsvergleichend

um, wonach die internationalen Organisationen übertragenen Zuständigkeiten eng auszulegen sind[553].

Wird die Zuständigkeit des Interamerikanischen Gerichtshofs weit ausgelegt und insbesondere auch auf Verträge, die außerhalb des interamerikanischen Systems abgeschlossen wurden, erstreckt, so erhöht sich die Gefahr, daß verschiedene internationale Organe nicht in Übereinklang zu bringende Entscheidungen erlassen. Dem setzt der Gerichtshof entgegen, daß die Möglichkeit kollidierender Entscheidungen in jedem nationalen Rechtssystem bestehe, in dem nicht alle Gerichte in eine hierarchische Ordnung eingegliedert seien; insoweit ließen sich Konflikte nicht vermeiden. Auf völkerrechtlicher Ebene schlösse auch eine restriktive Auslegung des Art. 64 AMRK die Möglichkeit widersprüchlicher Entscheidungen nicht aus. So könne z. B. der IGH Gutachten über jede Rechtsfrage erstellen, also auch über die Auslegung zweifellos unter Art. 64 AMRK fallender Verträge. Nach Auffassung des Interamerikanischen Gerichtshofs handelt es sich auch um keine schwerwiegende Gefahr, da nur Widersprüche im Rahmen von Gutachten in Frage stünden, denen die rechtliche Bindungskraft von Urteilen fehlt[554].

Einwenden läßt sich, daß an sich nicht verbindliche Gutachten unter Umständen gleichen oder mehr Einfluß auf die Staatenpraxis und Rechtsentwicklung nehmen als Urteile. So bildete das Gutachten des IGH über Vorbehalte zur Konvention zur Verhinderung und Bestrafung des Verbrechens des Völkermords[555] den Ausgangspunkt einer Entwicklung, die in das Vorbehaltssystem der Wiener Vertragsrechtskonvention mündete. Und wenn der Gerichtshof davon ausgeht, daß bei internationalen Organen keine Hierarchie bestehe, ließe sich entgegenhalten, daß jeweils das durch den betreffenden Vertrag eingesetzte Organ am ehesten zu dessen Auslegung berufen sei. Dementsprechend könnte man eine Bindung des Interamerikanischen Gerichtshofs an die Entscheidungen des auf der Grundlage des Paktes über bürgerliche und politische Rechte eingesetzten Ausschusses für Menschenrechte hinsichtlich der in diesem Pakt verbürgten Rechte annehmen. Hat sich der Ausschuß allerdings noch nicht zu einer Frage über die Auslegung des Paktes geäußert, wäre der Interamerikanische Gerichtshof deswegen nicht gehindert, ein Gutachten zu erstellen, wenn die betreffende Frage sich im interamerikanischen System erhebt.

Schließlich ist der Vermutung Rechnung zu tragen, daß Staaten, die sich an mehreren Schutzsystemen beteiligen, einen möglichst effektiven Schutz des Einzelnen anstreben. Das Bestreben, widersprüchliche Entscheidungen zu vermeiden, darf deshalb dem Einzelnen nicht zum Nachteil gereichen[556].

---

[553] Vgl. *Shelton*, German Yearbook of International Law 26 (1983), S. 238–268 (256).
[554] Gutachten über »Andere Verträge« (Anm. 550), Nr. 50 und 51.
[555] IGH, *Reservations to the Genocide Convention*, ICJ Reports 1951, S. 15 ff.
[556] Siehe oben S. 73 ff. und *Shelton*, German Yearbook of International Law 26 (1983), S. 238–268 (256 f.), die die Anwendung des *most favorable law* empfiehlt.

b) »Andere Verträge« im Sinne des Art. 64 AMRK

aa) Die verschiedenen Auslegungsmöglichkeiten

Gegenstand des von Peru vom Interamerikanischen Gerichtshof erbetenen Gutachtens war die Auslegung der Formulierung »andere Verträge, die den Schutz der Menschenrechte in den amerikanischen Staaten betreffen«. Man kann sie beziehen auf: (a) nur Verträge, die im Rahmen oder unter den Auspizien des interamerikanischen Systems geschlossen wurden, oder (b) Verträge, bei denen ausschließlich amerikanische Staaten Vertragsparteien sind, oder (c) alle Verträge, bei denen einer oder mehrere amerikanische Staaten Parteien sind. Im Hinblick auf den Charakter der Verträge fragt sich, ob es sich um Menschenrechtsverträge im engeren Sinne handeln muß oder ob schon einige Bestimmungen über die Menschenrechte innerhalb eines Vertrages, der ansonsten einen anderen Regelungsgegenstand betrifft, die Zuständigkeit des Gerichtshofs begründen. Wenn die letztgenannte Möglichkeit zutrifft, könnte der Interamerikanische Gerichtshof auch ersucht werden, Bestimmungen der UN-Charta auszulegen.

Bei der Beantwortung der sich so erhebenden Fragen ist von der dargelegten, grundsätzlich weiten Zuständigkeit des Interamerikanischen Gerichtshofs zur Gutachtenerstattung auszugehen. Aus seinem besonderen Status als einer interamerikanischen Institution ergibt sich allerdings noch nicht die Beschränkung seiner Zuständigkeit auf Verträge, die im Rahmen des interamerikanischen Systems abgeschlossen wurden. Das folgt daraus, daß die verschiedenen Organe der OAS, die der Gerichtshof beraten soll, häufig Verträge mit einem über den Kreis der OAS-Staaten hinausgehenden Geltungsbereich anwenden müssen. Andererseits kann der Gerichtshof aber nicht über Fragen der inneren Struktur von internationalen Organisationen außerhalb des interamerikanischen Systems befinden. Ebensowenig erstreckt sich seine Zuständigkeit auf Gegenstände, die ausschließlich Staaten, die der OAS nicht beigetreten sind, betreffen. Solche Staaten könnten auch vor dem Interamerikanischen Gerichtshof nicht erscheinen, so daß der Grundsatz des rechtlichen Gehörs verletzt wäre.

bb) Das Merkmal »in den amerikanischen Staaten«

Der Gerichtshof leitet aus dem Kontext von Art. 64 her, daß unter »amerikanische Staaten« alle diejenigen zu verstehen seien, die die Amerikanische Menschenrechtskonvention ratifizieren können, d.h. alle Mitgliedstaaten der OAS[557]. Er betont den geographisch-politischen Aspekt des Terminus »in den amerikanischen Staaten«. Es komme weniger darauf an, daß ein Vertrag zwischen amerikanischen Staaten geschlossen worden sei, als vielmehr darauf,

---

[557] Siehe Art. 74 AMRK.

daß er in einem oder mehreren amerikanischen Staaten wirksam sei. Der Ursprung oder die Quelle des Vertrages trete insoweit hinter seinem Anwendungsbereich zurück. Auch ein unter den Auspizien der Vereinten Nationen geschlossener Vertrag kann demnach ein »Vertrag« sein, »der den Schutz der Menschenrechte in den amerikanischen Staaten betrifft«.

cc) Die besonderen Umstände des Einzelfalles und der Universalismus der Menschenrechte

Im übrigen kommt es nach der Auffassung des Gerichtshofs auf die besonderen Umstände des Einzelfalles an. Das gelte noch verstärkt für Gutachten auf der Grundlage von Art. 64 Abs. 2 AMRK, wonach das nationale Recht der Mitgliedstaaten auf seine Vereinbarkeit mit der Amerikanischen Menschenrechtskonvention und »anderen Verträgen, die den Schutz der Menschenrechte in den amerikanischen Staaten betreffen«, überprüft werden kann. Auch wenn der Gerichtshof den Staaten bei der Erfüllung ihrer internationalen Verpflichtungen im Bereich der Menschenrechte helfen solle, könne es in einer bestimmten Situation wenig ratsam erscheinen, daß er einen außerhalb des interamerikanischen Systems geschlossenen Vertrag interpretiere. Auf der anderen Seite widerspräche es dem Universalismus der Menschenrechte, wenn der Gerichtshof von vornherein die Auslegung von Bestimmungen über Menschenrechte ablehnen würde, die ihren Ursprung nicht im Rahmen der OAS haben. Parallel hierzu fordert Art. 29 (b) AMRK, keine Vorschrift der Konvention dürfe in der Weise ausgelegt werden, daß sie die Rechte und Freiheiten nach dem innerstaatlichen Recht oder anderen internationalen Verträgen beschränke. Dem entspricht, daß der Interamerikanische Gerichtshof auch Rechte und Freiheiten aus Verträgen außerhalb des Systems der OAS interpretieren kann, um ihnen zu größerer Wirksamkeit zu verhelfen.

Nach dem Gutachten über »andere Verträge, die den Schutz der Menschenrechte in den amerikanischen Staaten betreffen«, erstreckt sich die Zuständigkeit des Interamerikanischen Gerichtshofs zur Gutachtenerstattung also auf jede Vertragsnorm, die Menschenrechte betrifft und in den amerikanischen Staaten wirksam ist, ohne Rücksicht auf den Hauptgegenstand des Vertrages sowie auf die Frage, ob Staaten, die keine Mitglieder der OAS sind, Vertragsparteien sind oder werden können.

c) Der fakultative Charakter der Zuständigkeit für Gutachten

Der Interamerikanische Gerichtshof erläutert weiterhin, daß seine Zuständigkeit für Gutachten, wie auch diejenige des IGH, fakultativ ist. Der Gerichtshof hat einen weiten Beurteilungsspielraum, wenn er abwägt, ob im Einzelfall ein Gutachtenantrag die Grenzen der ihm durch die Konvention übertragenen Zuständigkeiten überschreitet. Allerdings besteht eine Vermutung dafür, daß einem Gutachtenantrag stattzugeben ist. Der Gerichtshof muß zwingende Gründe haben und diese gemäß Art. 66 AMRK darlegen, wenn er einen Antrag ablehnt. Bei den hierbei anzustellenden Erwägungen wendet der Gerichtshof im wesentlichen zwei Kriterien an: 1. ob ein direkter Bezug zum Schutz der Menschenrechte in einem Mitgliedstaat der OAS besteht und 2. ob das zu erstellende Gutachten möglicherweise die streitige Gerichtsbarkeit oder, allgemein, das durch die Konvention errichtete Schutzsystem schwächt oder verändert [558].

2. Das Gutachten über die Wirkung von Vorbehalten auf das Inkrafttreten der Amerikanischen Menschenrechtskonvention (Art. 75 AMRK in Verbindung mit Art. 19, 20 WVK) [559]

a) Art. 19 (b) und 20 Abs. 1 WVK

Im Gutachten über die Wirkung von Vorbehalten auf das Inkrafttreten der Amerikanischen Menschenrechtskonvention hatte der Gerichtshof zu entscheiden, wann die Konvention für einen Staat in Kraft tritt, der sie unter Anbringung eines Vorbehaltes ratifiziert. Grundsätzlich tritt die Konvention, nachdem sie nach Beitritt der ersten elf Staaten allgemein rechtsverbindlich wurde, für jeden einzelnen Staat am Tage der Hinterlegung seines Ratifikations- oder Beitrittsinstrumentes in Kraft [560]. Fraglich ist, ob das auch gilt, wenn ein Staat unter Anbringung eines Vorbehaltes beitritt. Nach Art. 75 AMRK sind Vorbehalte zur Amerikanischen Menschenrechtskonvention nur in Übereinstimmung mit den Vorschriften der Wiener Vertragsrechtskonvention zulässig. Die Amerikanische Menschenrechtskonvention verbietet weder Vorbehalte (Art. 19 (a) WVK), noch sieht sie vor, daß nur bestimmte Vorbehalte gemacht werden dürfen (Art. 19 (b) WVK). Deshalb findet

---

[558] Gutachten vom 24. 9. 1982, Nr. OC-1/82 über »Andere Verträge«, die der Zuständigkeit des Gerichtshofs zur Gutachtenerstattung unterliegen (Art. 64 AMRK) – Antragsteller: Peru, EuGRZ 11 (1984), S. 196–202 (Nr. 28–31) und dazu *Shelton*, German Yearbook of International Law 26 (1983), S. 238–268 (255).

[559] Gutachten vom 24. 9. 1982, Nr. OC-2/82 über die Wirkung von Vorbehalten auf das Inkrafttreten der Amerikanischen Menschenrechtskonvention (Art. 74, 75 AMRK) – Antragsteller: die Interamerikanische Menschenrechtskommission, EuGRZ 11 (1984), S. 202–207. In diesem Gutachten kommt es sehr stark auf die verschiedenen Auslegungsmöglichkeiten völkerrechtlicher Verträge an. Dazu allgemein *Bernhardt,* Die Auslegung völkerrechtlicher Verträge, insbesondere in der neueren Rechtsprechung internationaler Gerichte (1963), S. 188.

Das Gutachten wurde von der Interamerikanischen Menschenrechtskommission anläßlich der Wahl der Richter des Gerichtshofs nach dem Inkrafttreten der AMRK angefordert. Der Justiziar der OAS vertrat die Auffassung, daß sich weder Mexiko noch Barbados an der Wahl beteiligen könnten, da sie die Konvention unter Anbringung von Vorbehalten ratifiziert hatten und die in der Wiener Vertragsrechtskonvention bestimmte Frist für die Annahme von Vorbehalten durch andere Staaten noch nicht abgelaufen war.

[560] Art. 74 Abs. 2 AMRK.

Art. 19 (c) WVK Anwendung, demzufolge nur die mit Ziel und Zweck des Vertrages zu vereinbarenden Vorbehalte zulässig sind. Mit Ziel und Zweck der Amerikanischen Menschenrechtskonvention vereinbare Vorbehalte fallen nach der Auffassung des Gerichtshofs aber nicht unter Art. 20 Abs. 4 WVK, wonach solche Vorbehalte annahmebedürftig sind. Durch eine solche Annahme können die übrigen Vertragsstaaten über die Vereinbarkeit des Vorbehaltes mit Ziel und Zweck des Vertrages entscheiden. Der Interamerikanische Gerichtshof wendet vielmehr Art. 20 Abs. 1 WVK an, wonach mit Ziel und Zweck der Amerikanischen Menschenrechtskonvention vereinbare Vorbehalte sofort mit Hinterlegung des Beitrittsinstrumentes in Kraft treten, ohne daß es einer Annahme durch die anderen Hohen Vertragschließenden Teile bedarf. Das ist wegen des systematischen Zusammenhangs, der zwischen »ausdrücklich zugelassenen Vorbehalten« im Sinne von Art. 20 Abs. 1 WVK und »bestimmten Vorbehalten« im Sinne von Art. 19 (b) WVK besteht, bedenklich.

Der Interamerikanische Gerichtshof betrachtet Art. 75 AMRK, demzufolge Vorbehalte nur in Übereinstimmung mit der Wiener Vertragsrechtskonvention zulässig sind, als einen Fall des »ausdrücklich zugelassenen Vorbehalts« im Sinne von Art. 20 Abs. 1 WVK. Er führt aus, »daß Art. 20 Abs. 1, indem er von ›einem durch einen Vertrag ausdrücklich zugelassenen Vorbehalt‹ spricht, durch diesen Terminus nicht auf bestimmte Vorbehalte beschränkt wird. Ein Vertrag kann ausdrücklich einen oder mehrere bestimmte Vorbehalte oder Vorbehalte allgemein zulassen. Wenn dem Vertrag letzteres zu entnehmen ist, was vom Gerichtshof für die Konvention angenommen wird, müssen die sich ergebenden Vorbehalte, die sonach ausdrücklich zugelassen sind, nicht anders als ausdrücklich zugelassene, bestimmte Vorbehalte behandelt werden. Der Gerichtshof möchte in diesem Zusammenhang betonen, daß – anders als Art. 19 (b), der sich auf ›bestimmte Vorbehalte‹ bezieht – Art. 20 Abs. 1 keine solche restriktive Formulierung enthält und deshalb die in diesem Gutachten gewählte Auslegung des Art. 75 der Konvention erlaubt« [561].

Der Gerichtshof betont also den unterschiedlichen Wortlaut von Art. 19 (b) und Art. 20 Abs. 1 WVK. Er beachtet offenbar nicht, daß Art. 20 Abs. 1 WVK eine Ausnahmevorschrift ist, nach der die »nachträgliche Annahme« eines Vorbehalts auf Grund der Fiktion entbehrlich ist, gemäß der die Staaten »ausdrücklich zugelassenen Vorbehalten« schon bei Abfassung des Vertrages antizipiert zustimmen [562]. »Ausdrücklich zugelassene Vorbehalte« (Art. 20 Abs. 1) müssen deshalb ihrer Art nach vorhersehbar und damit

---

[561] Nr. 36 des Gutachtens, EuGRZ 11 (1984), S. 206.
[562] Vorbehalte bedürfen grundsätzlich der Annahme. Das steht im Zusammenhang mit der Vertragsfreiheit und dem Prinzip der Vertragsintegrität. Vgl. dazu IGH, *Reservations to the Genocide Convention,* ICJ Reports 1951, S. 15 ff. (21 ff.).

»bestimmt« (Art. 19 (b)) sein[563]. Auf Vorbehalte, deren einzige Voraussetzung es ist, daß sie mit Sinn und Zweck des Vertrages vereinbar sein müssen (Art. 19 (c)), ist Art. 20 Abs. 1 WVK nicht anwendbar. Sonst wäre auch kaum ein Anwendungsbereich für die Auffangregelung des Art. 20 Abs. 4 ersichtlich.

b) Der besondere Charakter humanitärer Verträge

Der Interamerikanische Gerichtshof unterstreicht bei seiner Interpretation des Art. 75 AMRK in Verbindung mit Art. 19, 20 WVK den besonderen Charakter humanitärer Verträge. Er stützt sich dabei auf die Praxis der Europäischen Menschenrechtskommission sowie auf das Gutachten des Internationalen Gerichtshofs über Vorbehalte zur Konvention zur Verhinderung und Bestrafung des Verbrechens des Völkermordes[564]. Es handele sich nicht um mehrseitige Verträge traditioneller Art, die zur Durchführung des Austauschs von Rechten zum gegenseitigen Nutzen der vertragschließenden Staaten geschlossen werden, sondern um die Errichtung einer gemeinsamen öffentlichen Ordnung. Das Reziprozitätselement trete hinter dem objektiven Charakter moderner Menschenrechtsverträge zurück, was auch in Art. 60 Abs. 5 WVK zum Ausdruck komme. Daß es nicht nur um zwischenstaatliche Rechte und Pflichten gehe, werde bei der Amerikanischen Menschenrechtskonvention besonders dadurch deutlich, daß sie ein obligatorisches Petitionsrecht des Individuums an die Menschenrechtskommission enthält, während sie den Staaten nur ein fakultatives Petitionsrecht einräumt[565]. Einem Vertrag, der dem Schutz des Einzelnen eine so große Bedeutung zumesse, daß er das Recht zur Individualbeschwerde vom Zeitpunkt der Ratifikation an obligatorisch mache, könne man kaum die Intention unterstellen, das Inkrafttreten des Vertrages hinauszuzögern, bis mindestens ein anderer Staat bereit sei, den einen Vorbehalt anbringenden Staat als Partei anzuerkennen. Deshalb sei der Verweis in Art. 75 AMRK auf die Wiener Vertragsrechtskonvention nur sinnvoll, wenn er als eine ausdrückliche Ermächtigung verstanden werde, die den Staaten ermöglichen solle, alle Vorbehalte anzubringen, die sie für angemessen hielten, soweit sie nicht mit Ziel und Zweck der Amerikanischen Menschenrechtskonvention unvereinbar seien. Als solche fie-

---

[563] Vgl. *Bowett,* The British Year Book of International Law 48 (1976/77), S. 67–92 (85): "Merely to permit reservations to specific articles is not to make such reservations 'expressly authorized', for the Parties may have no means of knowing what the content of the reservation may be. Express authorization presupposes that the content of the reservation is known by the Parties in advance, so that they can be regarded as having already agreed to it".
[564] Europäische Menschenrechtskommission, *Austria v. Italy,* Appl. No. 7881/60, Yearbook 4 (1960), S. 116 ff. (138 und 140), und IGH, *Reservations to the Genocide Convention,* ICJ Reports 1951, S. 15 ff. (23 f.).
[565] Art. 44, 45 AMRK.

Verfahrensfragen

len sie unter die Regelung von Art. 20 Abs. 1 WVK und bedürften somit nicht der Annahme. Im übrigen stehe es den Staaten frei, ihr berechtigtes Interesse, mit Ziel und Zweck der Konvention unvereinbare Vorbehalte auszuschließen, durch Rückgriff auf das streitige und das gutachterliche Verfahren vor dem Gerichtshof geltend zu machen [566].

Der Interamerikanische Gerichtshof orientiert seine Interpretation der Wiener Vertragsrechtskonvention also sehr stark an Ziel und Zweck von Menschenrechtsverträgen im allgemeinen und der Amerikanischen Menschenrechtskonvention im besonderen. Einzuräumen ist, daß der dem Vorbehaltsregime der Wiener Vertragsrechtskonvention zugrundeliegende Reziprozitätsgedanke nur eingeschränkt der *ratio* der Menschenrechtsverträge entspricht. Wenn aber ein Menschenrechtsvertrag Vorbehalte nicht selbst regelt, sondern auf die Wiener Vertragsrechtskonvention verweist, dann müssen auch deren Systematik und der Sinn und Zweck ihrer Vorschriften in Rechnung gestellt werden. Diesen Gedanken hat der Interamerikanische Gerichtshof zurücktreten lassen, auch wenn seine Interpretation mit dem Wortlaut der Art. 19 und 20 WVK als solchem vereinbar ist. Seine Auslegung von Art. 19 und 20 WVK im Gutachten über die Wirkung von Vorbehalten auf das Inkrafttreten der Amerikanischen Menschenrechtskonvention ist aber jedenfalls nicht verallgemeinerungsfähig [566a].

3. Das Gutachten über Interpretation und Reichweite eines Vorbehalts zu Art. 4 Abs. 4 AMRK [567]

Art. 4 Abs. 4 AMRK verbietet die Todesstrafe für politische und damit in Zusammenhang stehende gemeine Verbrechen. Guatemala erstreckte die Todesstrafe auf der Grundlage eines Vorbehaltes zu Art. 4 Abs. 4 AMRK nach Inkrafttreten der Konvention auf gemeine Verbrechen, die mit politischen Verbrechen in Zusammenhang stehen. Fraglich war, ob dies ohne eine Verletzung von Art. 4 Abs. 2 *in fine* möglich war, denn dort ist bestimmt, daß die Anwendung der Todesstrafe keinesfalls auf solche Verbrechen erstreckt werden darf, auf die sie zum Zeitpunkt des Inkrafttretens der Konvention nicht anwendbar war. Eine Verletzung von Art. 4 Abs. 2 AMRK könnte ausgeschlossen werden, wenn sich der Vorbehalt zu Art. 4 Abs. 4 auch auf Art. 4 Abs. 2 AMRK erstreckte. Zunächst aber hatte der Gerichtshof verfahrensrechtliche Fragen und Fragen seiner Zuständigkeit zu klären.

---

[566] Nr. 38 des Gutachtens, EuGRZ 11 (1984), S. 206.
[566a] Kritisch auch *Kühner*, Vorbehalte zu multilateralen völkerrechtlichen Verträgen (1986), S. 150 ff.
[567] Gutachten vom 8. 9. 1983, Nr. OC-3/83, Beschränkungen der Todesstrafe (Art. 4 Abs. 2 und 4 AMRK) – Antragsteller: die Interamerikanische Menschenrechtskommission, EuGRZ 11 (1984), S. 207–217.

a) Verfahren

Hinsichtlich des Verfahrens war zu prüfen, ob die Ständige Kommission[568] des Gerichtshofs befugt war, den Staaten Erwägungen zur materiellen Rechtslage gleichzeitig mit Einwänden gegen die Zuständigkeit des Gerichtshofs zu unterbreiten. Der Gerichtshof nimmt an, daß er mit der Erstellung eines Gutachtens befaßt ist. Deshalb gebe es keine Parteien, die seine Zuständigkeit vorher anerkennen müßten. Zwar könnten Interessen der Staaten, wie der Gerichtshof zugesteht, auch durch rechtlich nicht verbindliche Gutachten berührt werden. Aber solchen Interessen wird durch die Möglichkeit einer vollen Teilnahme der Staaten am gutachterlichen Verfahren Rechnung getragen[569]. Die einzige Folge, die sich im gutachterlichen Verfahren aus einer gleichzeitigen Behandlung der mit der Zuständigkeit und der mit der materiellen Rechtslage zusammenhängenden Fragen ergebe, sei, daß die interessierten Staaten und Organe ihre rechtlichen Argumente zu beiden Komplexen ebenfalls gleichzeitig vorzubringen hätten. Das aber entspreche Sinn und Zweck des gutachterlichen Verfahrens, indem eine rasche Entscheidung gefördert würde. Wenn der Gerichtshof im Rahmen seiner Zuständigkeit zur Gutachtenerstattung um Rat angegangen werde, impliziere dies nämlich regelmäßig die Aufschiebung weiterer Entscheidung des Antragstellers bis zum Eingang des Gutachtens. Deshalb dürften keinerlei unnötige Verzögerungen in Kauf genommen werden. Diese vorangegangenen Erwägungen treffen aber nur zu, wenn der Gerichtshof im vorliegenden Fall abstrakte Rechtsfragen klären soll. Sie könnten in einem anderen Licht erscheinen, sollte das gutachterliche Verfahren lediglich gewählt worden sein, um Zulässigkeitsvoraussetzungen der streitigen Gerichtsbarkeit zu umgehen.

b) Das Problem »verdeckter Streitfälle«

Der Gerichtshof wendet sich dann dem Einwand Guatemalas zu, er sei nicht zuständig, weil es sich hier um einen »verdeckten Streitfall« handele und Guatemala seine streitige Gerichtsbarkeit nicht anerkannt habe. Der Gerichtshof arbeitet die Unterschiede zwischen seiner streitigen Gerichtsbarkeit und seiner Zuständigkeit zur Gutachtenerstattung heraus. Gutachten fehle die rechtliche Bindungskraft, die Urteile gerade charakterisiere. Das streitige Verfahren setze einen Fall im technischen Sinne voraus, d.h. einen Disput, der sich als Folge der Behauptung einer Konventionsverletzung durch einen Hohen Vertragschließenden Teil ergebe. Der Kreis der möglichen Antragsteller bei Gutachtenerstattung übersteige bei weitem denjenigen der Rechtssubjekte, die dem Gerichtshof einen Fall unterbreiten können. Im Rahmen

---

[568] Die Ständige Kommission ist ein beratendes Gremium, das aus dem Präsidenten, dem Vizepräsidenten und einem dritten, vom Präsidenten zu ernennenden Richter besteht, Art. 16 VerfO des Gerichtshofs und oben S. 121.

[569] Nr. 24 des Gutachtens (Anm. 567) mit Verweis auf Art. 52 VerfO.

»Verdeckte Streitfälle« 141

der Gutachtenerstattung könne sich der Gerichtshof umfassend zur Rechtslage äußern, während er im streitigen Verfahren auf die Auslegung und Anwendung der Amerikanischen Menschenrechtskonvention beschränkt sei. Die klare Trennung, die die Amerikanische Menschenrechtskonvention demnach zwischen der Zuständigkeit des Gerichtshofs, Streitfälle zu entscheiden, und seiner Zuständigkeit für die Gutachtenerstattung vornehme, verbiete, daß man über das Vehikel sog. verdeckter Streitfälle Zulässigkeitsvoraussetzungen der streitigen Gerichtsbarkeit auf das Verfahren zur Erstellung von Gutachten übertrage.

Hinzu komme, daß es Aufgabe des Gerichtshofs sei, den Organen der OAS bei der Erfüllung ihrer Aufgaben im Bereich der Menschenrechte zu helfen. Damit die Interamerikanische Menschenrechtskommission ihre Aufgaben vollständig erfüllen könne, könnte es notwendig werden, daß sie den Gerichtshof über Bedeutung und Reichweite bestimmter Vorschriften der Konvention konsultiere, unabhängig davon, ob gerade eine Meinungsverschiedenheit über die betreffende Vorschrift vorliege oder nicht. Wenn sie in einer solchen Situation an der Einholung eines Gutachtens gehindert wäre, könnte sie sich selten, wenn überhaupt, um Rat an den Gerichtshof wenden. Das träfe auch auf andere Organe der OAS zu. Die Generalversammlung wäre z. B. in ähnlicher Weise gehindert, den Gerichtshof beim Entwurf einer Resolution zu befragen, die einen Mitgliedstaat auffordern soll, seinen internationalen Menschenrechtsverpflichtungen nachzukommen. Deshalb sei klar, daß die Tatsache allein, daß im vorliegenden Fall eine Meinungsverschiedenheit zwischen der Kommission und der Regierung Guatemalas über die Bedeutung von Art. 4 AMRK bestehe, es nicht rechtfertigen könne, daß der Gerichtshof von der Ausübung seiner Zuständigkeit zur Gutachtenerstattung absehe. Im übrigen fordere die Kommission die Beantwortung einer reinen Rechtsfrage, die sich bei der Interpretation der Konvention ergibt[570].

Der Interamerikanische Gerichtshof stützt seine Schlußfolgerungen auch auf die Rechtsprechung des Internationalen Gerichtshofs. Der IGH habe zugestanden, daß Gutachten die Interessen von Staaten berühren können, die seine streitige Gerichtsbarkeit nicht anerkannt haben. Er betrachtete aber stets als ausschlaggebend, ob das ersuchende Organ im Hinblick auf seine zukünftigen Aktivitäten ein legitimes Interesse an der Klärung der Rechtsfragen geltend machen konnte[571]. Der Interamerikanische Gerichtshof führt in

---

[570] Nr. 27 des Gutachtens (Anm. 567).
[571] Vgl. *Interpretation of Peace Treaties*, ICJ Reports 1950, S. 65; *South West Africa, International Status of, ibid.*, S. 128; *Certain Expenses of the United Nations*, ICJ Reports 1962, S. 151; *Legal Consequences for States of the Continued Presence of South Africa in Namibia (South West Africa) Notwithstanding Security Council Resolution 276 (1970)*, ICJ Reports 1971, S. 16.
Nur im Gutachten über den Status Ostkareliens hatte der Ständige Internationale Gerichtshof es abgelehnt, sich zur materiellen Rechtslage zu äußern. Es gehe nicht um abstrakte Rechtsfragen, sondern direkt um den Hauptgegenstand eines Streites

diesem Sinne aus, daß die Kommission allgemein ein beherrschendes, legitimes, institutionelles Interesse an Fragen habe, die im Zusammenhang mit der Förderung und dem Schutz der Menschenrechte im interamerikanischen System stehen. Aus diesem Grunde habe sie im Ergebnis, wie die Staaten, ein absolutes Recht, Gutachten anzufordern. Nach den Ausführungen des Gerichtshofs richtet die Konvention zwei parallele, juristische Verfahren ein. Die Alternative des gutachterlichen Verfahrens solle den Staaten bei der Erfüllung ihrer Menschenrechtsverpflichtungen helfen, ohne sie dem dem streitigen Verfahren eigenen Formalismus und Sanktionen zu unterwerfen. Deshalb widerspräche es Sinn und Zweck der Konvention, das gutachterliche Verfahren seiner Nützlichkeit zu berauben, indem man die Bestimmungen des streitigen Verfahrens anwendet, wenn eine Meinungsverschiedenheit über die auszulegende Vorschrift besteht [572].

Die Kommission sei auch befugt, dem Gerichtshof die tatsächlichen Umstände zu schildern, wegen derer sich die Rechtsfrage erhoben habe, auch wenn diese eine Meinungsverschiedenheit zwischen der Kommission und einem Mitgliedstaat charakterisieren. Nur so werde der Gerichtshof in die Lage versetzt, ein sachdienliches Gutachten zu erstellen.

Der Gerichtshof weist also den Einwand Guatemalas zurück, er sei nicht zuständig, »weil es sich um einen verdeckten Streitfall« handele und Guatemala sich seiner streitigen Gerichtsbarkeit nicht unterworfen habe. Er führt weiterhin aus, daß die ihm in Art. 64 AMRK erteilte Befugnis, Gutachten über die Auslegung der Konvention und anderer internationaler Verträge zu erstatten, notwendiger Weise die Auslegung von Vorbehalten umfaßt [573]. Der Gerichtshof betrachtet demnach die formalen Voraussetzungen für ein Gutachten über Interpretation und Reichweite des Vorbehalts Guatemalas zu Art. 4 Abs. 4 AMRK als gegeben und wendet sich der materiellen Rechtslage zu.

c) Die materielle Rechtslage

aa) Auslegung und Bedeutung von Art. 4 AMRK

Der Gerichtshof befaßt sich zunächst ganz allgemein mit der Auslegung und Bedeutung von Art. 4 AMRK. Aus dem objektiven Charakter von Menschenrechtsverträgen folge, daß grundsätzlich dem Text der Vorschriften und objektiven Auslegungskriterien der Vorrang vor subjektiven Kriterien, die le-

---

zwischen zwei Staaten. Die Argumentationsführung des StIGH in dieser Entscheidung legt aber nahe, daß er seine Zuständigkeit auch deshalb verneinte, weil noch eine die Kooperation und Zustimmung der Parteien voraussetzende Sachverhaltsaufklärung notwendig war, StIGH, *Status of Eastern Carelia,* PCIJ Advisory Opinion, Series B (1923), S. 190 (204 f.).

[572] Nr. 43 des Gutachtens (Anm. 567).
[573] Nr. 45 des Gutachtens (Anm. 567).

Materielle Rechtslage 143

diglich den Parteiwillen zu ergründen suchten, gebühre. Ausgangspunkt scheint die Annahme zu sein, daß eine subjektive Auslegungsmethode zu einem restriktiveren Verständnis der Menschenrechte führe, mit anderen Worten, daß die Staaten mehr sagen, als sie meinen[574].

Maßgeblich seien auch Sinn und Zweck des Art. 4 AMRK. Diese Bestimmung schütze das Leben und offenbare eine deutliche Tendenz, die Anwendung der Todesstrafe zu begrenzen. Sie lasse drei Arten von Beschränkungen erkennen: 1. Die Verhängung und Vollstreckung der Todesstrafe unterliegt bestimmten verfahrensmäßigen Voraussetzungen, deren Beachtung streng überprüft werden muß. 2. Sie ist auf schwerste gemeine Verbrechen beschränkt, deren Begehung nicht im Zusammenhang mit politischen Straftaten stehen darf. 3. Für einen bestimmten Personenkreis, nämlich Personen, die zum Tatzeitpunkt unter 18 oder über 70 Jahre alt sind, und für schwangere Frauen, ist die Todesstrafe von vornherein ausgeschlossen. Art. 4 Abs. 2 *in fine* und Abs. 3 gehen noch über die Beachtung solch strenger Voraussetzungen hinaus, indem sie jeder künftigen Ausdehnung des Anwendungsbereichs der Todesstrafe einen Riegel vorschieben. Danach darf die Todesstrafe auf keine Verbrechen erstreckt werden, für die sie nicht schon zum Zeitpunkt des Inkrafttretens der Konvention vorgesehen war; in Staaten, in denen die Todesstrafe abgeschafft wurde, darf sie nicht wieder eingeführt werden. Angestrebt wird eine progressive und irreversible Entwicklung, die zum schrittweisen Verschwinden der Todesstrafe führt.

bb) Vorbehalte zur Amerikanischen Menschenrechtskonvention

Vorbehalte müssen mit Sinn und Zweck des Vertrages vereinbar sein, führt das Gericht aus. Das Recht auf Leben gehöre zu derjenigen Kategorie von Rechten, deren Anwendbarkeit auch im Falle eines Notstandes nicht ausgesetzt werden dürfe (Art. 27 AMRK). Ein Vorbehalt, der einem Staat die Suspendierung eines nicht derogierbaren Rechts erlaubt, ist nach Auffassung des Gerichtshofs unvereinbar mit Sinn und Zweck der Amerikanischen Menschenrechtskonvention. Im vorliegenden Fall gehe es aber nicht um die Negierung eines Rechts als solchem, sondern nur um seine Einschränkung. Deshalb könne nicht von der grundsätzlichen Unvereinbarkeit des Vorbehalts Guatemalas zu Art. 4 mit Sinn und Zweck der Konvention ausgegangen werden.

Vorbehalte würden zu integralen Bestandteilen des Vertrages zwischen dem den Vorbehalt erklärenden und jedem anderen Staat, für den sie wirksam werden. Das impliziert eine objektive Auslegung auch der Vorbehalte, die sich an Sinn und Zweck des Vertrages orientiert. Außerdem schließe deshalb

---

[574] Vgl. *Shelton,* German Yearbook of International Law 26 (1983), S. 238–268 (260).

die Auslegung der Amerikanischen Menschenrechtskonvention nach den Grundsätzen von Art. 29 auch die Auslegung der Vorbehalte mit ein. Auch ein Vorbehalt dürfe folglich nicht in einer Weise ausgelegt werden, derzufolge er den Genuß und die Ausübung der in der Konvention verbürgten Rechte und Freiheiten in einem größeren Maße einschränkt, als dies im Vorbehalt selbst vorgesehen sei.

cc) Die Reichweite des Vorbehalts Guatemalas zu Art. 4 Abs. 4 AMRK

Zu prüfen war, ob sich der Vorbehalt Guatemalas zu Art. 4 Abs. 4 AMRK, dem Verbot der Todesstrafe für politische und im Zusammenhang stehende gemeine Verbrechen, auch auf Art. 4 Abs. 2 *in fine* AMRK erstreckt, so daß Guatemala den Anwendungsbereich der Todesstrafe nach Inkrafttreten der Konvention hinsichtlich der in Art. 4 Abs. 4 umschriebenen Verbrechen erweitern durfte[575]. Der Gerichtshof legt die verschiedenen Regelungsbereiche von Art. 4 Abs. 2 und 4 dar. Art. 4 Abs. 2 solle jede künftige Ausdehnung der Todesstrafe sperren, während Art. 4 Abs. 4 die Todesstrafe für eine bestimmte Art von Verbrechen grundsätzlich ausschließe. Art. 4 Abs. 4 beziehe sich offensichtlich auf solche Verbrechen, die mit der Todesstrafe bereits zum Zeitpunkt des Inkrafttretens der Konvention bedroht waren, denn andernfalls hätte schon das Verbot des Abs. 2 ausgereicht. Wegen des unterschiedlichen Regelungsgegenstandes der Normen könne sich also ein Vorbehalt zu Art. 4 Abs. 4 nicht auf Abs. 2 erstrecken.

Dieser Schluß des Interamerikanischen Gerichtshofs leuchtet ein. Vorbehalte sind als Ausnahmen eng auszulegen. Man kann nicht über einen Vorbehalt zum absoluten Verbot der Todesstrafe für eine bestimmte Kategorie von Verbrechen (Art. 4 Abs. 4 AMRK) auch die relativen Schranken, denen die Todesstrafe nach Art. 4 AMRK bei jeder Kategorie von Verbrechen unterliegt, aufheben. Eine solche Auslegung widerspräche auch Art. 29 (a) AMRK, denn Art. 4 Abs. 4 AMRK würde dann in einer Weise ausgelegt, die Art. 4 Abs. 2 in seiner Wirkung beschränkte. Der Vorbehalt Guatemalas zu Art. 4 Abs. 4 erstreckt sich also nicht auf Art. 4 Abs. 2 AMRK.

---

[575] Der Vorbehalt Guatemalas lautet folgendermaßen: »Die Regierung Guatemalas ratifiziert die in San José/Costa Rica unterzeichnete Amerikanische Menschenrechtskonvention unter Anbringung eines Vorbehalts zu Art. 4 Abs. 4 derselben, insoweit als die Verfassung der Republik Guatemala in Art. 54 nur politische Verbrechen ausschließt, nicht aber gemeine Verbrechen mit Bezug zu politischen Verbrechen«, siehe EuGRZ 11 (1984), S. 207.

4. Das Gutachten über eine geplante Änderung der Vorschriften über die Staatsangehörigkeit in der Verfassung Costa Ricas [576]

Nach Art. 64 Abs. 2 AMRK kann der Gerichtshof die innerstaatlichen Gesetze der Mitgliedstaaten der OAS auf ihre Vereinbarkeit mit der Amerikanischen Menschenrechtskonvention und anderen Verträgen, die den Schutz der Menschenrechte in den amerikanischen Staaten betreffen, überprüfen.

a) »Innerstaatliche Gesetze« im Sinne von Art. 64 Abs. 2 AMRK

Costa Rica unterbreitete dem Gerichtshof den Entwurf einer Änderung von Bestimmungen seiner Verfassung. Zuerst war zu klären, ob unter dem Terminus »innerstaatliche Gesetze« auch Verfassungsnormen und Entwürfe, d. h. Normen, bei denen der Gesetzgebungsprozeß noch nicht abgeschlossen ist, zu verstehen sind. Nach Auffassung des Gerichtshofs bezieht sich die Formulierung »innerstaatliche Gesetze« in internationalen Verträgen immer auf die gesamte innerstaatliche Rechtsordnung einschließlich der Bestimmungen der Verfassung. Der Frage, ob er auf Grund des Art. 64 Abs. 2 AMRK auch zur Beurteilung von Gesetzesentwürfen zuständig sei, widmet der Gerichtshof längere Ausführungen. Es bestehe nur ein verfahrensmäßiger Unterschied zwischen seiner Zuständigkeit gemäß Art. 64 Abs. 1 und 2. Die materiellrechtliche Problematik des anstehenden Gutachtens könne ihm, wenn auch in anderer Weise formuliert, ohne weiteres auf der Grundlage des Art. 64 Abs. 1 unterbreitet werden. Wie in früheren Gutachten weist der Gerichtshof auch auf seine Aufgabe hin, den Staaten bei der Erfüllung ihrer Verpflichtungen im Bereich der Menschenrechte zu helfen, ohne daß sie sich dem Formalismus und den Sanktionen des streitigen Verfahrens aussetzen müßten. Wenn er es hingegen ablehnen würde, Gutachten zu Gesetzesentwürfen zu erstatten, zwänge er den Staaten das Risiko auf, die Menschenrechte zu verletzen. Diese müßten dann alle durch das innerstaatliche Recht für das Zustandekommen von Gesetzen vorgesehenen Schritte unternehmen und könnten sich erst nach Erlaß eines möglicherweise konventionswidrigen Gesetzes an den Gerichtshof wenden. Eine solche enge Auslegung des Begriffs der »innerstaatlichen Gesetze« im Sinne des Art. 64 Abs. 2 AMRK würde den Schutzmechanismus der Konvention schwächen. Die Erfahrung zeige auch, daß, wenn ein Gesetz einmal erlassen worden sei, regelmäßig eine erhebliche Zeitspanne vergehen werde, bevor es widerrufen werden könne. Das gelte selbst dann, wenn feststehe, daß das Gesetz die internationalen Verpflichtungen des betreffenden Staates verletze. Schließlich gebiete es auch die

---

[576] Advisory Opinion, OC-4/84, January 19, 1984, Proposed Amendments to the Naturalization Provisions of the Political Constitution of Costa Rica, Requested by the Government of Costa Rica.

Auslegungsregel des Art. 29 (b) AMRK, die Zuständigkeit des Gerichtshofs zur Gutachtenerstattung weit zu fassen, damit den Rechten und Freiheiten der Konvention zu größtmöglicher Wirksamkeit verholfen werde. So gesehen schließe die Tatsache als solche, daß es sich nur um einen Entwurf und nicht um ein in Kraft befindliches Gesetz handele, die Zuständigkeit des Gerichtshofs nicht aus. Die Zuständigkeit zur Gutachtenerstattung sei andererseits fakultativ. Es sei zu vermeiden, daß der Gerichtshof mit der Intention in eine politische Debatte einbezogen werde, das Ergebnis des innerstaatlichen Gesetzgebungsprozesses zu beeinflussen. Dieser Vorbehalt hält den Gerichtshof in der vorliegenden Rechtssache jedoch nicht davon ab, sich mit der geplanten Änderung der Vorschriften über die Einbürgerung in der Verfassung Costa Ricas zu befassen. Sie wirft Probleme des Rechts auf eine Staatsangehörigkeit (Art. 20 AMRK) und des Diskriminierungsverbots auf (Art. 1 Abs. 1, 17 Abs. 4, 24 AMRK).

b) Das Recht auf eine Staatsangehörigkeit (Art. 20 AMRK)

Der Gerichtshof führt einleitend aus, daß die Regelung der Voraussetzungen für den Erwerb der Staatsangehörigkeit grundsätzlich Sache eines jeden Staates sei. Aber das moderne Völkerrecht und die Menschenrechte legten dem Ermessen der Staaten doch Grenzen auf. Sei man früher davon ausgegangen, daß die Staatsangehörigkeit eine vom Staat seinen Untertanen verliehene Eigenschaft sei, so habe sich dieses Konzept dergestalt fortentwickelt, daß die Staatsangehörigkeit nach heutiger Auffassung sowohl eine staatliche Befugnis zu ihrer Erteilung als auch Aspekte der Menschenrechte umfasse.

Die Änderungsvorschläge zu Art. 14 und 15 der Verfassung Costa Ricas seien am Maßstab des Art. 20 AMRK zu überprüfen. Art. 20 AMRK lautet:

»(1) Jeder hat das Recht auf eine Staatsangehörigkeit.

(2) Jeder hat das Recht auf die Staatsangehörigkeit des Staates, in dem er geboren ist, wenn er nicht das Recht auf eine andere Staatsangehörigkeit hat.

(3) Niemandem darf seine Staatsangehörigkeit oder das Recht, sie zu wechseln, willkürlich entzogen werden«.

Die geplanten Änderungen zielten allgemein auf eine Verschärfung der Voraussetzungen für den Erwerb der Staatsangehörigkeit kraft Einbürgerung ab[577]. Kein Costaricaner verlöre aber dadurch seine Staatsangehörigkeit, noch

---

[577] Der Änderungsentwurf verlängert die notwendige Mindestaufenthaltsdauer in Costa Rica als Voraussetzung der Einbürgerung. Außerdem sollen ausländische Ehefrauen von Costaricanern, die durch Heirat nicht staatenlos werden, künftig erst nach zwei Ehejahren und gleicher Zeit des Aufenthalts in Costa Rica auf Antrag die costaricanische Staatsangehörigkeit erwerben können. Schließlich soll eine Pflicht für die Bewerber eingeführt werden nachzuweisen, daß sie Spanisch sprechen, lesen und schreiben können; sie sollen künftig auch eine umfassende Prüfung über die Geschichte Costa Ricas und seine Werte- und Kulturordnung ablegen.

werde das Recht irgendeiner in Costa Rica geborenen Person auf die Staatsangehörigkeit dieses Landes irgendwie berührt. Schließlich solle auch keinem Costaricaner seine Staatsangehörigkeit entzogen oder sein Recht, eine neue Staatsangehörigkeit anzunehmen, verwehrt oder beschränkt werden. Die geplanten Änderungen verstießen folglich nicht gegen Art. 20 AMRK.

Der von einer Gruppe von Abgeordneten unterbreitete Alternativentwurf sei dagegen problematischer. Danach soll die costaricanische Staatsangehörigkeit erhalten, wer »durch Heirat mit einem Costaricaner oder mit einer Costaricanerin seine Staatsangehörigkeit verliert und nach zwei Ehejahren und gleichlanger Ansässigkeit im Lande seinen Wunsch erklärt, die Staatsangehörigkeit des Ehepartners anzunehmen«. Eine solche Regelung führe zu Staatenlosigkeit für die Dauer von mindestens zwei Jahren. Strenggenommen ergebe sich diese Folge aber aus den Gesetzen des Landes des Ehepartners, der seine Staatsangehörigkeit durch Heirat mit einem Ausländer verliere. Deshalb verstoße auch der Alternativentwurf als solcher nicht gegen Art. 20 AMRK. Trotzdem macht der Gerichtshof zur Orientierung des Gesetzgebers auf Art. 3 der Konvention über die Staatsangehörigkeit von Ehefrauen und auf Art. 9 der Konvention über die Abschaffung jeder Art von Diskriminierung der Frau aufmerksam[578].

c) Das Diskriminierungsverbot (Art. 1 Abs. 1, 17 Abs. 4, 24 AMRK)

Die geltende Verfassung Costa Ricas und die Änderungsentwürfe privilegieren Zentralamerikaner, Iberoamerikaner und Spanier beim Erwerb der costaricanischen Staatsangehörigkeit. Ausländische Ehefrauen von Costaricanern sind ebenfalls bessergestellt. Die Ungleichbehandlung von Ausländern sowie die von ausländischen Ehefrauen und Ehemännern costaricanischer Staatsangehöriger sind am Maßstab der Art. 1 Abs. 1, 17 Abs. 4 und 24 AMRK zu überprüfen. Art. 1 Abs. 1 enthält den allgemeinen Gleichbehandlungsgrundsatz, Art. 24 regelt die Gleichheit vor dem Gesetz, und Art. 17 Abs. 4

---

[578] Diese Vorschriften lauten: "Convention on the Nationality of Married Women. Art. 3: 1. Each Contracting State agrees that the alien wife of one of its nationals may, at her request, acquire the nationality of her husband through specially privileged naturalization procedures; the grant of such nationality may be subject to such limitations as may be imposed in the interests of national security or public policy.
2. Each Contracting State agrees that the present Convention shall not be construed as affecting any legislation or judicial practice by which the alien wife of one of its nationals may, at her request, acquire her husband's nationality as a matter of right.
Convention on the Elimination of all Forms of Discrimination against Women. Art. 9: States Parties shall grant women equal rights with man to acquire, change or retain their nationality. They shall ensure in particular that neither marriage to an alien nor change of nationality by the husband during the marriage shall automatically change the nationality of the wife, render her stateless or force upon her the nationality of the husband".

AMRK betrifft die Nichtdiskriminierung der Frau. Der Interamerikanische Gerichtshof knüpft an die Rechtsprechung des Europäischen Gerichtshofs für Menschenrechte an. Nicht jede Ungleichbehandlung stelle eine konventionswidrige Diskriminierung dar. Eine Ungleichbehandlung sei zulässig, wenn objektive und vernünftige Gründe vorlägen, wie sie z. B. in den Vorschriften zum Schutz der Minderjährigen zum Ausdruck kämen. Die Ungleichbehandlung müsse allerdings das Gebot der Verhältnismäßigkeit beachten.

aa) Die Ungleichbehandlung von Zentralamerikanern, Iberoamerikanern und den übrigen Ausländern

Costa Rica habe die souveräne Befugnis, Kriterien, die an tatsächliche Unterschiede anknüpfen, festzulegen und damit dem Umstand Rechnung zu tragen, daß manche Anwärtergruppen der Wert- und Kulturordnung Costa Ricas näherstehen als andere. Es sei daher keine diskriminatorische Ungleichbehandlung, daß für Zentralamerikaner, Iberoamerikaner und Spanier ein kürzerer Mindestaufenthalt im Lande als Einbürgerungsvoraussetzung gelte, als das für die übrigen Ausländer der Fall sei. Die genannte Gruppe habe engere historische, kulturelle und seelische Bindungen an das Volk Costa Ricas, so daß man erwarten könne, daß sie sich schneller assimiliere. Weniger einsichtig sei hingegen die geplante Bevorzugung von Zentralamerikanern, Iberoamerikanern und Spaniern kraft Geburt gegenüber denjenigen ihrer Landsleute, die diese Staatsangehörigkeit kraft Einbürgerung erlangt hätten. Die Staatsangehörigkeit beruhe auf einer Bindung, die gleichermaßen bei der einen wie bei der anderen Gruppe bestehe. Diese Ungleichbehandlung stelle vermutlich eine Schutzvorkehrung gegenüber anderen Staaten dar, denen man unterstelle, daß sie ihre Staatsangehörigkeit leichtfertig verliehen. Der Gerichtshof warnt vor der Einführung zweier Klassen von Staatsangehörigen ein und desselben Staates, derjenigen kraft Geburt und derjenigen kraft Einbürgerung. Nach Auffassung der Richtermehrheit hält sich die geplante unterschiedliche Behandlung von Zentralamerikanern, Iberoamerikanern und Spaniern im Hinblick auf die Staatsangehörigkeit kraft Geburt gegenüber derjenigen kraft Einbürgerung aber noch im Rahmen des staatlichen Ermessens[579]. Ein Verstoß gegen das Diskriminierungsverbot der Art. 1 Abs. 1 und 24 AMRK scheide insoweit aus.

Im Einklang mit seiner deutlich restriktiven Tendenz führt das Reformprojekt weitere, von den Bewerbern zu erfüllende Voraussetzungen ein. Sie

---

[579] Anderer Auffassung Richter Buergenthal, der in seinem abweichenden Votum die unterschiedliche Behandlung von Zentralamerikanern, Iberoamerikanern und Spaniern, je nachdem, ob sie ihre Staatsangehörigkeit von Geburt oder kraft Einbürgerung haben, unvernünftig und unverhältnismäßig nennt. Er bejaht einen Verstoß gegen Art. 24 AMRK.

müssen nachweisen, daß sie Spanisch sprechen, schreiben und lesen und eine umfassende Prüfung über die Geschichte Costa Ricas und seine Werte- und Kulturordnung ablegen. Diese Neuerungen fallen nach Auffassung des Gerichtshofs *prima facie* in den Beurteilungsspielraum des Staates, den er hinsichtlich der Feststellung hat, ob eine tatsächliche und effektive Bindung als Grundlage für die Einbürgerung vorliegt. Solche Prüfungen ließen aber wegen des weiten Beurteilungsspielraums, der ihnen notwendigerweise eigen sei, Raum für Subjektivität und Willkür. Deshalb bestehe die Gefahr, daß sie zu Vehikeln einer diskriminatorischen Politik würden. Diese ergebe sich dann zwar nicht unmittelbar aus der gesetzlichen Vorschrift, sei aber doch Folge ihrer Anwendung. Einen konkreten Verstoß gegen die Konvention stellt der Gerichtshof aber in diesem Zusammenhang nicht fest.

bb) Die Ungleichbehandlung ausländischer Ehefrauen und ausländischer Ehemänner von costaricanischen Staatsangehörigen

Ausländische Ehefrauen von costaricanischen Staatsangehörigen werden bei der Einbürgerung im Verhältnis zu ausländischen Ehemännern privilegiert. Diese Ungleichbehandlung solle offenbar die traditionelle Schlechterstellung der Frau ausgleichen, die durch Heirat ihre eigene Staatsangehörigkeit automatisch verlieren könne. Der Gerichtshof führt aus, daß das Institut der *patria potestas* und der Grundsatz der Familieneinheit häufig zu einer Benachteiligung der Frau führten. Heute geböten aber zahlreiche internationale Verträge die rechtliche Gleichstellung der Frau[580]. Auch nach Art. 17 Abs. 4 AMRK hätten sich die Hohen Vertragschließenden Teile verpflichtet, die erforderlichen Maßnahmen zur Gewährleistung der rechtlichen Gleichheit und angemessenen Teilung der Verantwortlichkeit zwischen den Ehepartnern zu treffen. Vor diesem Hintergrund sei eine einseitige Privilegierung der Frau beim Erwerb der Staatsangehörigkeit ihres Ehemannes nicht mehr gerechtfertigt. Sie beinhalte eine Diskriminierung der Ehepartner und verstoße gegen Art. 17 Abs. 4 und 24 AMRK.

---

[580] Der Gerichtshof zitiert die Montevideo Convention on the Nationality of Women vom 26. 12. 1933, deren Art. 1 lautet: "There shall be no distinction based on sex as regards nationality, in their legislation or in their practice";
und die Convention on Nationality, die am selben Tag angenommen wurde, Art. 6: "Neither matrimony nor its dissolution affects the nationality of the husband and wife or of their children";
sowie Art. 2 der Amerikanischen Menschenrechtsdeklaration: "All persons are equal before the law and have the rights and duties established in this declaration, without distinction as to race, sex, language, creed or any other factor".
Er verweist auch auf Art. 1 Abs. 3 UN-Charta und auf Art. 3 (j) OAS-Charta.

5. Das Gutachten über Zwangsverbände für Journalisten [581]

Das jüngste Gutachten des Interamerikanischen Gerichtshofs für Menschenrechte betrifft insbesondere die Vereinbarkeit von Zwangsverbänden für Journalisten mit Art. 13 AMRK, Meinungsfreiheit, sowie die Konventionsmäßigkeit eines costaricanischen Gesetzes, welches solche Zwangsverbände für Journalisten vorsieht. Das Gutachten wirft aber auch verfahrensrechtlich interessante Fragen auf.

a) Zulässigkeit – Zum Verhältnis von Gerichtshof und Kommission

Der Gerichtshof hatte zu untersuchen, ob die Gutachtenanfrage vielleicht deshalb unzulässig sein könnte, weil sie sich auf den sog. *Schmidt*-Fall bezog, der bereits Gegenstand eines Individualbeschwerdeverfahrens vor der Interamerikanischen Menschenrechtskommission gewesen war [582]. Der Beschwerdeführer hatte vor der Kommission geltend gemacht, Costa Rica habe dadurch die Amerikanische Menschenrechtskonvention verletzt, daß er wegen Verstoßes gegen das angeblich konventionswidrige Gesetz über den Zwangsverband für Journalisten zu drei Monaten Gefängnis verurteilt worden war. Der Gerichtshof verweist auf seine frühere Spruchpraxis [583], wonach streitige Verfahren und die Erstattung von Gutachten zwei völlig verschiedene Zuständigkeiten im Rahmen des dualen Schutzsystems der Konvention beträfen. Zwar dürfe die Erstattung von Gutachten nicht zu einer Unterhöhlung der streitigen Gerichtsbarkeit und zu einer Schwächung des Individualrechtsschutzes führen. Eine solche Gefahr drohe hier aber nicht. Costa Rica habe ja im *Schmidt*-Fall vor der Kommission obsiegt. Deshalb könne Costa Rica durch das beantragte Gutachten des Gerichtshofs gar keine Besserstellung erlangen. Anders sei der Fall zu beurteilen, wenn ein Staat durch die Kommission einer Konventionsverletzung für schuldig befunden worden sei und dann – ohne das Risiko einer Verurteilung durch den Gerichtshof einzugehen – die Fundiertheit dieser Kommissionsentscheidung durch Anforderung eines Gutachtens vom Gerichtshof noch einmal überprüfen lasse.

Der Gerichtshof läßt auch anklingen, daß die Interamerikanische Menschenrechtskommission dadurch, daß sie ihm den *Schmidt*-Fall nicht unter-

---

[581] Inter-American Court of Human Rights, advisory opinion, OC-5/85 of November 13, 1985. Compulsory Membership in an Association prescribed by Law for the Practice of Journalism (Articles 13 and 29 of the American Convention on Human Rights), Requested by Government of Costa Rica.

[582] Vgl. Inter-American Commission on Human Rights (IACHR), Res. Nr. 17/84, case 9178 (Costa Rica) October 3, 1984, Exercise and regulation of freedom of expression in Costa Rica/compulsory membership in a professional association of journalists/*Schmidt* case, Human Rights Law Journal 6 (1985), S. 211–231.

[583] Insbes. auf die Gutachten OC-3/83 (Todesstrafe), EuGRZ 11 (1984), S. 207–216, Nr. 43, und OC-1/82 (andere Verträge), EuGRZ 11 (1984), S. 196–202, Nr. 31.

breitet habe, ihren impliziten Verpflichtungen nach der Kommission möglicherweise nicht voll nachgekommen sei. Der *Schmidt*-Fall habe an sich einer gerichtlichen Entscheidung bedurft. Die Frage der Zulässigkeit von Zwangsverbänden für Journalisten sei für die Hemisphäre von besonderer Bedeutung, da viele lateinamerikanische Staaten ähnliche Regelungen erlassen hätten, und der Gerichtshof habe sich mit dieser Problematik noch nicht befaßt. Die innerstaatlichen Verfahren in Costa Rica hätten zu unterschiedlichen Ergebnissen geführt, und auch die Kommission habe sich keine einhellige Meinung bilden können [584]. Da die Kommission den *Schmidt*-Fall nicht als streitige Angelegenheit vor den Gerichtshof gebracht habe, sei das empfindliche Gleichgewicht des Schutzsystems der Konvention gestört. Das mache aber den nun vorliegenden Gutachtenantrag Costa Ricas nicht unzulässig. Der Gerichtshof könne sich also trotz des Verfahrens vor der Kommission im Rahmen eines Gutachtens mit den im *Schmidt*-Fall aufgeworfenen Rechtsfragen befassen.

b) Zwangsverbände für Journalisten und Art. 13 AMRK

Der Interamerikanische Gerichtshof für Menschenrechte befaßt sich in diesem Gutachten ausführlich und eingehend mit der eminenten Bedeutung der Gedankenfreiheit und der Freiheit der Meinungsäußerung für jede demokratische Gesellschaft. Aus einem Vergleich des Art. 10 EMRK mit Art. 19 Internationaler Pakt über bürgerliche und politische Rechte schließt er, daß die AMRK die Meinungsfreiheit in weitest möglichem Ausmaße gewährleisten wolle; die Liste zulässiger Restriktionen sei auf das denkbare Minimum zu beschränken. Nur Art. 13 AMRK verbiete auch ausdrücklich jede Vorzensur und sehe in Art. 13 Abs. 3 in Verbindung mit Art. 1 AMRK einen Schutzanspruch des Individuums gegen Beeinträchtigungen der Meinungsfreiheit durch Dritte vor. Wegen des Zusammenhangs mit der Meinungs- und Informationsfreiheit sei der Journalismus nicht mit anderen Berufen zu vergleichen. Gründe, die Zwangsverbände etwa für Rechtsanwälte oder Ärzte rechtfertigen, ließen sich deshalb nicht auf den Journalismus übertragen. Die Zwangslizensierung von Journalisten sei unvereinbar mit Art. 13 AMRK, wenn sie irgendjemanden vom vollen Zugang zu den Kommunikationsmedien ausschließe. Weiterhin sei das costaricanische Gesetz über die Einrichtung von Zwangsverbänden für Journalisten mit Art. 13 AMRK unvereinbar, soweit es bestimmte Personen von der Mitgliedschaft in dem Verband ausschließe und sie folglich vom vollen Gebrauch der Massenmedien als Kommunikationsmitteln ausschließe.

Erstaunen mag an diesem Gutachten allerdings, daß sich der Gerichtshof nicht – wie Richter Niete Navio in seinem Sondervotum anmerkt – mit der Frage der negativen Vereinigungsfreiheit auseinandergesetzt hat.

---

[584] Vgl. den langen Dissent von *McColm*, Human Rights Law Journal 6 (1985), S. 219–231.

Abschließende Bemerkungen

Die amerikanischen Staaten haben einen Mechanismus eigener Art zum Schutz der Menschenrechte entwickelt, der den politischen und sozialen Randbedingungen in dieser Region entspricht. Deshalb kann man die Arbeitsweise der Interamerikanischen Menschenrechtskommission und diejenige der Europäischen Menschenrechtskommission nur mit Vorbehalt vergleichen, obwohl doch die normativen Grundlagen, nämlich die Bestimmungen der Amerikanischen Menschenrechtskonvention, des Statuts und der Verfahrensordnung der Interamerikanischen Menschenrechtskommission, dem europäischen Vorbild weitgehend gleichen. Die von Europa unterschiedlichen tatsächlichen Verhältnisse prägen der Praxis der Interamerikanischen Menschenrechtskommission ihren Stempel auf. Sie wirken sich sowohl auf die Art der Fälle aus, mit denen die Interamerikanische Menschenrechtskommission befaßt wird, als auch auf die Art und Weise, wie sie ihre Entscheidungen durchzusetzen sucht. Fragen von Leben und Tod gehören zum Alltag der Interamerikanischen Menschenrechtskommission. Dabei kommt es vor allem auf eine zuverlässige Sachverhaltsermittlung an. Die Regierungen machen meist geltend, eine bestimmte Menschenrechtsverletzung sei ihnen nicht zurechenbar oder nicht einmal bekannt; sie bestreiten die Fakten. Von daher ist die Praxis der Interamerikanischen Menschenrechtskommission in verfahrensrechtlicher Hinsicht, insbesondere bei der Beweislastverteilung, von größerem Interesse als ihre Auslegung des materiellen Rechts. In letzterem Punkte erreicht die Spruchpraxis der Interamerikanischen Menschenrechtskommission bei weitem nicht die Ausdifferenziertheit derjenigen der Europäischen Menschenrechtskommission. Bei der Regel der vorherigen Erschöpfung der innerstaatlichen Rechtsmittelverfahren folgt die Interamerikanische Menschenrechtskommission weitgehend den gleichen Grundsätzen wie die Europäische Menschenrechtskommission. Ihre Verfahrensordnung enthält aber einen ausführlichen Katalog ausdrücklicher Ausnahmen zu diesem den Staaten günstigen Prinzip. Außerdem – und dies ist charakteristisch – muß der Staat beweisen, daß die innerstaatlichen Rechtsmittelverfahren vorher nicht erschöpft wurden, wenn der Beschwerdeführer geltend macht, dazu nicht in der Lage zu sein. Die Staaten tragen auch generell die Beweislast, wenn sie sich nicht innerhalb einer bestimmten Frist substantiiert zu Vorbringen der Beschwerdeführer äußern, die ihnen die Kommission unterbreitet.

Abschließende Bemerkungen

Für die Jahresberichte und die Berichte über die Lage der Menschenrechte in bestimmten Ländern, die regelmäßig, aber nicht notwendigerweise auf der Grundlage von Untersuchungen vor Ort durch die Interamerikanische Menschenrechtskommission erstellt werden, gibt es keine vergleichbare Parallele bei anderen Menschenrechtsschutzorganen. Sie dienen einer unparteiischen Tatsachenfeststellung, wobei im Rahmen einer Untersuchung vor Ort zwecks Erstellung eines Länderberichts auch in Einzelfällen ermittelt werden kann. Bemerkenswert ist, daß immer wieder selbst Regime, die für ihre weitverbreiteten Menschenrechtsverletzungen bekannt sind, der Interamerikanischen Menschenrechtskommission den Besuch ihres Landes gestatten und sie sogar einladen. In den Länderberichten beschränkt sich die Kommission nicht auf die Beurteilung der Lage der Menschenrechte. Sie geht vielmehr auch auf deren Vorfeld, die vorherrschenden politischen, sozialen und wirtschaftlichen Strukturen der Länder ein. Sie äußert sich in unter dem Gesichtspunkt staatlicher Souveränität weitgehender Weise über die Verfassungen und Regierungen einzelner Staaten. Bei den Länderberichten, die im Gegensatz zum Individualbeschwerdeverfahren typischerweise Reaktionen auf weitverbreitete Menschenrechtsverletzungen sind, macht die Kommission keinen Unterschied in der Art der Behandlung politischer und bürgerlicher Menschenrechte und wirtschaftlicher, sozialer und kultureller Menschenrechte, obwohl quantitativ die erstgenannte Kategorie von Rechten noch den größeren Teil ihrer Arbeiten beansprucht. Das Berichtsverfahren eignet sich nicht nur für die politischen und bürgerlichen Menschenrechte. Aber auch im Rahmen des Berichtsverfahrens gelangt man bei den wirtschaftlichen, sozialen und kulturellen Rechten schnell zu der prekären und grundsätzlich in den Bereich staatlicher Souveränität fallenden Frage, wie ein Staat seine Ressourcen zu verteilen hat. Gegenwärtig steht die Interamerikanische Menschenrechtskommission vor der Aufgabe, alle Konsequenzen zu ziehen, die sich für ihr Verfahren aus dem Inkrafttreten der Amerikanischen Menschenrechtskonvention ergeben. Sie muß die Unterschiede in der Behandlung der Staaten, die die Amerikanische Menschenrechtskonvention ratifiziert haben, und der übrigen Mitgliedstaaten der OAS artikulieren.

Die Verfahren vor dem Interamerikanischen Gerichtshof für Menschenrechte betreffen fast ausschließlich rechtlich nicht verbindliche Gutachten. In der Gutachtenerstattung liegt aber vermutlich gerade die Hauptbedeutung des Interamerikanischen Gerichtshofes für die nähere Zukunft. Das hat faktische und normative Gründe. Zum einen liegen die Schwierigkeiten der von der Interamerikanischen Menschenrechtskommission untersuchten Fälle sehr viel mehr auf der Ebene der sachgerechten Tatsachenermittlung als in der Lösung komplizierter Rechtsfragen. Hat die Kommission als Hauptermittlungsorgan des interamerikanischen Systems zum Schutz der Menschenrechte die Tatsachen einmal ermittelt, ist die rechtliche Lage oft schon klar. In normativer Hinsicht gibt Art. 64 AMRK dem Interamerikanischen Gerichtshof eine außerordentlich weite Zuständigkeit zur Gutachtenerstattung, die nicht nur die Bestimmungen in der Amerikanischen Menschenrechtskonvention selbst, sondern darüber hinaus auch jene anderer menschenrechtlich erheblicher Verträge und Vorschriften in innerstaatlichen Gesetzen umfaßt. Die Erwartung scheint begründet, daß der Gerichtshof unter Ausnutzung dieser weiten Zuständigkeit zu einer Rechtsangleichung im Bereich der Menschenrechte und Grundfreiheiten in den Mitgliedstaaten der OAS über den eigentlichen Anwendungsbereich der Amerikanischen Menschenrechtskonvention hinaus beiträgt. Durch seine Auslegung von Bestimmungen über die Menschenrechte in anderen internationalen Verträgen kann allmählich ein geschlossener Kodex interamerikanischer Menschenrechte entstehen. Das ist insofern bedeutsam, als viele dieser anderen internationalen Verträge keine zur einheitlichen Interpretation befugten Instanzen einrichten.

Insgesamt müssen Gutachten eines internationalen Gerichts nicht generell weniger Gewicht haben als Urteile. Mangels eines echten zentralen »Vollstreckungssystems« wirken auch Urteile vielfach und wesentlich nur durch ihre Überzeugungskraft.

Summary

The Inter-American System for the Protection of Human Rights

This work provides a description and analysis of the activities, the functions and the successes, but also of the limits existing for human rights' protection in the Americas. The volume also includes cross-references to other protection systems and examines whether and how far experience developed in one system can be of use in another. Differences between the European and the inter-American systems for the protection of human rights are in fact greater than the underlying documents might suggest. The functioning of the protection organs, their focus of activity and the main problems they are confronted with have far less in common than the respective statutes, rules of procedure and various provisions of the American and the European Conventions on Human Rights themselves.

The Introduction explains the roots of the protection of human rights in the Americas, which developed in the framework of the Pan-American movement. Many inter-American conferences treated human rights as a matter of some importance even before 1948, the year when the Organization of American States (OAS) was founded.

Chapter 1 deals with the protection system as it evolved on the basis of the OAS Charter. The original Charter contained only few and imprecise human rights norms. Also, the idea of adopting the American Declaration of the Rights and Duties of Man as an annex to the Charter did not prevail. Instead, this declaration was adopted as a mere conference resolution. In 1959, the Inter-American Commission on Human Rights (I-ACHR) was installed on the basis – again – of a mere conference resolution (Resolution VIII of the Fifth Meeting of Consultation of Ministers of Foreign Affairs). But there was no binding catalogue defining its competences or even the rights which it was intended to promote. But the absence of legally binding rules enabled the Commission to develop its competences in a very flexible and dynamic way. When installed, the Commission was intended to be an organ for the general promotion of human rights only. But the I-ACHR interpreted its Statute in such a way that it gradually became an organ of the protection of human rights. Protecting human rights interferes far more with the traditional concept of state sovereignty than only furthering human rights.

In 1970 the Protocol of Amendment to the OAS Charter entered into force, thereby strengthening the position of the Commission which became one of the principal organs of the OAS (Art. 51 (e) Charter). The transitory clause Art. 150 of the amended Charter referring both to the "present Inter-American Commission on Human Rights" and to a future commission operating on the basis of an "inter-American Convention on human rights" is of special interest too. Even though the American Convention on Human Rights entered into force in 1978, the I-ACHR continues to function on the basis of the Charter, guided by the American Declaration on the Rights and Duties of Man, in relation to those member states of the OAS which have not yet acceded to the Convention. Interestingly enough, the American Convention on Human Rights itself distinguishes between "member states" and "states parties" to the Convention. This is because all member states of the OAS agreed in Art. 150 of the amended Charter that there would be an American Convention on Human Rights defining the competences and structure of the Commission.

Chapter 2 deals with the competences and structure of the Commission. It describes how the independence of the Commission's members is provided for and explains the procedure for the nomination of members, formerly taking place by the Council and now by the General Assembly of the Organization. Not every member state has a representative: there are only seven members of the Commission, who are supposed to represent all the OAS member states. Some members of the I-ACHR have held high government offices while serving on the Commission. Incompatibilities are regulated rather imprecisely. Privileges and immunities differ according to whether states ratify the American Convention on Human Rights or not. Diplomatic immunity applies in Convention states, whereas the commissioners only enjoy functional immunity in the remaining member states. Further sections deal with the presidency, the election and functions of the president, and with the secretariat. The secretariat is responsible for the preliminary work, but it has considerable influence, particulary in the framework of the initial processing of petitions lodged before the Commission. Although the independence of the staff of the secretariat is very important, this matter is not explicitly provided for.

Chapter 3, dealing with the functions and procedure of the Commission, is of special interest. The Commission promotes human rights by preparing drafts for conventions. It played a main part in the preparation of the American Convention on Human Rights and works on further projects concerning the protection of cultural, economic and social human rights, for example freedom of information and torture. The I-ACHR also organizes seminars on human rights.

The next section concerns the quasi-judicial activity of the Commission in the framework of the individual petition procedure. Special features are that anyone can lodge petitions with the Commission and that the individual petition procedure automatically applies to all OAS member states. Petitions by states, on the contrary, require special declarations both by the applicant and the defendant state. These are remarkable differences in comparison with the European system. The popular complaint system in the Americas also reflects the fact that the I-ACHR is often confronted with the problem of disappeared persons, who cannot lodge petitions themselves. The requirement to be a victim which applies to the procedure before the European Commission on Human Rights thus makes less sense in the Americas. Also, the I-ACHR is more generous with regard to the rule of prior exhaustion of the remedies under domestic law. Art. 46 (2) of the Convention and Art. 37 (2) of the Statute contain a uniform catalogue of exceptions to this admissibility condition. Moreover, the local remedies rule does not apply to "general cases" of human rights violations. There is a certain parallel to human rights violations in the framework of legislative or administrative practice under the European system, even though the European Commission is more restrictive in admitting exceptions to the rule. Interestingly enough, the state bears the burden of proof as to the prior exhaustion of domestic remedies in the inter-American system. The I-ACHR rarely dismisses petitions for non-compliance with the local remedies rule.

In order to be considered, petitions must neither be pending settlement in another international procedure nor essentially duplicate former petitions. However, the procedure followed before the other forum must be one capable of leading either to settlement or to a final decision in an individual case. Thus a procedure according to Res. 1503 (XLVIII) of the United Nations Economic and Social Council concerning general patterns of human rights violations does not exclude admissibility before the Commission. The procedure is quasi-contradictory. The pertinent parts of the government's reply to an allegation are sent to the complainant for his observations. Failure to respond in this system of reply and rejoinder by either the government or the complainant may lead the Commission to presume that the preceding submission was satisfactory. Art. 42 of the Commission's Rules of Procedure expressly provides that the facts reported in the petition shall be presumed to be true, if the government has not supplied the pertinent information in due time, as long as other evidence does not lead to a different conclusion. This frequently applied provision is very important for the Commission's work. It is the only way to come to a final decision, if the government concerned withholds its cooperation. On the other hand, the procedure before the Commission might also lead to a friendly settlement.

The I-ACHR may request that provisional measures be taken to avoid irreparable damage, but it has hesitated to do so until now.

Resolutions taken by the I-ACHR with regard to individual petitions brought against non-party states are final, whereas petitions against states parties to the American Convention may be presented to the Inter-American

Court of Human Rights by either the Commission or the state concerned. The resolutions of the Commission contain a summary of the pertinent submissions, the Commission's opinion, conclusions and recommendations, if a violation is found. If the government does not comply with the recommendation within a set time limit, the Commission may publish its report. The I-ACHR depends on mobilizing public opinion for the implementation of human rights. Its findings are usually included in its Annual Report to the General Assembly of the OAS.

The next section concerns the on-site investigations and country reports which are unique for the inter-American protection system. First, on-site investigations are an important and reliable fact-finding means. Moreover country reports are an adequate reaction to situations involving widespread violations of human rights. Unlike the European Commission, which may only consider widespread violations within the context of an individual petition or an inter-state application, the Inter-American Commission may decide, *sua sponte,* to prepare a report on the overall situation of human rights in a particular country. The author argues that the requirement of consent to an on-site investigation by the state concerned only applies to states not parties to the American Convention on Human Rights. On-site investigations take place upon the initiative of the I-ACHR or of the government concerned, which may thereby seek to obtain a better human rights record. If a member state refuses entry to the Commission, the Commission prepares a report *in situ* explaining why no on-site investigation took place and eventually publishes the correspondence with the reluctant government. This has a sanction – like effect. On-site observations are carried out in each case by a Special Commission, which often includes staff members of the Secretariat or other personnel named on the basis of qualification and nationality. It is of primary importance that members of the Special Commission be able to interview freely and in private any persons victims of human rights violations or providing the Commission with information.

The country report adopted by the plenary Commission describes the human rights situation in the particular country focusing on the most important human rights. It ends with the conclusions of the Commission and may also include statements by the government concerned. The report is presented to the General Assembly of the OAS. There the reaction of member states is decisive for guaranteeing the effectiveness of the protection system. According to the political climate, member states may be content to ignore the reports or may point out specific human rights violations.

Chapter 4 deals with the Inter-American Court of Human Rights. The Court was established in 1979 on the basis of the American Convention on Human Rights (ACHR) which came into force in 1978. It consists of seven judges elected to six-year terms and has contentious and advisory jurisdiction. Until now the Court has decided only one case, but it has already given five advisory opinions. The Court's contentious jurisdiction is optional

(Art. 62 ACHR). The Court thus lacks the power to decide a contentious case unless the states parties to it make a special declaration accepting its jurisdiction in general or for a specific case. Costa Rica, Ecuador, Honduras, Peru and Venezuela have made such declarations. Only states and the Inter-American Commission on Human Rights, but not individuals, may refer a case to the Court (Art. 61 ACHR).

In its first and only contentious decision, the *Gallardo* Case, the Court had to examine whether two requirements for its contentious jurisdiction could be waived by the State concerned: The procedure before the Inter-American Commission on Human Rights (Arts. 6 (2) and 48–50 ACHR), and the prior exhaustion of domestic remedies. The Court explains the object and purpose of the procedure before the Commission which serves not only the interests of the states, but also those of the individual. Consequently states cannot unilaterally waive this condition. The Court therefore referred the *Gallardo* Case to the Commission.

Art. 64 ACHR deals with the advisory jurisdiction of the Court. In its first advisory opinion entitled "Other Treaties concerning the Protection of Human Rights in the American States" (Art. 64 (2) ACHR), the Court defined the scope of its advisory jurisdiction which is more extensive than that of any other international tribunal existing today. The Inter-American Court is supposed to assist in the broadest sense member states and the organs of the OAS to fulfil their human rights obligations. According to the above-mentioned opinion, the advisory jurisdiction of the Court extends to any provision dealing with the protection of human rights set forth in any international treaty applicable in the American states, regardless of whatever the principal purpose of such a treaty might be and whether or not non-member states of the inter-American system are, or have a right to become, parties thereto.

The second advisory opinion is entitled the "Effect of Reservations on the Entry into Force of the American Convention on Human Rights". The Court interprets Art. 75 ACHR along with Arts. 19 and 20 of the Vienna Convention on the Law of Treaties in an extraordinary way, putting emphasis on the special character of modern human rights instruments. As opposed to multilateral treaties of the traditional type, these are not primarily based on the principle of reciprocity. According to the Court, the objective character of human rights treaties limits the idea of reciprocity underlying the régime of reservations under the Vienna Convention. Consequently the American Convention enters into force for a state which ratifies or adheres to it with a reservation on the date of the deposit of its instrument of ratification or adherence irrespective of the acceptance of such reservation by other states parties.

The third advisory opinion, entitled with "Restrictions to the Death Penalty", concerns the scope of a reservation made by Guatemala to Art. 4 (4) ACHR. First of all, the Court had to deal with the problem of "disguised contentious cases", *i.e.* whether the requirements of its contentious jurisdiction might be circumvented by requesting an advisory opinion where a dispute existed between a state, which had not accepted the Court's contentious jurisdiction, and another state or organ of the OAS. Citing precedents of the International Court of Justice, the Inter-American Court affirmed its consultative jurisdiction whenever the requesting organ has a legitimate interest in obtaining the opinion for the purpose of guiding its future actions, whether a dispute actually existed or not. With regard to Art. 4 ACHR the Court explained that this provision as a whole tends to abolish the death penalty step by step. Guatemala had made a reservation to Art. 4 (4) which provides that "capital punishment shall in no case be inflicted for political offenses or related common crimes" and had subsequently established the death penalty for common crimes related to political offences. The Court stated that this is not covered by the reservation and violates Art. 4 (2) which provides that any future extension of the death penalty is prohibited.

The fourth advisory opinion deals with proposed amendments to the constitution of Costa Rica with regard to naturalization. The Court stated that its jurisdiction on "domestic laws" (Art. 64 (2) ACHR) embraces all national legislation, including the constitution as well as bills legislation. In its carefully balanced opinion, the Court found discrimination contrary to the Convention only insofar as preferential treatment in cases of naturalization of spouses favours female but not male spouses. The other proposed amendments were regarded as being compatible with the Convention, although the Court drew attention to the fact that some of them appear to be open to abuse in practice and thus may result in violation of the Convention.

The Court's most recent opinion concerns the problem of compulsory membership in an association prescribed by law for the practice of journalism. The opinion includes important statements which explain the co-functioning of the Court and the Commission within the protection system. The Court states that prior proceedings before the I-ACHR did not preclude it from giving an advisory opinion on the subject in the instant matter. The opinion emphasizes that – in the present instance – no impairment of the rights of the individual was to be expected thereby. Then follow fundamental statements on the broad reach of freedom of opinion as guaranteed in Art. 13 of the Convention and on its vital importance for democracy. The Court argues against compulsory associations for journalists.

Looking at the practice of the Inter-American Court as a whole, from its inception up to the present, its advisory jurisdiction seems to be far more important than its contentious jurisdiction. There is nothing like the practice which has developed in Europe, where contentious cases before the Commission almost always end up before the European Court of Human Rights. However, on the basis of its broad advisory jurisdiction, the Inter-American Court may nevertheless contribute effectively to the creation of a body of coherent human rights law in the Americas.

Literaturverzeichnis

Abranches, C. A. Dunshee de: The Inter-American Court of Human Rights, in: Symposium, The American Convention on Human Rights, The American University Law Review 30 (1980), S. 79–125

Arangio-Ruiz, G.: Non-Appearance before the International Court of Justice. Preliminary Report 4. Kommission des Institut de Droit International (erscheint voraussichtlich im Druck im Annuaire de l'Institut de Droit International, Bd. 62-I (1987))

Ball, M. M.: The OAS in Transition (1969)

Bernhardt, R.: Die Auslegung völkerrechtlicher Verträge insbesondere in der neueren Rechtsprechung internationaler Gerichte (Beiträge zum ausländischen öffentlichen Recht und Völkerrecht, Bd. 40) (1963)

Bothe, M./K. J. Partsch/W. A. Solf: New Rules for Victims of Armed Conflicts, Commentary on the Two 1977 Protocols Additional to the Geneva Conventions of 1949 (1982)

Bowett, D. W.: Reservations to Non-Restricted Multilateral Treaties, The British Year Book of International Law 48 (1976/77), S. 67–92

Buergenthal, T.: Proceedings against Greece under the European Convention of Human Rights, AJIL 62 (1968), S. 441–450

Buergenthal, T.: Law Making in the International Civil Aviation Organization (1969)

Buergenthal, T.: International and Regional Human Rights Law and Institutions. Some Examples of their Interaction, Texas International Law Journal 12 (1970), S. 321–330

Buergenthal, T.: The American Convention on Human Rights: Illusions and Hopes, Buffalo Law Review 21 (1971), S. 121–136

Buergenthal, T.: The Revised OAS Charter and the Protection of Human Rights, AJIL 69 (1975), S. 828–836

Buergenthal, T.: The American and European Convention on Human Rights: Similarities and Differences, in: Symposium, The American Convention on Human Rights, The American University Law Review 30 (1980), S. 155–166

Buergenthal, T.: The Inter-American Court of Human Rights, AJIL 76 (1982), S. 231–245

Buergenthal, T.: The Inter-American System for the Protection of Human Rights, Anuario Jurídico Interamericano 1981, S. 80–120; deutsche Übersetzung: Das Interamerikanische Menschenrechtssystem, EuGRZ 11 (1984), S. 169–189

Buergenthal, T.: Advisory Practice of the Inter-American Human Rights Court, AJIL 79 (1985), S. 1–27

Buergenthal, T.: The American Convention on Human Rights, in: R. Bernhardt (ed.), Encyclopedia of Public International Law, Instalment 8 (1985), S. 23–27

Buergenthal, T.: Inter-American Court of Human Rights, in: R. Bernhardt (ed.), Encyclopedia of Public International Law, Instalment 8 (1985), S. 324–326

Buergenthal, T./R. E. Norris: Human Rights, The Inter-American System, 26 Hefte (1982/1983) (zit.: Human Rights)

Buergenthal, T./R. E. Norris/D. Shelton: Protecting Human Rights in the Americas. Selected Problems (1982)

Cabranes, J. A.: The Protection of Human Rights by the Organization of American States, AJIL 62 (1968), S. 889–908

Camargo, P.: La Protección Jurídica de los Derechos Humanos y la Democracia en América (1960)

Carey, J. (Hrsg.): The Dominican Republic Crisis 1965. Background Paper and Proceedings of the 9th Hammarskjöld Forum (1967)

Cassese, A.: Le droit de recours individuel devant la Commission européenne des Droits de l'Homme, in: Les clauses facultatives de la Convention européenne des Droits de l'Homme (1974), S. 45–68

Daubie, C.: Conciliation et protection européenne des droits de l'homme, Revue belge de droit international 9 (1973), S. 503–546

Delvaux, M. H.: La notion de victime au sens de l'article 25 de la Convention européenne des Droits de l'Homme, in: Actes du Cinquième Colloque International (1980/83), S. 35–96; dt. in: Europäischer Menschenrechtsschutz (1982), S. 33–91

Dispute Settlement in Public International Law, Texts and Materials, Compiled by K. Oellers-Frahm and N. Wühler (1984)

Doehring, K.: The Relationship between State Sovereignty and Human Rights, Acta Juridica 1979, S. 77–85

Doehring, K.: Local Remedies, Exhaustion of, in: R. Bernhardt (ed.), Encyclopedia of Public International Law, Instalment 1 (1981), S. 136–140

Ermacora, F.: Partiality and Impartiality of Human Rights Enquiry Commissions of International Organizations, in: René Cassin Amicorum Discipulorumque Liber 1 (1969), S. 64–74

Ermacora, E.: L'accès aux mécanismes juridictionnels de protection des personnes privées dans la Convention européenne des droits de l'homme (Report Presented at the Colloquium of Grenoble of 25–26 January 1973 on L'efficacité des mécanismes juridictionnels de protection des personnes privées dans le cadre européen), Revue des Droits de l'Homme/Human Rights Journal 6 (1973), S. 645–662

Farer, T.: The United States and the Inter-American System: Are there Functions for the Forms? (1978)

Farer, T.: Inter-American Commission on Human Rights, in: R. Bernhardt (ed.), Encyclopedia of Public International Law, Instalment 8 (1985), S. 321–324

Farer, T./ J. P. Rowles: The Inter-American Commission on Human Rights, in: International Human Rights, Law and Practice. The Roles of the United Nations, the Private Sector, the Government, and their Lawyers (Hrsg. J. Tuttle) (1978), S. 47–81

Fenwick, C.: The Organization of American States (1963)

Fried, A. H.: Panamerika. Entwicklung, Umfang und Bedeutung der zwischenstaatlichen Organisation in Amerika (1918)

Frowein, J. A.: Die Europäische und die Amerikanische Menschenrechtskonvention, Ein Vergleich, EuGRZ 7 (1980), S. 442–449

Frowein, J. A.: The European and the American Conventions on Human Rights – A Comparison, Human Rights Law Journal 1 (1980), S. 44–65

Frowein, J. A.: La notion de victime dans la Convention Européenne des Droits de l'Homme, in: Studi in onore di G. Sperduti (1984), S. 585–599

Frowein, J. A.: in: Frowein/Peukert, Europäische Menschenrechtskonvention, EMRK-Kommentar (1985)

García-Amador, F. V.: La doctrine de la protection diplomatique et la reconnaissance internationale des droits fondamentaux de l'homme, Revue de droit international, de sciences diplomatiques et politiques 34 (1956), S. 353–362

Literaturverzeichnis

García Bauer, C.: The Observance of Human Rights and the Structure of the System for their Protection in the Western Hemisphere, in: Symposium, The American Convention on Human Rights, The American University Law Review 30 (1980), S. 5–20

Golsong, H.: Implementation of International Protection of Human Rights, RdC 110 (1963 III), S. 7–151

Gros-Espiell, H.: Le système interaméricain comme régime régional de protection internationale des droits de l'homme, RdC 145 (1975 II), S. 1–55

Gutierrez, C. J.: Conflicts between Domestic and International Law, in: Symposium, The American Convention on Human Rights, The American University Law Review 30 (1980), S. 147–154

The Hague Academy of International Law, Workshop on a Right to Development (1980)

Hannum, H./K. Boyle: Donnelly Case, Administrative Practice and Domestic Remedies under the European Convention: One Step Forward and Two Steps Back, AJIL 71 (1977), S. 316–321

Hart, A. B.: The Monroe Doctrine: An Interpretation (1916)

Higgins, R.: The Execution of the Decisions of Organs under the European Convention on Human Rights, Revue Hellénique de Droit International 31 (1978), S. 1–39

Hill, H. H.: Central American Court of Justice, in: R. Bernhardt (ed.), Encyclopedia of Public International Law, Instalment 1 (1981), S. 41–45

Hudson, M. O.: The Central American Court of Justice, AJIL 26 (1932), S. 759–786

Inter-American Commission on Human Rights, The Organization of American States and Human Rights 1960–1967 (1972)

Inter-American Commission on Human Rights, Ten Years of Activities 1971–1981 (1982)

The Inter-American System, Its Development and Strengthening, Hrsg. The Inter-American Institute of International Legal Studies (1966)

The International Conferences of American States, 1889–1928, Hrsg. Carnegie Endowment for International Peace (1931)

The International Conferences of American States, First Suppl. 1933–1940, Hrsg. Carnegie Endowment for International Peace (1940)

Khol, A.: Zwischen Staat und Weltstaat, Die internationalen Sicherungsverfahren zum Schutze der Menschenrechte (1969)

Kiss, A. C.: La fonction de conciliation, Revue des Droits de l'Homme/Human Rights Journal 2 (1969), S. 221–233

Kokott, J.: Gallardo-Fall und andere Entscheidungen des Interamerikanischen Gerichtshofs für Menschenrechte. Bearbeitung und Übersetzung, EuGRZ 11 (1984), S. 189–217, und EuGRZ 12 (1985), S. 502–511

Kokott, J.: Der Interamerikanische Gerichtshof für Menschenrechte und seine bisherige Praxis, ZaöRV 44 (1984), S. 806–839

Kruger, H. C.: The Experience of the European Commission of Human Rights, in: B. G. Ramcharan (Hrsg.), International Law and Fact-Finding in the Field of Human Rights (1982), Chapt. VII, Visits on the Spot, S. 151–160

Kühner, R.: Vorbehalte zu multilateralen völkerrechtlichen Verträgen (Beiträge zum ausländischen öffentlichen Recht und Völkerrecht, Bd. 91) (1986)

LeBlanc, L. J.: The OAS and the Promotion and Protection of Human Rights (1977)

Lockey, J.: Pan-Americanism. Its Beginnings (1926)

Mahoney, P.: Developments in the Procedure of the European Court of Human Rights: the Revised Rules of Court, Yearbook of European Law 3 (1983), S. 127–167

McGovern, E.: The Local Remedies Rule and Administrative Practices in the European

Convention on Human Rights, International and Comparative Law Quarterly 24 (1975), S. 119–127

Mengozzi, P.: Le contrôle du respect des droits de l'homme de la Convention européenne par rapport au système de mise en oeuvre interaméricaine, Rivista di diritto europeo 19 (1979), S. 3–39

Mikaelsen, L.: European Protection of Human Rights. The Practice and Procedure of the European Commission of Human Rights on the Admissibility of Applications from Individuals and States (1980)

Monconduit, F.: La Commission Européenne des Droits de l'Homme. Aspects européens (1965)

Monroy Cabra, M. G.: Rights and Duties Established by the American Convention on Human Rights, in: Symposium, The American Convention on Human Rights, The American University Law Review 30 (1980), S. 21–63

Mosler, H.: The International Society as a Legal Community, RdC 140 (1974 IV), S. 1–320

Mosler, H.: Kritische Bemerkungen zum Rechtsschutzssystem der Europäischen Menschenrechtskonvention, in: Festschrift für Hermann Jahrreiß zum 80. Geburtstag (1974), S. 289–317

Norris, R. E.: Bringing Human Rights Petitions before the Inter-American Commission, Santa Clara Law Review 20 (1980), S. 733–772

Norris, R. E.: Introduction to the New Statute of the Inter-American Commission on Human Rights, Human Rights Law Journal 1 (1980), S. 379–382

Norris, R. E.: Observations in Loco: Practice and Procedure of the Inter-American Commission on Human Rights, Texas International Law Journal 15 (1980), S. 46–95

Norris, R. E.: Observations in Loco: Practice and Procedure of the Inter-American Commission on Human Rights, 1979–1983, Texas International Law Journal 19 (1984), S. 235–318

Norris, R. E./P. D. Reiton: The Suspension of Guarantees: A Comparative Analysis of the American Convention on Human Rights and the Constitutions of the States Parties, in: Symposium, The American Convention on Human Rights, The American University Law Review 30 (1980), S. 189–223

Oellers-Frahm, K.: Die einstweilige Anordnung in der internationalen Gerichtsbarkeit (Beiträge zum ausländischen öffentlichen Recht und Völkerrecht, Bd. 66) (1975)

Oellers-Frahm, K.: Interim Measures of Protection, in: R. Bernhardt (ed.), Encyclopedia of Public International Law, Instalment 1 (1981), S. 69–72

Organization of American States, La Convención Americana sobre Derechos Humanos (1980)

Parker, M.-C.: "Other Treaties": The Inter-American Court of Human Rights Defines its Advisory Jurisdiction, The American University Law Review 33 (1983), S. 211–246

Partsch, K. J.: Die Entstehung der europäischen Menschenrechtskonvention, ZaöRV 15 (1953/54), S. 631–660

Partsch, K. J.: Die Rechte und Freiheiten der europäischen Menschenrechtskonvention (1966)

Partsch, K. J.: Aspekte des internationalen Menschenrechtsschutzes, Vereinte Nationen 27 (1979), S. 21–23

Peddicord, J.: The American Convention on Human Rights: Potential Defects and Remedies, Texas International Law Journal 19 (1984), S. 139–159

Peukert, W.: in: Frowein/Peukert, Europäische Menschenrechtskonvention, EMRK-Kommentar (1985)

Piza, R.: Coordination of the Mechanisms for the Protection of Human Rights in the American Convention with those Established by the United Nations, in: Sympo-

sium, The American Convention on Human Rights, The American University Law Review 30 (1980), S. 167-187
Ramcharan, B. G. (Hrsg.): International Law and Fact-Finding in the Field of Human Rights (1982)
Robertson, A. H.: The American Convention on Human Rights and the European Convention: A Comparative Study, Annuaire Européen 29 (1981), S. 50-76
Robertson, A. H.: The Implementation System: International Measures, The Covenant on Civil and Political Rights, in: L. Henkin (Hrsg.), The International Bill of Rights (1981), S. 333-369
Rogge, K.: Einstweilige Maßnahmen im Verfahren vor der Europäischen Kommission für Menschenrechte, NJW 30 (1977), S. 1569-1570
Rosenne, S.: Procedure in the International Court. A Commentary on the 1978 Rules of the International Court of Justice (1983)
Sandifer, D.: The Inter-American Commission on Human Rights in the Dominican Republic, June 1965-July 1966, in: The Dominican Republic Crisis 1965, Hrsg. J. Carey (1967), S. 7-9
Schellenberg, F.: Das Verfahren vor der Europäischen Kommission und dem Europäischen Gerichtshof für Menschenrechte (1983)
Schreiber, A.: The Inter-American Commission on Human Rights (1970)
Schreiber, A./P. Schreiber: The Inter-American Commission on Human Rights in the Dominican Crisis, International Organization 22 (1968), S. 508-528
Sepúlveda, C.: Las Correlaciones entre el Derecho Internacional Humanitario y el de los Derechos Humanos en el Continente Americano. El Papel de los Organismos Regionales, Boletín Mexicano de Derecho Comparado 17 (1984), S. 905-913
Sepúlveda, C.: The Inter-American Commission on Human Rights (1960-1981), Israel Yearbook on Human Rights 12 (1982), S. 46-61
Sepúlveda, C.: El procedimiento de solución amistosa ante la Comisión Interamericana de Derechos Humanos, in: Estudios en honor del Prof. Carlos A. Dunshee de Abranches (Hrsg. OAS) (im Erscheinen)
Shelton, D.: Utilization of Fact-Finding Missions to Promote and Protect Human Rights: The Chile Case, Human Rights Law Journal 2 (1981), S. 1-36
Shelton, D.: Implementation Procedures of the American Convention on Human Rights, German Yearbook of International Law 26 (1983), S. 238-268
Silagi, M.: Die allgemeinen Regeln des Völkerrechts als Bezugsgegenstand in Art. 25 GG und Art. 26 EMRK, EuGRZ 7 (1980), S. 632-653, 647 ff.
Sohn, L. B.: The New International Law: Protection of the Rights of Individuals Rather than States, The American University Law Review 32 (1982), S. 1-64
Sohn, L. B./T. Buergenthal: International Protection of Human Rights (1973)
Symposium, The American Convention on Human Rights, The American University Law Review 30 (1980), 187 S.
Tardu, M. E.: The Protocol to the United Nations Covenant on Civil and Political Rights and the Inter-American System: A Study of Co-Existing Petition Procedures, AJIL 70 (1976), S. 778-800
Tardu, M. E.: Human Rights: The International Petition System, 2 Bde. (1980)
Thomas, A. van Wynen/A. J. Thomas: The Organization of American States (1963)
Thomas, A. van Wynen/A. J. Thomas: The Inter-American Commission on Human Rights, South Western Law Journal 20 (1966), S. 282-309
Tomuschat, C.: Die Interamerikanische Menschenrechtskommission, ZaöRV 28 (1968), S. 531-560
Trindade, A. A. Cançado: The Burden of Proof with Regard to Exhaustion of Local Remedies in International Law, Revue des Droits de l'Homme/Human Rights Journal 9 (1976), S. 81-121

Trindade, A. A. Cançado: Exhaustion of Local Remedies in the American System, Indian Journal of International Law 17 (1978), S. 333–370

Trindade, A. A. Cançado: The Application of the Rule of Exhaustion of Local Remedies in International Law. Its Rationale in the International Protection of Individual Rights (1983)

Vargas, M.: Individual Access to the Inter-American Court of Human Rights, New York University Journal of International Law and Politics 16 (1984), S. 601–617

Vargas Carreño, E.: Some Problems Presented by the Application and Interpretation of the American Convention on Human Rights, in: Symposium, The American Convention on Human Rights, The American University Law Review 30 (1980), S. 127–146

Vargas Carreño, E.: The Experience of the Inter-American Commission on Human Rights, in: B. G. Ramcharan (Hrsg.), International Law and Fact-Finding in the Field of Human Rights (1982), Chapt. VII, Visits on the Spot, S. 137–151

Vasak, K.: La Commission Interaméricaine des Droits de l'Homme (1968)

Vasak, K.: Vers la création régionale des droits de l'homme, in: René Cassin Amicorum Discipulorumque Liber 1 (1969), S. 467–478

Volio, F.: The Inter-American Commission on Human Rights, in: Symposium, The American Convention on Human Rights, The American University Law Review 30 (1980), S. 65–78

Wengler, W.: Rechtstheoretische und rechtssoziologische Betrachtungen zur Unterscheidung zwischen völkerrechtlich verbindlichen und völkerrechtlich unverbindlichen Äußerungen völkerrechtlicher Organe, Österreichische Zeitschrift für öffentliches Recht und Völkerrecht 33 (1982), S. 173–198

Max-Planck-Institut für ausländisches öffentliches Recht und Völkerrecht

Beiträge zum ausländischen öffentlichen Recht und Völkerrecht

Hrsg.: R. Bernhardt, K. Doehring, J. A. Frowein

Bde. 27–59 erschienen im Carl Heymanns Verlag KG Köln, Berlin (Bestellung an: Max-Planck-Institut für Völkerrecht, Berliner Str. 48, 6900 Heidelberg 1);
ab Band 60 im Springer-Verlag Berlin, Heidelberg, New York, Tokyo

91 Rolf *Kühner:* **Vorbehalte zu multilateralen völkerrechtlichen Verträgen.** 1986. XI, 307 Seiten (6 Seiten English Summary). Geb. 98,– DM

90 Daniel *Thürer:* **Bund und Gemeinden.** Eine rechtsvergleichende Untersuchung zu den unmittelbaren Beziehungen zwischen Bund und Gemeinden in der Bundesrepublik Deutschland, den Vereinigten Staaten von Amerika und der Schweiz. 1986. XVII, 352 Seiten (7 Seiten English Summary). Geb. 118,– DM

89 Helmut *Damian:* **Staatenimmunität und Gerichtszwang.** Grundlagen und Grenzen der völkerrechtlichen Freiheit fremder Staaten von inländischer Gerichtsbarkeit in Verfahren der Zwangsvollstreckung oder Anspruchssicherung. 1985. XV, 261 Seiten (11 Seiten English Summary). Geb. 78,– DM

88 Rudolf *Dolzer:* **Eigentum, Enteignung und Entschädigung im geltenden Völkerrecht.** 1985. XIII, 331 Seiten (3 Seiten English Summary). Geb. 118,– DM

87 Norbert *Wühler:* **Die internationale Schiedsgerichtsbarkeit in der völkerrechtlichen Praxis der Bundesrepublik Deutschland.** 1985. XIII, 239 Seiten (5 Seiten English Summary). Geb. 88,– DM

86 Peter *Malanczuk:* **Region und unitarische Struktur in Großbritannien.** Die verfassungsrechtliche und verwaltungsorganisatorische Bedeutung der Region in England, Wales und Schottland. 1984. XIII, 296 Seiten (5 Seiten English Summary). Geb. 98,– DM

85 Rüdiger *Wolfrum:* **Die Internationalisierung staatsfreier Räume.** Die Entwicklung einer internationalen Verwaltung für Antarktis, Weltraum, Hohe See und Meeresboden. 1984. XX, 757 Seiten (11 Seiten English Summary). Geb. 198,– DM

84 Wolfram *Karl:* **Vertrag und spätere Praxis im Völkerrecht.** Zum Einfluß der Praxis auf Inhalt und Bestand völkerrechtlicher Verträge. 1983. XX, 438 Seiten (17 Seiten English Summary). Geb. 98,– DM.

83 Lothar *Gündling:* **Die 200 Seemeilen-Wirtschaftszone.** Entstehung eines neuen Regimes des Meeresvölkerrechts. 1983. XIV, 370 Seiten (8 Seiten English Summary). Geb. 98,– DM

82 Torsten *Stein:* **Die Auslieferungsausnahme bei politischen Delikten.** Normative Grenzen, Anwendung in der Praxis und Versuch einer Neuformulierung. 1983. XII, 402 Seiten (5 Seiten English Summary). Geb. 116,– DM

81 **Völkerrecht als Rechtsordnung – Internationale Gerichtsbarkeit – Menschenrechte – Festschrift für Hermann Mosler** 1983. XIV, 1057 Seiten. Geb. DM 298,–

80 Jutta *Stoll:* **Vereinbarungen zwischen Staat und ausländischem Investor.** Rechtsnatur und Bestandsschutz. 1982. XI, 166 Seiten (6 Seiten English Summary). Geb. 49,– DM

79 Meinhard *Hilf:* **Die Organisationsstruktur der Europäischen Gemeinschaften.** Rechtliche Gestaltungsmöglichkeiten und Grenzen. 1982. XVIII, 442 Seiten (12 Seiten English Summary, 13 Seiten Résumé français). Geb. 98,– DM

78 Ludwig *Weber:* **Die Zivilluftfahrt im Europäischen Gemeinschaftsrecht.** 1981. XXVIII, 428 Seiten (6 Seiten English Summary). Geb. 114,– DM

77 Michael *Schaefer:* **Die Funktionsfähigkeit des Sicherheitsmechanismus der Vereinten Nationen.** 1981. XXI, 471 Seiten (10 Seiten English Summary). Geb. 105,– DM

76 Eckart *Klein:* **Statusverträge im Völkerrecht.** Rechtsfragen territorialer Sonderregime. 1980. XIV, 395 Seiten (10 Seiten English Summary). Geb. 86,– DM

75 **Die Koalitionsfreiheit des Arbeitnehmers/The Freedom of the Worker to Organize/ La liberté syndicale des salariés.** Rechtsvergleichung und Völkerrecht/Comparative Law and International Law/Droit comparé et droit international public. 1980, XLIX, 1536 Seiten. (In 2 Bänden, die nur zusammen abgegeben werden.) Geb. 360,– DM

74 Hans *Reinhard:* **Rechtsgleichheit und Selbstbestimmung der Völker in wirtschaftlicher Hinsicht.** Die Praxis der Vereinten Nationen. 1980. XIII, 373 Seiten. Geb. 86,– DM

73 Theodor *Schweisfurth:* **Sozialistisches Völkerrecht?** Darstellung – Analyse – Wertung der sowjetmarxistischen Theorie vom Völkerrecht „neuen Typs". 1979. XIV, 615 Seiten. Geb. 108,– DM

72 **Grundrechtsschutz in Europa.** Europäische Menschenrechts-Konvention und Europäische Gemeinschaften. Internationales Kolloquium, veranstaltet vom Max-Planck-Institut für ausländisches öffentliches Recht und Völkerrecht, Heidelberg 1976. 1977. VIII, 248 Seiten. Geb. 62,– DM

71 Georg *Ress:* **Die Rechtslage Deutschlands nach dem Grundlagenvertrag vom 21. Dezember 1972.** 1978. XIV, 436 Seiten. Geb. 66,– DM

70 Hans *Krück:* **Völkerrechtliche Verträge im Recht der Europäischen Gemeinschaften.** Abschlußkompetenzen – Bindungswirkung – Kollisionen. 1977. XIII, 210 Seiten. Geb. 78,– DM

69 Michael *Bothe:* **Die Kompetenzstruktur des modernen Bundesstaates in rechtsvergleichender Sicht.** 1977. XIV, 350 Seiten. Geb. 130,– DM

68 Ulf-Dieter *Klemm:* **Die seewärtige Grenze des Festlandsockels.** Geschichte, Entwicklung und lex lata eines seevölkerrechtlichen Grundproblems. 1976. XIV, 285 Seiten. Geb. 98,– DM

67 Torsten *Stein:* **Amtshilfe in auswärtigen Angelegenheiten.** 1975. XII, 193 Seiten. Geb. 78,– DM

66 Karin *Oellers-Frahm:* **Die einstweilige Anordnung in der internationalen Gerichtsbarkeit.** 1975. X, 168 Seiten. Geb. 72,– DM

65 Werner *Morvay:* **Souveränitätsübergang und Rechtskontinuität im Britischen Commonwealth.** Ein Beitrag zur Lehre von der Staatensukzession. 1974. VIII, 116 Seiten. Geb. 58,– DM

64 Hartmut *Schiedermair:* **Der völkerrechtliche Status Berlins nach dem Viermächte-Abkommen vom 3. September 1971.** 1975. VII, 223 Seiten. Geb. 67,– DM

63 Hans *von Mangoldt:* **Die Schiedsgerichtsbarkeit als Mittel internationaler Streitschlichtung.** Zur Beilegung von Rechtsstreitigkeiten auf der Grundlage der Achtung vor dem Rechte. 1974. XII, 214 Seiten. Geb. 60,– DM

62 **Judicial Settlement of International Disputes.** International Court of Justice. Other Courts and Tribunals. Arbitration and Conciliation. An International Symposium. 1974. XII, 572 Seiten. Geb. 94,– DM

61 Meinhard *Hilf:* **Die Auslegung mehrsprachiger Verträge.** Eine Untersuchung zum Völkerrecht und zum Staatsrecht der Bundesrepublik Deutschland. 1973. XI, 249 Seiten. Geb. 81,60 DM

60 Helmut *Steinberger:* **Konzeption und Grenzen freiheitlicher Demokratie.** Dargestellt am Beispiel des Verfassungsrechtsdenkens in den Vereinigten Staaten von Amerika und des amerikanischen Antisubversionsrechts. 1974. XV, 646 Seiten. Geb. 178,– DM

Printed by Publishers' Graphics LLC